马克思主义理论研究和建设工程重点

U0682014

思想道德修养与法律基础
学习辅导读本

主　编　刘　丹
副主编　刘　妍

四川大学出版社

责任编辑：曾　鑫
责任校对：孙滨蓉
封面设计：刘宗宾
责任印制：王　炜

图书在版编目（CIP）数据

思想道德修养与法律基础学习辅导读本 / 刘丹主编.
—成都：四川大学出版社，2017.6
ISBN 978－7－5690－0774－9

Ⅰ.①思…　Ⅱ.①刘…　Ⅲ.①思想修养－高等学校－
教学参考资料②法律－中国－高等学校－教学参考资料
Ⅳ.①G614.6②D920.4

中国版本图书馆 CIP 数据核字（2017）第 162481 号

书名	思想道德修养与法律基础学习辅导读本
主　　编	刘　丹
出　　版	四川大学出版社
地　　址	成都市一环路南一段 24 号（610065）
发　　行	四川大学出版社
书　　号	ISBN 978－7－5690－0774－9
印　　刷	廊坊市广阳区九洲印刷厂
成品尺寸	185 mm×260 mm
印　　张	10
字　　数	291 千字
版　　次	2017 年 8 月第 1 版
印　　次	2017 年 8 月第 1 次印刷
定　　价	30.00 元

◆读者邮购本书，请与本社发行科联系。
　电话：(028) 85408408/ (028) 85401670/
　(028) 85408023　邮政编码：610065
◆本社图书如有印装质量问题，请
　寄回出版社调换。
◆网址：http://www.scupress.net

PREFACE 前言

　　本书以提升大学生思想道德素质为主线，按照社会主义大学对大学生道德素质和法律素质的基本要求，遵循大学生思想品德形成、发展的特点和规律，旨在帮助学生增强社会主义法制观念，提高思想道德素质，解决生活、成才过程中遇到的实际问题，促进大学生的全面发展。内容包括：绪论；人生的青春之问；坚定思想信念；弘扬中国精神；践行社会主义核心；明大德守公德严私德；遵法学法守法用法。本书除绪论外，内容安排在满足知识性、科学性、合理性的前提下，共设有"引言"、"学习指引"、"内容概要"、"学习延伸"、"经典语录"、"推荐阅读"等模块，使教材内容通俗易懂，语言活泼生动，贴近实际，便于阅读与思考，可以激发学生的学习兴趣。

　　本书既方便教师教学，又方便学生阅读，可作为高等院校"思想道德修养与法律基础"课教材的配套学习辅导资料，也可作为学生素质教育读本，还可供从事思想政治教育的教师参考。

　　本书在编写过程中参考许多已出版图书的资料和研究成果，在此表示感谢；同时，由于时间仓促，加之编者水平有限，书中疏漏和不足之处恳请广大读者批评指正。

目　录

绪 论

【引言】

时间之河川流不息,每一代青年都要面对和回答时代的问卷。我们所处的新时代,是中国特色社会主义新时代,也是大学生成长成才、成就事业、不容辜负的好时代。当代大学生应珍惜历史机遇,胸怀实现中华民族伟大复兴的中国梦,肩负接续奋斗的光荣使命,坚定理想,增强本领,勇于担当,提升思想道德素质和法治素养,立志为新时代贡献青春力量。

【学习指引】

学习目的:

1. 对我们处在中国特色社会主义新时代有一个总体的认识。
2. 深入了解时代新人要以民族复兴为己任的具体内容。

学习重点:

1. 新时代的含义。
2. 大学生做有理想有本领有担当的时代新人的具体内容。
3. 思想道德素质和法治素养,是大学生必须具备的基本素质。

学习难点:

1. 思想道德和法律的关系。
2. 时代新人以民族复兴为己任的具体内容。

【内容概要】

一、我们处在中国特色社会主义新时代

大学阶段,是人生发展的重要时期,是世界观、人生观、价值观形成的关键时期。步入人生新阶段,确立新目标,开启新征程,需要对新时代有深入的了解和真切的感悟。

新时代是我们理解当前所处历史方位的关键词。中国特色社会主义进入新时代,意味着近代以来久经磨难的中华民族迎来了从站起来、富起来到强起来的伟大飞跃,迎来了实现中华民族伟大复兴的光明前景;意味着科学社会主义在 21 世纪的中国焕发出强大生机活力,在世界上高高举起了中国特色社会主义伟大旗帜;意味着中国特色社会主义道路、理论、制度、文化不断发展,拓展了发展中国家走向现代化的途径,给世界上那些既希望加快发展又希望保持自身独立性的国家和民族提供了全新选择,为解决人类问题贡献了中国智慧和中国方案。这个新时代,是承前启后、继往开来、在新的历史条件下继续夺取中国特色社会主义伟大胜利的时代,是决胜全面建成小康社会、进而全面建设社会主义现代化强国的时代,是全国各族人民团结奋斗、不断创造美好生活、逐步实现全体人民共同富裕的时

代,是全体中华儿女勠力同心、奋力实现中华民族伟大复兴中国梦的时代,是我国日益走近世界舞台中央、不断为人类做出更大贡献的时代。

中国梦是历史的、现实的,也是未来的。它凝结着无数仁人志士的不懈努力,承载着全体中华儿女的共同向往,昭示着国家富强、民族振兴、人民幸福的美好前景。今天,在习近平新时代中国特色社会主义思想的指引下,中华民族的追梦之路更清晰,筑梦之基更坚实、圆梦之策更精准。

中国梦是国家的、民族的,也是每一个中国人的。只有每个人都为美好梦想而奋斗,才能汇聚起实现中国梦的磅礴力量。在实现民族复兴梦想的伟大征程中,青年不懈追求的梦想始终与振兴中华的责任担当紧密相连。当代大学生是民族复兴伟大进程的见证者和参与者,也是社会主义事业的生力军。新时代为大学生成长成才、勤学报国提供了广阔的舞台和无限的机遇。新时代属于每一个人,每一个人都是新时代的见证者、开创者、建设者。在新时代的中国,经济建设主战场、文化发展大舞台、社会建设新领域、科技创新最前沿、基层实践大熔炉,都是当代大学生贡献聪明才智、书写青春篇章的热土福地,中华民族伟大复兴终将在广大青年的接力奋斗中变为现实。

二、时代新人要以民族复兴为己任

党的十九大提出了"培养担当民族复兴大任的时代新人"的战略要求。大学生应该以有理想、有本领、有担当为根本要求,夯实综合素质基础,着力提升思想道德素质和法治素养,展现新的风貌、新的姿态,成为中国特色社会主义事业的合格建设者和可靠接班人,成为走在时代前列的奋进者、开拓者、奉献者。

(一)做有理想有本领有担当的时代新人

1. 要有崇高的理想信念,牢记使命,自信自励

理想指引人生方向,信念决定事业成败。崇高的理想信念是事业和人生的灯塔,决定我们的方向和立场,也决定我们的精神状态和实际行动,直接关系着人生目标的选择、人生价值的实现。

2. 要有高强的本领才干,勤奋学习,全面发展

不断增强本领才干,是青春焕发光彩的重要源泉。新时代大学生素质和本领的强弱,直接影响着民族复兴的进程。大学生应把学习作为首要任务,树立梦想从学习开始、事业靠本领成就的观念,让勤奋学习成为青春远航的动力,让增长本领成为青春搏击的能量。

3. 要有天下兴亡、匹夫有责的担当精神,讲求奉献,实干进取

作为实现中华民族伟大复兴的生力军,大学生的担当精神体现为奉献祖国、奉献人民、尽心尽力、勇于担责,必须讲求奉献,实干进取,自觉树立国家意识、民族意识、责任意识,把个人前途命运与国家、民族的前途命运紧紧地联系在一起,在尽责集体、服务社会、贡献国家中实现人生理想和人生价值。

(二)提升思想道德素质与法治素养

做有理想有本领有担当的时代新人,必须具备良好的思想道德素质和法治素养。思想道德素质和法治素养,是思想政治素质、道德素质和法治素养的有机融合,是新时代大学生必须具备的基本素质。

人的本质是一切社会关系的总和。一个人要安身立命、成长成才、贡献社会,需要不断

地调整自身与他人的关系,不断实现人的社会化。其中最为重要的,就是要正确认识自己、认识他人、认识社会,学习掌握运用道德和法律规范,正确调整自己的行为。思想道德和法律都是调节人们思想行为、协调人际关系、的重要手段。二者都是上层建筑的重要组成部分,共同服务于一定的经济基础。在我国,中国特色社会主义思想道德建设和中国特色社会主义法治建设紧密联系、相互促进,为中国特色社会主义事业提供坚实的思想基础、精神支撑和法治保障。坚持和发展中国特色社会主义,既要发挥思想道德的引领和教化作用,又要发挥法律的规范和强制作用。一方面,思想道德为法律提供思想指引和价值基础。另一方面,法律为思想道德提供制度保障。法律通过对思想道德的基本原则予以确认,为思想道德建设提供国家强制力保障。

思想道德素质和法治素养是人应该具有的基本素质。思想道德素质是人们的思想观念、政治立场、价值取向、道德情操和行为习惯等方面品质和能力的综合体现,反映着一个人的思想境界和道德风貌,是促进个体健康成长、社会发展进步的重要保障。法治素养是指人们通过学习法律知识、理解法律本质、运用法治思维、依法维护权利与依法履行义务的素质、修养和能力,对于保证人们尊崇法治、遵守法律具有重要的意义。

"思想道德修养与法律基础",是一门融思想性、政治性、科学性、理论性、实践性于一体的思想政治理论课。本课程针对大学生成长过程中面临的思想道德和法律问题,开展马克思主义的世界观、人生观、价值观、道德观、法治观教育,引导大学生提高思想道德素质和法治素养,成长为自觉担当民族复兴大任的时代新人。

【学习延伸】

【案例一】"忘我"让她站了起来

1858年,瑞典的一个富豪人家生下了一个女儿。然而出生不久,孩子就染上了一种无法解释的瘫痪症,丧失了走路的能力。一次,女孩和家人一起乘船旅行。船长的太太给孩子讲船长有一只天堂鸟,她被这只鸟的描述迷住了,极想亲自看一看。于是保姆把孩子留在甲板上,自己去找船长。孩子耐不住性子,要求船上的服务生立即带她去看天堂鸟。那个服务生并不知道她的腿不能走路,而只顾带着她一道去看那只美丽的小鸟。奇迹发生了,孩子因为过度地渴望,竟忘我地拉住服务生的手,慢慢地走了起来。从此,孩子的病便痊愈了。女孩子长大后,又忘我地投入到文学创作中,最后,成为第一位荣获诺贝尔文学奖的女性,也就是茜尔玛·拉格萝芙。

——资料来源:"忘我"让她站了起来 [OL]. 中国教师研究网 http://www.teacherclub.com.cn/

课堂讨论:
简述理想信念对大学生成长成才的重要意义。
案例解析:
答案要点:
(1)理想信念昭示奋斗目标。
(2)理想信念提供前进的动力。
(3)理想信念提高精神境界。

【案例二】培养担当民族复兴大任的时代新人

　　教育强则国家强,人才兴则民族兴。习近平总书记去年在全国高校思想政治工作会议上发表重要讲话强调:"要坚持把立德树人作为中心环节,把思想政治工作贯穿教育教学全过程,实现全程育人、全方位育人。"在党的十九大报告中,习近平总书记进一步指出:"要以培养担当民族复兴大任的时代新人为着眼点,强化教育引导、实践养成、制度保障。"深入学习贯彻十九大精神和习近平总书记在全国高校思想政治工作会议上的重要讲话精神,我们必须站在实现中华民族伟大复兴的全局和战略高度,坚定自觉以习近平新时代中国特色社会主义思想为指引,聚焦新使命、新要求,落实新部署、新任务,办好新时代中国特色社会主义大学,牢牢掌握高校意识形态工作领导权,培养担当民族复兴大任的时代新人。

　　一个时代有一个时代的主题,一代人有一代人的使命。党的十九大做出了"中国特色社会主义进入新时代"的重大政治论断,明确了中国发展新的历史方位。这个新时代是全体中华儿女勠力同心、奋力实现中华民族伟大复兴中国梦的时代。今天,我们比历史上任何时期都更接近、更有信心和能力实现中华民族伟大复兴的目标。与此同时,我们也必须清醒认识到,行百里者半九十。中华民族伟大复兴,绝不是轻轻松松、敲锣打鼓就能实现的。"盖有非常之功,必待非常之人。"奋力实现中华民族伟大复兴中国梦,需要一大批不忘初心、敢于担当、苦干实干的时代新人。这也是我们这一代人必须肩负起的新时代使命。目前,我国高校共有2800多所,在校生达3600多万人。这是中国发展的巨大潜力,也是民族复兴的重要力量。梦想在前,使命在肩。新时代的中国高校就要以培养时代新人为着眼点,为实现"两个一百年"的奋斗目标、实现中华民族伟大复兴的中国梦提供有力人才支撑。

　　时代新人,立足中国特色社会主义新时代,突出一个"新"字。习近平新时代中国特色社会主义思想是我们党必须长期坚持的指导思想,是做好新时代工作的最高遵循。做时代新人,就要坚定不移地以习近平新时代中国特色社会主义思想武装头脑、指导实践、推动工作。实现中华民族伟大复兴的中国梦是新时代中国共产党人的历史使命,是全党全国各族人民共同的奋斗目标。做时代新人,就要自觉担当民族复兴大任,一步一个脚印地朝着实现中国梦奋勇前进。历史只会眷顾坚定者、奋进者、搏击者,新时代一定要有新气象、新风貌、新作为。做时代新人,就要以永不懈怠的精神状态和一往无前的奋斗姿态,以时不我待、只争朝夕的精神,奋力走好新时代的长征路,勇做时代的弄潮儿。在新思想的科学指引下,肩负起民族复兴的新使命,干出一番不负时代和人民的新作为,无数的时代新人团结在一起、凝聚在一起、奋斗在一起,我们一定能迎来实现中华民族伟大复兴的光明前景。

　　高校立身之本,在于立德树人。高校思想政治工作,必须聚焦高校培养什么样的人、如何培养人以及为谁培养人这个根本问题。培养担当民族复兴大任的时代新人,决定了我国高等教育发展方向必须同这一目标紧密联系在一起,全面贯彻党的教育方针,坚定不移走自己的高等教育发展道路,扎实办好中国特色社会主义高校。做好高校思想政治工作,要紧紧围绕人这个中心,推动习近平新时代中国特色社会主义思想进教材进课堂进师生头脑,不断提高学生思想水平、政治觉悟、道德品质、文化素养,用中国梦激扬青春梦,激励学生自觉把个人的理想追求融入国家和民族的事业中,勇做走在时代前列的奋进者、开拓者。同时,要全面落实新时代党的建设总要求,加强和改进党对高校工作的领导,扎实做好高校意识形态工作,使高校成为坚持党的领导的坚强阵地,努力开创新时代高校思想政治工作新局面。

　　——资料来源:培养担当民族复兴大任的时代新人[OL].南方日报: http://news.cnr.cn/ 有删减

课堂讨论：

怎样做有理想有本领有担当的时代新人？

案例分析：

答案要点：

（1）要有崇高的理想信念，牢记使命，自信自励。理想指引人生方向，信念决定事业成败。崇高的理想信念是事业和人生的灯塔，决定我们的方向和立场，也决定我们的精神状态和实际行动，直接关系着人生目标的选择、人生价值的实现。

（2）要有高强的本领才干，勤奋学习，全面发展。不断增强本领才干，是青春焕发光彩的重要源泉。新时代大学生素质和本领的强弱，直接影响着民族复兴的进程。大学生应把学习作为首要任务，树立梦想从学习开始、事业靠本领成就的观念，让勤奋学习成为青春远航的动力，让增长本领成为青春搏击的能量。

（3）要有天下兴亡、匹夫有责的担当精神，讲求奉献，实干进取。作为实现中华民族伟大复兴的生力军，大学生的担当精神体现为奉献祖国、奉献人民、尽心尽力、勇于担责，必须讲求奉献，实干进取，自觉树立国家意识、民族意识、责任意识，把个人前途命运与国家、民族的前途命运紧紧地联系在一起，在尽责集体、服务社会、贡献国家中实现人生理想和人生价值。

【案例三】大力提升党员干部法治素养和道德素质

和自然生态的净化一样，政治生态中出现的问题不可能在一朝一夕之间解决，而要"多积尺寸之功"。通过不断提升党员干部的道德水位与法治水位，以管住"思想"来管住"双手"；通过发挥"头雁效应"，以抓住"关键少数"来管好"绝大多数"，优良的党风政风必然蔚然成风，风清气正的政治生态一定能持续为改革发展保驾护航。

冰冻三尺非一日之寒。党员干部思想中存在的诟病也是因长期缺乏精神锤炼造成的。以习近平总书记为核心的党中央正带领全国人民展开一场复兴强国的改革发展战役。营造良好的政治生态，维护社会的健康秩序是打赢这场改革发展战役的重要保障。为此，全体党员干部要坚持精神锤炼，常态化警示教育，规范组织生活，思想上划清道德底线，行为上接受法律约束。

一名合格的共产党员应具备较高的道德素养，除了以党章党纪来规范约束个人行为外，还应有清晰的道德底线，自觉成为一名道德高尚的人。中华民族是一个具有悠久历史的民族，中国素来有礼仪之邦的美称。中国千年传承的优良品德在新时代并不会过时，在物质丰富的今天更应继承和发扬中华民族的优良传统，不断丰富个人的精神世界，促使自己成为精神丰富、道德高尚的人。党员干部的道德水平提升是保持思想纯洁、党员先进性的重要保障。

一名合格的共产党员应具备较强的法治意识。法治水平的体现社会发展水平的一项重要标准，党员干部的法治意识则能体现一个党的发展水平。每一名党员干部不仅仅要严格自我约束，时刻用法律规范指导约束个人行为，还有维护法律权威，坚决捍卫党纪国法，做守法的先锋，当监督的干将，用党的一股正气来影响周边的环境，通过全体党员的共同努力来营造风清气正的社会环境，为中国的高速发展保驾护航。

——资料来源：大力提升党员干部法治素养和道德素质［OL］.凤凰网海南，http://hainan.ifeng.com/

课堂讨论：

为什么要提升思想道德素质与法治素养？

案例解析：

答案要点：

做有理想有本领有担当的时代新人，必须具备良好的思想道德素质和法治素养。思想道德素质和法治素养，是思想政治素质、道德素质和法治素养的有机融合，是新时代大学生必须具备的基本素质。

人的本质是一切社会关系的总和。一个人要安身立命、成长成才、贡献社会，需要不断地调整自身与他人的关系，不断实现人的社会化。其中最为重要的，就是要正确认识自己、认识他人、认识社会，学习掌握运用道德和法律规范，正确调整自己的行为。思想道德和法律都是调节人们思想行为、协调人际关系、的重要手段。二者都是上层建筑的重要组成部分，共同服务于一定的经济基础。在我国，中国特色社会主义思想道德建设和中国特色社会主义法治建设紧密联系、相互促进，为中国特色社会主义事业提供坚实的思想基础、精神支撑和法治保障。坚持和发展中国特色社会主义，既要发挥思想道德的引领和教化作用，又要发挥法律的规范和强制作用。一方面，思想道德为法律提供思想指引和价值基础。另一方面，法律为思想道德提供制度保障。法律通过对思想道德的基本原则予以确认，为思想道德建设提供国家强制力保障。

思想道德素质和法治素养是人应该具有的基本素质。思想道德素质是人们的思想观念、政治立场、价值取向、道德情操和行为习惯等方面品质和能力的综合体现，反映着一个人的思想境界和道德风貌，是促进个体健康成长、社会发展进步的重要保障。法治素养是指人们通过学习法律知识、理解法律本质、运用法治思维、依法维护权利与依法履行义务的素质、修养和能力，对于保证人们尊崇法治、遵守法律具有重要的意义。

【案例四】我们进入了中国特色社会主义新时代

习近平总书记在党的十九大报告中指出："经过长期努力，中国特色社会主义进入了新时代，这是我国发展新的历史方位。"并强调指出："我国社会主要矛盾已经转化为人民日益增长的美好生活需要和不平衡不充分的发展之间的矛盾。"认真学习贯彻党的十九大精神，我们要正确认识我国社会所处的历史方位，准确把握我国社会主要矛盾，坚持新时代的基本方略，齐心协力完成新时代的新任务，决胜全面建成小康社会并开启全面建设社会主义现代化国家的新征程。

新时代的科学内涵和历史意义

党的十九大报告通过对过去五年的总结，得出一个非常重要的结论，就是"中国特色社会主义进入了新时代"，也就是说，通过对过去五年工作的总结，联系改革开放以来全部历史进程、全部历史经验的总结，得出新的历史方位到来的结论。

什么是新时代，为什么说进入了新时代？

"时代"这个词，在《辞海》中解释为"指历史上依据经济、政治、文化等状况来划分的社会各个发展阶段"。党的十九大报告对于"新时代"的内涵，讲了五点：第一点，从历史、现在、未来的联系上看，这是承前启后、继往开来，在新的历史条件下继续夺取中国特色社会主义伟大胜利的时代；第二点，从我们承担的历史使命看，这是决胜全面建成小康社会、全面建设社会主义现代化强国的时代；第三点，放到中国人民对美好生活的追求上看，这是全国各族人民团结奋斗、不断创造美好生活、逐步实现全体人民共同富裕的时代；第四点，放到民族复兴的角度看，这是全体中华儿女勤力同心、奋力实现中华民族伟大复兴中国梦的时代;第五点,放在世界大局中看,这是我国日益走近世界舞台中央、不断为人类做出更大贡献的时代。

那么,中国特色社会主义进入新时代的意义是什么呢?从"7·26"重要讲话到党的十九大报告,习近平总书记从三个方面阐释了它的意义:一是从民族复兴的角度来看,意味着近代以来久经磨难的中华民族迎来了从站起来、富起来到强起来的伟大飞跃,迎来了实现中华民族伟大复兴的光明前景;二是从社会主义角度来看,意味着科学社会主义在21世纪的中国焕发出强大生机活力,在世界上高高举起了中国特色社会主义伟大旗帜;三是从中国特色社会主义对世界发展中国家的贡献来看,意味着中国特色社会主义道路、理论、制度、文化不断发展,拓展了发展中国家走向现代化的途径,给世界上那些既希望加快发展又希望保持自身独立性的国家和民族提供了全新选择,为解决人类问题贡献了中国智慧和中国方案。

新时代提出的科学依据

"中国特色社会主义进入了新时代"提出的依据是什么?那就是党的十九大报告宣布的:"中国特色社会主义进入新时代,我国社会主要矛盾已经转化为人民日益增长的美好生活需要和不平衡不充分的发展之间的矛盾。"

毛泽东同志的《矛盾论》提出了一个非常重要的思想,叫"抓主要矛盾"。在纷繁复杂的社会现象中,发现和揭示起主导性决定性的主要矛盾,不仅可以帮助我们明确工作重点,而且可以帮助我们认清和划分社会发展阶段,认清和揭示我们所处的历史方位。社会主要矛盾理论是研究社会历史发展一个十分重要的方法论工具,是我们制定正确路线方针政策的根本依据。现在说中国特色社会主义进入新时代,也是遵循这个方法论。

社会主要矛盾的新变化意味着什么呢?意味着今天的中国出现了许多新的阶段性特征。实际上进入新世纪以来,我们党已经注意到我国社会发展出现了新的阶段性特征,党的十七大就提出要研究新的阶段性特征。习近平总书记在"7·26"重要讲话中,也要求我们去正确认识和把握我国社会发展新的阶段性特征。

为什么说我国社会的主要矛盾发生了新的变化?这是我们全面考察了社会发展的阶段性特征得出的科学结论。经过近40年的改革开放和快速发展,我国社会在发展中出现了许多深刻的阶段性新特征。一方面,我国综合国力和人民群众生活水平均有较大提升,经济总量在世界主要国家中名列前茅,进步是有目共睹的。经过近40年的改革开放,中国逐步发展壮大起来,这是阶段性特征的一个方面的表现。另一方面,社会生产力水平自改革开放以来总体上有显著的提高,但是发展问题并没有完全解决,而发展的不平衡不充分的问题更加突出了,就人均GDP来讲,在世界上排名70多位。还有4300多万贫困人口,城乡之间、东西部之间发展落差仍然存在;发展质量和效益还不高,创新能力不够强,实体经济水平有待提高,生态环境保护任重道远;民生领域还有不少短板,群众在就业、教育、医疗、居住、养老等方面面临不少难题。这两方面的阶段性新特征及其表现,集中起来,就是今天我们要解决的社会主要矛盾。

这样的矛盾变化不是小变化,而是大变化。党的十九大报告指出:"必须认识到,我国社会主要矛盾的变化是关系全局的历史性变化,对党和国家工作提出了许多新要求。我们要在继续推动发展的基础上,着力解决好发展不平衡不充分问题,大力提升发展质量和效益,更好满足人民在经济、政治、文化、社会、生态等方面日益增长的需要,更好推动人的全面发展、社会全面进步。"

同时,我们也要清醒地意识到,解决这个社会主要矛盾不能急于求成,要客观冷静地从社会主义初级阶段的基本国情出发来指导我们的经济社会发展。必须认识到，我国社会主要矛盾的变化，没有改变我们对我国社会主义所处历史阶段的判断，我国仍处于并将长期处于社会主义初级阶段的基本国情没有变，我国是世界最大发展中国家的国际地位没有变。习近平总书记在党的十九大报告中强调指出，"全党要牢牢把握社会主义初级阶段这个基本国情，牢牢立足社会主义初级阶段这个最大实际"。

这里有一个理论问题需要我们高度重视。一方面，是社会主要矛盾发生了新的变化；另一方面，是社会主义初级阶段这个基本国情没有变。我们讲社会主义初级阶段没有变，那么，决定初级阶段的主要矛盾，是不是被新时代的社会主要矛盾取代了？或者说它已经不存在了？怎么理解这个"变"和"不变"的问题？按照我们刚才分析的阶段性的新特征，应该讲，是"人民日益增长的物质文化需要同落后的社会生产之间的矛盾"在实践中出现了阶段性的新特征。这个矛盾的一方面，即"人民日益增长的物质文化需要"方面，人民对物质文化的需要并没有满足，不仅要求更高了，而且拓展了，拓展到了民主、法治、公平、正义、安全、环境等方面。这个矛盾的另一方面，即"落后的社会生产"方面，经过改革发展，我国生产力和生产方式发生了显著变化，但是发展问题并没有完全解决，而不平衡不充分的问题更突出了。所以，关于新矛盾的概括，实际上是集中反映了社会主义初级阶段主要矛盾所呈现出来的新的阶段性特征。这样，就可以把"变"和"不变"统一起来。我们要防止两种倾向：一种倾向是强调"变"，但是脱离了社会主义初级阶段的实际去追求美好生活；另一种倾向是强调"不变"，不思进取，不能按照人民群众对美好生活的需要去探索去创新。

新时代的指导思想和基本方略

在解决新时代的新矛盾时，我们在实践中形成了"新思想"，这就是习近平新时代中国特色社会主义思想。这不是一般的理论创新，而是党在指导思想上的理论创新。党的十九大通过的党章（修正案）已经把它同马克思列宁主义、毛泽东思想、邓小平理论、"三个代表"重要思想、科学发展观一道确立为党的行动指南。

我们党自毛泽东同志开始，形成了一个好传统，那就是毛泽东同志在1938年10月召开的党的六届六中全会上提出的"马克思主义中国化"。我们党始终坚持把马克思主义作为我们的指导思想，同时又始终坚持把马克思主义同中国实际结合起来，并且坚持在不断发展的实践中丰富和发展马克思主义，形成中国化的马克思主义。习近平新时代中国特色社会主义思想是马克思主义中国化的最新成果。

为了学好习近平新时代中国特色社会主义思想，我们必须认真领会党的十九大关于这个问题的论述。

第一，习近平新时代中国特色社会主义思想要解决的时代课题是什么？党的十九大报告强调指出，"十八大以来，国内外形势变化和我国各项事业发展都给我们提出了一个重大时代课题，这就是必须从理论和实践结合上系统回答新时代坚持和发展什么样的中国特色社会主义、怎样坚持和发展中国特色社会主义"，习近平新时代中国特色社会主义思想，就是围绕这个重大时代课题，进行艰辛理论探索，取得的重大理论创新成果。

第二，习近平新时代中国特色社会主义思想包括哪些主要内容？党的十九大报告讲了"八个明确"，可以理解为这个思想的主要内容。这八个方面的概括，包括总任务、主要矛盾、总体布局和战略布局、改革、法治、强军、外交、党的领导和党的建设，把党的十八大以来的主要经验以及党的十九大后的新战略新任务，都概括到了这个思想之内，强调在新时代坚持和发展中国特色社会主义必须明确这八个方面基本思想。由于这些思想的主要提出者和奠基人是习近平同志,所以党的十九大把十八大以来的创新理论定名为"习近平新时代中国特色社会主义思想"。

第三,习近平新时代中国特色社会主义思想的历史地位怎么定位? 党的十九大报告从五个方面作了阐述:第一,是对马列主义、毛泽东思想、邓小平理论、"三个代表"重要思想和科学发展观的继承和发展;第二,是马克思主义中国化的最新成果;第三,是党和人民实践经验和集体智慧的结晶;第四,是中国特色社会主义理论体系的重要组成部分;第五,是全党全国人民为实现中华民族伟大复兴而奋斗的行动指南。"行动指南"在我们党的历史上,指的就是党的指导思想。

与新思想相联系的,是"新方略",即党的十九大提出的新时代中国特色社会主义的基本方略。

我们党在邓小平同志创造性地提出"走自己的道路,建设有中国特色的社会主义"后,根据邓小平同志的论述形成和提出了以"一个中心,两个基本点"为主要内容的基本路线。后来党的十四大概括了邓小平同志建设有中国特色的社会主义理论的主要内容,党的十五大把它简称为"邓小平理论",并把它同毛泽东思想一起作为党的指导思想写进了党章。党在这一指导思想指引下,从十五大、十六大到十七大,在理论创新中不断进行新概括,提出过党的基本理论、基本经验、基本纲领等。到党的十八大,还提出了夺取中国特色社会主义新胜利的基本要求,党的十九大又提出了新时代中国特色社会主义的基本方略。

基本方略是根据党的基本理论、基本路线提出的,是坚持和发展中国特色社会主义各个方面必须坚持的基本原则和基本要求。党的十九大共提出了十四条基本方略。其中,第一、第二、第三条是管总的,强调要坚持党的领导、以人民为中心、全面深化改革;第四条到第九条是"五位一体"总体布局和"四个全面"战略布局的实施方略,即经济、政治(包括民主和法治)、文化、社会、生态文明的实施方略;第十、十一、十二、十三条是关于国家安全、军队建设、祖国统一、构建人类命运共同体的原则要求;第十四条强调要坚持全面从严治党。这十四条基本方略的逻辑比较清晰,强调的重点是从哪些方面去贯彻落实习近平新时代中国特色社会主义思想,更侧重于讲我们要去干的事情及其基本原则和基本要求。

习近平新时代中国特色社会主义思想和基本方略,是21世纪中国的马克思主义。

新时代的两大任务

新时代的任务是什么? 党的十九大报告的第四部分提出了两大任务:一是决胜全面建成小康社会,二是开启全面建设社会主义现代化国家的新征程。

决胜全面建成小康社会,是我们承担的第一个任务。这个任务,就是我们常说的"第一个百年目标"。

当年,邓小平同志提出了"三步走"发展战略,第一步是在20世纪80年代用10年时间解决温饱问题;第二步再用10年时间奔小康,这两个10年是为我们实现社会主义现代化打基础的;第三步是在进入21世纪后用50年时间基本实现社会主义现代化。前两步战略目标,我们实际上都提前实现了。江泽民同志担任总书记以后,面临一个使命,就是在完成第二步发展战略目标以后,怎么来规划第三步发展战略。他做了一个重大的决策,就是在实施第三步发展战略即建设社会主义现代化的50年时间中,划出20年时间全面建设小康社会。全面建设小康社会,就是在总体上达到小康水平后,既巩固进入小康社会后的成果,又解决奔小康过程中出现的问题,比如社会成员收入不平衡、地区之间发展不平衡、经济建设和社会建设之间不平衡等问题。党的十六大报告说:"这是实现现代化建设第三步战略目标必经的承上启下的发展阶段,也是完善社会主义市场经济体制和扩大对外开放的关键阶段。"

这样,邓小平同志提出的"三步走"发展战略的第三步,就分成前20年和后30年两大段。前20年,意味着我们到建党100年的时候要全面建成小康社会。习近平总书记面临的使命,就是到2020年要全面建成小康社会,同时,还要解决后面30年怎么搞现代化的问题,所以他提出要开启全面建设社会主义现代化的新征程。

从2000年到2020年,我们的任务就是全面建设小康社会。党的十六大提出的"全面建设小康社会"的目标,在经济上主要是"国内生产总值到2020年力争比2000年翻两番"。实际上,我国没有到2020年,在2010年国内生产总值就已经达到397983亿元(58786亿美元),排名世界第二;人均国内生产总值也已经达到29524元(4361美元)。也就是说,党的十六大和十七大原定的到2020年全面建设小康社会的经济指标已经提前完成。根据这种情况,2012年召开的党的十八大宣布"我国进入全面建成小康社会决定性阶段";并且提出经济发展的目标是"在发展平衡性、协调性、可持续性明显增强的基础上,实现国内生产总值和城乡居民人均收入比2010年翻一番",即"双倍增"指标。经过测算,党的十八大后,我们只要年均增长6.5%,国内生产总值就可以翻一番,城乡居民人均收入就可以翻一番。根据这几年的经济发展情况,尽管我们的发展速度已经从高速增长转变为中高速增长,但经济结构越来越合理,实现原定的经济指标也完全有信心。

与此同时,我们应该清醒地认识到,要实现党的十八大提出的全面建成小康社会的目标,任务还十分艰巨。根据国家统计局发布的全国31个省区市2017年前三季度居民人均可支配收入,上海、北京居民人均可支配收入已经超过4万元,但各地差距较大,要实现党的十八大提出的目标,还要下大力气解决发展"不平衡"问题。此外,还有许多问题要解决,比如精准扶贫、精准脱贫问题,环保问题,防范化解金融风险等等。所以,"决胜全面小康"任务很艰巨,决不能松懈。

新任务的第二个任务,就是"开启全面实现社会主义现代化的新征程"。党的十九大提出"分两步走"来全面实现社会主义现代化。也就是说,我们先用15年时间基本实现现代化,再用第二个15年时间全面建设一个富强民主文明和谐美丽的社会主义现代化强国。

第一个15年基本实现现代化,意味着原来邓小平同志提出的到2050年基本实现现代化提前了15年。原来邓小平同志提出的"三步走"发展战略,是到21世纪中叶基本实现现代化,把我国建设成中等发达国家。按照我们这几年的发展速度,我们在不断超越,所以可以提前,到2035年就基本实现现代化。然后,剩下的15年,在基本实现现代化的基础上,全面实现社会主义现代化。这个目标,不仅超越了邓小平同志原来设定的目标,而且把原来的目标充实了,在"富强、民主、文明"的基础上,党的十七大加了"和谐",现在又加了"美丽",而且强调要建设的是"社会主义现代化强国",突出了"强"。

党的十九大提出的"两步走"战略,意义很大:第一,它适应了新时代中国发展新趋势,是实现邓小平同志"三步走"发展战略第三步战略目标的重大决策;第二,是在科学分析社会主要矛盾变化的基础上,根据人民群众对美好生活向往的要求,提出的一个具有科学意义的结论;第三,它实际上超越了邓小平同志"三步走"的发展战略,是在中国人民"站起来""富起来"的基础上,为实现"强起来"的目标提出的宏伟的行动纲领。

——资料来源:我们进入了中国特色社会主义新时代[OL].求是网,http://www.qstheory.cn/

课堂讨论：

怎样理解我们处在中国特色社会主义新时代？

案例解析：

时代是我们理解当前所处历史方位的关键词。中国特色社会主义进入新时代，意味着近代以来久经磨难的中华民族迎来了从站起来、富起来到强起来的伟大飞跃，迎来了实现中华民族伟大复兴的光明前景；意味着科学社会主义在21世纪的中国焕发出强大生机活力，在世界上高高举起了中国特色社会主义伟大旗帜；意味着中国特色社会主义道路、理论、制度、文化不断发展，拓展了发展中国家走向现代化的途径，给世界上那些既希望加快发展又希望保持自身独立性的国家和民族提供了全新选择，为解决人类问题贡献了中国智慧和中国方案。这个新时代，是承前启后、继往开来、在新的历史条件下继续夺取中国特色社会主义伟大胜利的时代，是决胜全面建成小康社会、进而全面建设社会主义现代化强国的时代，是全国各族人民团结奋斗、不断创造美好生活、逐步实现全体人民共同富裕的时代，是全体中华儿女勠力同心、奋力实现中华民族伟大复兴中国梦的时代，是我国日益走近世界舞台中央、不断为人类做出更大贡献的时代。

【经典语录】

1."中华民族有着5000多年的悠久历史和灿烂文化，而且中华文明从远古一直延续发展到今天。为什么中华民族能够在几千年的历史长河中顽强生存和不断发展呢？很重要的一个原因，是我们民族有一脉相承的精神追求、精神特质、精神脉络。"

——习近平《从小积极培育和践行社会主义核心价值观》

2."一个高尚的人，一个纯粹的人，一个有道德的人，一个脱离了低级趣味的人，一个有益于人民的人。"

——毛泽东《纪念白求恩》（一九三九年十二月）

3."按照实际情况，决定工作方针，这是一切共产党员所必须牢牢记住的最基本的工作方法。我们所犯的错误，研究其发生的原因，都是由于我们离开了当时当地的实际情况，主观地决定自己的工作方针。这一点，应当引为全体同志的教训。"

——《毛泽东选集》第四卷《在晋绥干部会议上的讲话》

4."什么叫工作，工作就是斗争。那些地方有困难、有问题，需要我们去解决。我们是为着解决困难去工作、去斗争的。越是困难的地方越是要去，这才是好同志。"

——毛泽东《毛泽东选集》

5.真正的铜墙铁壁是什么？是群众，是千百万真心实意拥护革命的群众。这是真正的铜墙铁壁，是什么力量也打不破的，完全打不破的。

——毛泽东《关心群众生活，注意工作方法》（一九三八年五月）

6.人总是要死的，但死的意义有不同。中国古时候有个文学家叫做司马迁的说过："人固有一死，或重于泰山，或轻于鸿毛。"为人民利益而死，就比泰山还重；替法西斯卖力，替剥削人民和压迫人民的人去死，就比鸿毛还轻。

——毛泽东《为人民服务》（一九四四年九月八日）

7.解放思想，开动脑筋，实事求是，团结一致向前看，首先是解放思想。只有思想解放了，我们才能正确地以马列主义、毛泽东思想为指导，解决过去遗留的问题，解决新出现的一系列问题,正确地改革同生产力迅速发展不相适应的生产关系和上层建筑,根据我国的实际情况,确定实现四个现代化的具体道路、方针、方法和措施。

——邓小平《解放思想,实事求是,团结一致向前看》

8.真正掌握和实践了群众观点、群众路线,也就能真正掌握和实践历史唯物主义和党的实事求是的思想路线,也就从根本上懂得了政治,同群众保持密切联系,真正同群众打成一片,想群众之所想,急群众之所急,就会一身正气,什么歪风邪气也刮不倒。相反,如果脱离了群众,脑子里没有群众观念、群众利益,就会成为歪风邪气的俘虏。

——江泽民《深入进行群众观点和群众路线的教育》

9.只有牢记全心全意为 人民服务的宗旨,才能保持艰苦奋斗的革命意志和革命品格;只有坚持艰苦奋斗,才能更好 地履行全心全意为人民服务的宗旨。 坚持艰苦奋斗,根本目的就是要为最广大人民的根本利 益而不懈努力,不断把人民群众的利益维护好、实现好、发展好。

——胡锦涛《坚持发扬艰苦奋斗的优良作风, 努力实现全面建设小康社会的宏伟目标》

10.保持党的先进性和纯洁性,在全党深入开展以为民务实清廉为主要内容的党的群众 路线教育实践活动,着力解决人民群众反映强烈的突出问题,提高做好新形势下群众工作的能力。完善党员干部直接联系群众制度。坚持问政于民、问需于民、问计于民,从人民伟大实践中汲取智慧和力量。坚持实干富民、实干兴邦,敢于开拓,勇于担当,多干让人民满意的好事实事。坚持艰苦奋斗、勤俭节约,下决心改进文风会风,着力整治庸懒散奢等不良风气,坚决克服形式主义、官僚主义,以优良党风凝聚党心民心、带动政风民风。

——胡锦涛:《坚定不移沿着中国特色社会主义道路前进,为全面建成小康社会而奋斗》

【推荐阅读】

1.习近平:《之江新语》,浙江人民出版社, 2013 年出版

《之江新语》一书,收录了习近平同志在担任中共浙江省委书记期间为《浙江日报》"之江新语"栏目撰写的 232 篇短论。

这些短论及时回答了现实生活中人民群众最关心的一些问题,是坚持"从群众中来,到群众中去"这一科学的领导方法和工作方法的生动体现,是运用马克思主义的立场、观点和方法观察问题、分析问题、解决问题的光辉篇章。

2.习近平《摆脱贫困》,福建人民出版社, 1992 年版

全文围绕闽东地区如何早日脱贫致富这一主题,将一系列极富创造性的战略思想、极富前瞻性的制度理论和极富针对性的实践观点娓娓道来,思想深刻、篇章隽永,真知灼见、掷地有声,发人深省、催人奋进。

3.毛泽东:《中国革命和中国共产党》,载于《毛泽东选集》,人民出版社

这是毛泽东在抗日战争时期所写的关于中国社会矛盾和革命对象、任务、动力及性质的政治著作。开篇就表明了中国社会的现状、性质及主要矛盾。第一次提出新民主主义革命的科学概念和总路线的内容。文中一再强调,"认清中国社会的性质,就是说认清中国的国情,乃是认清一切革命问题的基本的根据","我们已经明白了中国社会的性质,亦即

中国的特殊的国情,这是解决中国一切革命问题的最基本的根据"。"中国的特殊国情"即"中国社会的性质",这是一个总结性的概念,它涵盖了中国社会的经济结构、阶级状况、主要矛盾等方面。

4. 毛泽东:《中国社会各阶级的分析》,载于《毛泽东选集》,人民出版社

《中国社会各阶级的分析》是毛泽东 1925 年为反对当是党内存在着的两种错误倾向而写的。整篇文章运用了马克思主义的阶级分析方法,与中国实际情况相结合,深刻地分析了当时中国各阶级的存在状况,解决了当时革命中的困惑。

当时党内的第一种倾向,以陈独秀为代表,只注意同国民党合作,忘记了农民,这是右倾机会主义。第二种倾向,以张国焘为代表,只注意工人运动,同样忘记了农民,这是"左"倾机会主义。这两种机会主义都感觉自己力量不足,而不知道到何处去寻找力量,到何处去取得广大的同盟军。毛泽东指出中国无产阶级的最广大和最忠实的同盟军是农民,这样就解决了中国革命中的最主要的同盟军问题。

5. 中共中央宣传部:《习近平新时代中国特色社会主义思想三十讲》,学习出版社,

为了加强广大党员群众对习近平新时代中国特色社会主义思想的理解,中共中央宣传部组织编写本书。本书深入浅出、重点突出,分 30 个专题对习近平新时代中国特色社会主义思想进行了深入分析和解读阐释,有助于广大党员、干部和群众深刻理解习近平新时代中国特色社会主义思想的丰富内涵。

【影视欣赏】

1. 电影《辛亥革命》,上海东方影视发行有限责任公司,2011 年 9 月上映

《辛亥革命》讲述了晚清末年,内忧外患,中华民族到了危亡之际。改良派维新变法运动的失败,孙中山为首的革命派,决心以革命推翻清政府,建立共和体制的故事。

2. 纪录片:《大国崛起》,中央电视台,2006 年 11 月上映

《大国崛起》从中国人的特殊视角探寻了九个大国崛起的经验和教训,为中国的四个现代化建设提供了必要的借鉴和参考。《大国崛起》给我们的教育是十分丰富的,也引发了中国世界史学者们的思考,我们只有更好地重视和总结世界大国崛起的经验和教训,深刻了解 9 个大国的历史的发展,才能更清楚地观察和思考今天的世界,而只有对历史和现代的真实了解,才能更准确地把握未来。

3. 电影:《建党伟业》,中国电影集团公司,2011 年 6 月上映

《建党伟业》讲述了从 1911 年辛亥革命爆发开始一直叙述至 1921 年中国共产党第一次全国代表大会召开为止共 10 年间中国所发生的一系列重大历史事件,大体上由民初动乱、五四运动及中共建党三部分剧情组成。重温了老一辈革命先烈们为了解救人民与水火之中,为了拯救危难中的国家和民族,历尽千难万险和不懈抗争,终于创建了中国共产党的艰辛历程,对我们这些出生在新社会、沐浴在党恩下的年轻人,是一次很好的爱国主义教育。

4. 电影:《铁道游击队》,上海电影制片厂,1985 年上映

该剧讲述了抗日战争时期,山东鲁南地区的铁道游击队员和八路军在党的领导下,深入日寇白区,机智勇敢地开展对敌斗争的传奇故事。

抗日战争时期,山东南部枣庄矿区以刘洪、王强为首的一批煤矿工人和铁路工人,不堪日寇的欺压和蹂躏,在中国共产党的领导下,秘密建立起一支短小精悍的游击队,他们"飞车搞机枪""血染洋行""智打票车""夜袭临城""打冈村""搞情报""夺布车""上济南""下

徐州"活跃在日军侵华战争的主要铁路命脉津浦线的山东沿线,鼓舞了铁路沿线人民的抗战士气,有力配合了主力部队的对日作战,老百姓称他们"飞虎队",他们在八路军中的正式番号是"铁道游击队"。

5.电影:《太行山上》,八一电影制片厂,2005年上映

影片讲述了八路军总司令朱德率领刚刚改编完的八路军三个主力师东渡黄河建立太行山根据地的故事。

1937年日军全面侵华后,华北危急。国共合作的背景下,红军改编为八路军,在总司令朱德(王伍福 饰)率领下东渡黄河奔赴前线抗战。山西实权人物阎锡山面对"国、共、日"三股力量颇为头疼,提出"守土抗日"口号,在民族大义的影响下,于形式上支持八路军抗日。朱德筹划于日军进犯山西的必经险地平型关截击,115师师长林彪临战指挥出色,成功击败板垣师团,史称"平型关大捷"。同时八路军用灵活的战术亦减轻了国军战场的压力。不久日军以优势兵力、装备围攻太原一线,蒋、阎战略判断失误,正面战场接连失败,八路军转入敌后根据地建设,自此拉开了军民抗击日寇的伟大事业。

【学习链接】

1. 扬子晚报:http://www.yangtse.com/
2. 中共党史网:http://www.zgdsw.com/
3. 中国共产党新闻网:http://cpc.people.com.cn/
4. 南方日报:http://www.southcn.com/
5. 党建研究网:http://www.djyj.cn/

【实践拓展】

【实践一】大学生理想信念主题班会设计方案

【实践目的】

通过此活动,使大学生明确在未来的学习生活中确立正确理想的必要性。培养大学生坚定的信念,以此来支撑正确理想的实现。

【实践要求】

明确主题内容,分组进行讨论,控制交流时间。

【实践方案】

1. 时间:课堂时间

2. 地点:教室

3. 活动方式:教师引导,同学发表意见。

4. 流程:

(1)教师事先准备几道心理测试题目,让同学们自测,看看自己是否拥有雄心壮志,远大抱负。

(2)以周恩来为事例引入主题。

(3)分组讨论,请3至5名同学阐述自己的理想、远期目标、近期目标。

(4)教师总结大学生树立正确理想的必要性。

【实践二】大学生道德素质状况的社会实践调查报告

【实践目的】

本次调查报告主要是针对大学生自身道德素质状况及其对道德素质问题的看法展开调查。以问卷调查的形式展开。调查对象为在校大学生,调查内容从道德素质基本认识及看法、自身道德素质水平两个方面展开。通过反馈回来的调查表统计总结得出在校大学生道德素养方面存在的问题。

【实践要求】

（1）明确调查时间、地点、目的,过程,做好调查前的准备工作。

（2）收取各小组调查报告,各小组代表汇报调查结果,教师总结。

【实践方案】

1. 时间：课外时间

2. 地点：大学校园

3. 活动方式：教师指导,分小组组织活动。

4. 流程：

（1）教师利用上课时间指导学生如何开展调查活动,说明活动的目的、要求等。

（2）以小组为单位,在规定时间内开展调查活动。

（3）调查活动结束后,每个小组提交调查汇报表,并做好汇报交流。

（4）教师根据每个小组的汇报情况做汇报总结。

【习题】

（一）单项选择题

1. 党的十九大提出了（   ）的战略要求。

A. 培养担当民族复兴大任的时代新人

B. 坚定信念

C. 开放自信

D. 脚踏实地

2.（   ）阶段,是人生发展的重要时期,是世界观、人生观、价值观形成的关键时期。

A. 小学　　　　　　B. 初中　　　　　　C. 高中　　　　　　D. 大学

3.（   ）是民族复兴伟大进程的见证者和参与者,也是社会主义事业的生力军。

A. 社会工作人员　　　　　　　　B. 科学家

C. 当代大学生　　　　　　　　　D. 工程师

4. 新时代大学生素质和（   ）,直接影响着民族复兴的进程。

A. 人生理想　　　　　　　　　　B. 本领的强弱

C. 法治素养　　　　　　　　　　D. 担当精神

5.（   ）是人们的思想观念、政治立场、价值取向、道德情操和行为习惯等方面品质和能力的综合体现,反映着一个人的思想境界和道德风貌。

A. 法治素养　　　　　　　　　　B. 思想道德素质

C. 人际关系　　　　　　　　　　D. 理想信念

（二）多项选择题

1. 做有理想有本领有担当的时代新人，必须具备良好的（　　　）。

A. 思想道德素质　　　B. 法治素养　　　　　C. 民族意识

D. 国家意识　　　　　E. 责任意识

2. 大学生的担当精神体现为（　　　）。

A. 奉献祖国　　　　　B. 奉献人民　　　　　C. 尽心尽力

D. 勇于担责　　　　　E. 勤奋刻苦

3. 大学生应该以（　　　）为根本要求，夯实综合素质基础，着力提升思想道德素质和法治素养，展现新的风貌、新的姿态。

A. 好好学习　　　　　B. 有理想　　　　　　C. 有本领

D. 有担当　　　　　　E. 奉献精神

（三）辨析题

1. 在我国，中国特色社会主义思想道德建设和中国特色社会主义法治建设紧密联系、相互促进。

2. 大学生要有天下兴亡、匹夫有责的担当精神，讲求奉献，实干进取。

（四）简答题

1. 大学生怎样做有理想有本领有担当的时代新人？

2. 简述思想道德与法律的关系。

（五）论述题

论述时代新人以民族复兴为己任的具体内容。

【参考答案】

（一）单项选择题

1.A　2.D　3.C　4.B　5.B

（二）多项选择题

1.AB　2.ABCD　3.BCD

（三）辨析题

1. 观点正确。思想道德和法律都是调节人们思想行为、协调人际关系、维护社会秩序的重要手段。二者都是上层建筑的重要组成部分，共同服务于一定的经济基础。在我国，中国特色社会主义思想道德建设和中国特色社会主义法治建设紧密联系、相互促进，为中国特色社会主义事业提供坚实的思想基础、精神支撑和法治保障。坚持和发展中国特色社会主义，既要发挥思想道德的引领和教化作用，又要发挥法律的规范和强制作用。

2. 观点正确。作为实现中华民族伟大复兴的生力军，大学生的担当精神体现为奉献祖国、奉献人民、尽心尽力、勇于担责，必须讲求奉献，实干进取，自觉树立国家意识、民族意识、责任意识，把个人前途命运与国家、民族的前途命运紧紧地联系在一起，在尽责集体、服务社会、贡献国家中实现人生理想和人生价值。

（四）简答题

1.答案要点：
（1）要有崇高的理想信念，牢记使命，自信自励。
（2）要有高强的本领才干，勤奋学习，全面发展。
（3）要有天下兴亡、匹夫有责的担当精神，讲求奉献，实干进取。
2.答案要点：

在我国，中国特色社会主义思想道德建设和中国特色社会主义法治建设紧密联系、相互促进，为中国特色社会主义事业提供坚实的思想基础、精神支撑和法治保障。坚持和发展中国特色社会主义，既要发挥思想道德的引领和教化作用，又要发挥法律的规范和强制作用。一方面，思想道德为法律提供思想指引和价值基础。另一方面，法律为思想道德提供制度保障。法律通过对思想道德的基本原则予以确认，为思想道德建设提供国家强制力保障。

（五）论述题

答：1.做有理想有本领有担当的时代新人
（1）要有崇高的理想信念，牢记使命，自信自励

理想指引人生方向，信念决定事业成败。崇高的理想信念是事业和人生的灯塔，决定我们的方向和立场，也决定我们的精神状态和实际行动，直接关系着人生目标的选择、人生价值的实现。

（2）要有高强的本领才干，勤奋学习，全面发展

不断增强本领才干，是青春焕发光彩的重要源泉。新时代大学生素质和本领的强弱，直接影响着民族复兴的进程。大学生应把学习作为首要任务，树立梦想从学习开始、事业靠本领成就的观念，让勤奋学习成为青春远航的动力，让增长本领成为青春搏击的能量。

（3）要有天下兴亡、匹夫有责的担当精神，讲求奉献，实干进取

作为实现中华民族伟大复兴的生力军，大学生的担当精神体现为奉献祖国、奉献人民、尽心尽力、勇于担责，必须讲求奉献，实干进取，自觉树立国家意识、民族意识、责任意识，把个人前途命运与国家、民族的前途命运紧紧地联系在一起，在尽责集体、服务社会、贡献国家中实现人生理想和人生价值

2.提升思想道德素质与法治素养

做有理想有本领有担当的时代新人，必须具备良好的思想道德素质和法治素养。思想道德素质和法治素养，是思想政治素质、道德素质和法治素养的有机融合，是新时代大学生必须具备的基本素质。

思想道德素质和法治素养是人应该具有的基本素质。思想道德素质是人们的思想观念、政治立场、价值取向、道德情操和行为习惯等方面品质和能力的综合体现，反映着一个人的思想境界和道德风貌，是促进个体健康成长、社会发展进步的重要保障。法治素养是指人们通过学习法律知识、理解法律本质、运用法治思维、依法维护权利与依法履行义务的素质、修养和能力，对于保证人们尊崇法治、遵守法律具有重要的意义。大学生应当通过理论学习和实践体验，牢固树立坚定的理想信念和正确的价值观念，陶冶高尚的道德情操，增强尊法学法守法用法的自觉性，不断提高自身的道德素质和法治素养。

第一章　人生的青春之问

【引言】

怎样才能不虚度人生,这是萦绕在每一位大学生心头的青春之问。面对世界的深刻复杂变化,面对信息时代各种思潮的相互激荡,面对纷繁多样的社会现象,面对学业、情感、职业选择等多方面的考量,大学生要学会在科学理论指导下树立正确的人生观,把自己的人生追求同国家发展进步、人民伟大实践紧密结合起来,通过不懈努力实现人生价值。

【学习指引】

学习目的:

1. 了解人生观的含义,正确认识人的本质。

2. 树立正确的人生观,明确人生目的、端正人生态度、认识人生价值,为创造有意义的人生奠定良好的基础。

3. 在科学高尚的人生观指引下,正确对待人生矛盾,自觉抵制错误观念,努力提升人生境界,成就出彩人生。

学习重点:

1. 正确认识人的本质。

2. 人生观的主要内容。

3. 积极进取的人生态度。

4. 认清错误的人生观。

学习难点:

1. 理解人生目的、人生态度和人生价值的关系。

2. 人生的自我价值和社会价值的含义、人生价值的评价方法和人生价值实现的条件。

【内容概要】

一、人生观是对人生的总看法

（一）人生与人生观

人生观的含义:人生观就是人们关于人生目的、人生态度、人生价值等问题的总观点和总看法。

1. 正确认识人的本质

思考人生,树立正确的人生观,首先需要对"人是什么"和"人的本质是什么"等问题有科学的认识。

人的生命活动不同于动物的生命活动,人是以劳动求得生存和发展。人类在脱离动物状态而转变为人的过程中,劳动发挥了决定性的作用。人能够对自己的存在和活动的内容、方式有所"观"，并且根据一定的"观"做出选择、采取行动。

对人的认识，核心在于认识人的本质。马克思运用辩证唯物主义和历史唯物主义的立场观点方法，揭开了人的本质之谜。他指出："人的本质不是单个人所固有的抽象物，在其现实性上，它是一切社会关系的总和。"这一论断，在人类历史上第一次科学说明了人的本质，为人们认识人生、形成正确的人生观提供了科学的方法论。

任何人都是处在一定的社会关系中从事社会实践活动的人。社会属性是人的本质属性。因此，认识人的本质，只能立足于具体的、历史的社会关系中从事社会实践的人，而不能从抽象的人性论出发，更不能依靠神的启示。正是在一定的社会历史条件下，人们面对各种各样的境遇，在客观的不断变化的社会关系中实践人生，通过现实的生活逐渐地感悟人生，形成了相应的人生观。

2. 人生观的主要内容

人生观决定着人生道路的方向，也决定着人们行为选择的价值取向和用什么样的方式对待实际生活。

（1）人生观的主要内容：人生观的主要内容包括人生目的、人生态度和人生价值。人生目的回答人为了什么活着，人生态度回答人应当如何活着，人生价值回答什么样的人生才有价值。这三个方面相互联系、相辅相成，统一为一个有机整体。

（2）人生目的、人生态度和人生价值

①人生目的：是指生活在一定历史条件下的人在人生实践中关于自身行为的根本指向和人生追求。

人生目的的作用：人生目的是对"人为什么活着"这一人生根本问题的认识和回答，是人生观的核心，在人生实践中具有重要的作用。首先，人生目的决定人生道路。其次，人生目的决定人生态度。再次，人生目的决定人生价值选择。

②人生态度：是指人们通过生活实践形成的对人生问题的一种稳定的心理倾向和精神状态。人生态度是人生观的重要内容。一个人有什么样的人生观就会有什么样的人生态度。

③人生价值：是指人的生命及其实践活动对于社会和个人所具有的作用和意义。人生价值内在地包含了人生的自我价值和社会价值两个方面。

a. 人生的自我价值：是个体的人生活动对自己的生存和发展所具有的价值，主要表现为对自身物质和精神需要的满足程度。

b. 人生的社会价值：是个体的实践活动对社会、他人所具有的价值。

c. 人生的自我价值和社会价值的关系：人生的自我价值和社会价值的关系既相互区别，又密切联系、相互依存，共同构成人生价值的矛盾统一体。一方面，人生的自我价值是个体生存和发展的必要条件，人生的自我价值的实现是个体为社会创造更大价值的前提。个体的人生活动不仅具有满足自我需要的价值属性，还必然地包含着满足社会需要的价值属性。个体通过努力提高自我价值的过程，也是其创造社会价值的过程。另一方面，人生的社会价值是社会存在和发展的重要条件，人生社会价值的实现是个体自我完善、全面发展的保障。没有社会价值，人生的自我价值就无法存在。人是社会的人，这不仅意味着个体物质和精神的需要必须在社会中才能得到满足，还意味着以怎样的方式和在多大程度上得到满足也是由社会决定的。

3. 人生观与世界观

世界观的含义：世界观是人们对生活在其中的世界以及人与世界的关系的总体看法和

根本观点。

世界观决定人生观,有什么样的世界观,就会有什么样的人生观。辩证唯物主义认为,人和人类社会是自然界长期发展的产物,人的一切认识都是来自于实践,并在实践中不断发展。在这样的世界观指导下,人们就能更好地立足现实,客观对待人生,在人生道路上用于拼搏,在实际生活过程中寻找解答人生问题的正确答案。

(二)个人与社会的辩证关系

个人与社会是对立统一的关系,两者相互依存、相互制约、相互促进。社会是由一个个具体的人组成的,离开了人就没有社会,社会是人的存在形式。同时,人是社会的人,离开了社会人也无法生活。社会成员素质的不断提高是社会发展的重要基础,推动和实现人的全面发展是社会发展的根本目标。

个人与社会的关系,最根本的是个人利益与社会利益的关系。社会需要是个人需要的集中体现,是社会全体成员带有根本性、全局性、长远性需要的反映。个人利益的满足只能是在一定的社会条件下、通过一定的社会方式来实现。在社会主义社会中,个人利益与社会利益在根本上是一致的。社会利益离不开个人利益,个人利益也离不开社会利益。社会利益不是个人利益的简单相加,而是所有人利益的有机统一。社会利益体现了作为社会成员的个人的根本利益和长远利益,是个人利益得以实现的前提和基础,同时它也是保障着个人利益的实现。

二、正确的人生观

(一)科学高尚的人生追求

"服务人民、奉献社会"的思想以其科学而高尚的品质,代表了人类社会迄今最先进的人生追求。人民群众是社会历史的主体,是社会物质财富和精神财富的创造者,是社会变革的决定力量。

(二)积极进取的人生态度

没有积极进取的人生态度,再崇高的人生目标也难以真正实现。走好人生之路,需要大学生正确认识、处理生活中各种各样的困难和问题,保持认真务实、乐观向上、积极进取的人生态度。

1. 人生须认真

以认真的态度对待人生,就是要严肃思考人的生命应有的意义,明确生活目标和肩负的责任,既要清醒地看待生活,又要积极认真地面对生活。

2. 人生当务实

要从人生的实际出发,以科学的态度看待人生,以务实的精神创造人生。要把远大的理想寓于具体的行动中要坚持实事求是的思想方法和人生态度,正确面对人生目的与现实生活之间的矛盾,遵循客观规律,透过复杂现象把握事物的本质,更好地把人生意愿与个人情况和社会实际结合起来,从小事做起,从身边的事做起,脚踏实地、一步一个脚印地实现人生目标。

3. 人生应乐观

只有热爱生活的人,才能真正拥有生活。乐观豁达、热爱生活、对人生充满自信,体现了对自己、对生活、对社会的积极态度,这种态度是人们承受困难和挫折的心理基础。

4. 人生要进取

人生实践是一个创造的过程。适应历史发展的趋势,以开拓进取的态度迎接人生的各种挑战,才能不断领悟美好人生的真谛,体验生活的快乐和幸福。

（三）人生价值的评价与实现

1. 正确评价人生价值

（1）坚持能力有大小与贡献须尽力相统一

考察一个人的人生价值,要把个人对社会的贡献同他的能力以及与能力相对应的职责联系起来。任何人只要在自己的岗位上尽职尽责,兢兢业业,就应该对他的人生价值给予积极肯定的评价。

（2）坚持物质贡献与精神贡献相统一

人的生产劳动是物质生产劳动和精神生产劳动的统一及两种生产劳动成果的相互转化。社会的发展与进步是物质文明和精神文明的共同发展与进步。评价人生价值,既要看一个人对社会做出的物质贡献,也要看他对社会做出的精神贡献。

（3）坚持完善自身与贡献社会相统一

人的自我完善和全面发展、人生自我价值的实现,是社会发展的根本目标;而人生自我价值的实现,又有助于个体为社会创造更大价值。

2. 人生价值的实现条件

（1）实现人生价值要从社会客观条件出发

人生价值是在社会实践中实现的,人的创造力的形成、发展和发挥都要依赖于一定的社会客观条件。大学生要珍惜难得的历史机遇,把自己的人生追求建立在正确把握当今中国社会发展实际的基础上,努力实现自己的人生价值。

（2）实现人生价值要从个体自身条件出发

人的自身条件会有一定的差异,某一个具体的价值目标,对这个人来说是恰当的、比较容易实现的,而对另一个人来说却未必如此。因此,大学生要针对自己成长成才过程的实际,注重完善知识结构、丰富社会实践,坚持实事求是的原则,努力客观认识自己,准确把握影响人生价值实现的自身条件。

（3）不断增强实现人生价值的能力和本领

人在实现人生价值的过程中不可避免地要受到客观条件的限制,但这并不是说,人的主观努力就不起作用。事实上,个人的主观努力,在相当大的程度上也决定着人生价值实现的程度。正如人们经常说的,没有条件可以创造条件。人的能力具有累积效应,能够通过学习、锻炼而得以提升。大学生可塑性强,可以通过各种方式和途径,全面提高自身的综合素质和能力,努力创造实现人生价值的良好条件。

三、创造有意义的人生

（一）辩证对待人生矛盾

1. 树立正确的幸福观

首先,幸福是一个总体性范畴,它意味着人总体上生活得美好,家庭和睦、职业成功、行为正当、人格完善等都是幸福的重要因素。幸福总是相对的,不是尽善尽美的,不同的人有不同的幸福标准。追求幸福的过程就是不满足于现状、不断追求和创造更美好生活的过程。

其次,实现幸福离不开一定的物质条件,物质需要的满足、物质生活的富足是幸福的重要方面,但人的幸福不能仅仅局限于物质方面,精神需要的满足、精神生活的充实也是幸福的重要方面。

再次,在追求幸福的过程中,我们不能把自己的幸福建立在损害社会整体和他人利益的基础上。相反,只有在为社会做贡献、为他人服务的过程中,我们才能获得幸福所需要的环境和条件,产生更大的幸福感,实现个人幸福与社会进步的相互促进。

2. 树立正确的得失观

首先,不要拘泥于个人利益的得失。个人人利益的得失只能部分地衡量人生价值的大小,在奉献社会中才实现更大的人生价值。只有追求高尚的道义,跳出对狭隘利益的计较,才能赢得他人和社会的尊重。

其次,不要满足于一时的得。一个人如果总是满足于一时的得,往往会停步在小小的成功和已有的成绩之上,放弃接下来的努力,以致造成最后的失败。

再次,不要惧怕一时的失。正所谓"吃一堑,长一智","塞翁失马,焉知非福",得到的不一定是好事,失去了也不一定是坏事。在失意之际坚持不懈,在坎坷之时不断努力,这样的人生才能更有意义。

3. 树立正确的苦乐观

苦与乐既对立又统一,又在一定条件下可以相互转化。真正的快乐只能由奋斗的艰苦转化而来。

4. 树立正确的顺逆观

顺境和逆境是人生历程中两种不同的境遇。在顺境中前进,如同顺水行舟,天时、地利、人和等有利因素,使人们更容易接近和实现目标。在逆境中奋斗,犹如逆水行舟,不进则退,需要付出更大的努力和更多的艰辛才可能成功。只有善于利用顺境,勇于正视逆境和战胜逆境,人生价值才能够实现。

5. 树立正确的生死观

生命的历程是一个从生到死的过程,有生必有死,这是恒常不变的自然现象。

人的生命是有限的,而生命的价值却是无限的。我们无法增加生命的长度,但却能追求生命应有的高度。大学生应珍惜韶华,在服务人民、投身民族复兴伟大事业中开发出生命所蕴藏的巨大潜能,努力给有限的个体生命赋予更有价值的意义。

6. 树立正确的荣辱观

荣辱观对个人的思想行为具有鲜明的动力、导向和调节作用。大学生只有具备正确的荣辱观,明确是非、对错、善恶、美丑的界限,坚持以热爱祖国为荣、以危害祖国为耻,以服务人民为荣、以背离人民为耻,以崇尚科学为荣、以愚昧无知为耻,以辛勤劳动为荣、以好逸恶劳为耻,以团结互助为荣、以损人利己为耻,以诚实守信为荣、以见利忘义为耻,以遵纪守法为荣、以违法乱纪为耻,以艰苦奋斗为荣、以骄奢淫逸为耻,才会在纷繁复杂的社会生活中明确应当坚持和提倡什么,反对和抵制什么,从而为自身判断行为得失,做出道德选择,确定价值取向,提供基本的价值准则和行为规范。

（二）反对错误人生观

1. 反对拜金主义

金钱作为物质财富,为人所创造并为人服务。人应当是金钱的主人,而不是金钱的奴隶;应当依靠自己的劳动创造财富,合理合法获取金钱。同时,金钱不是万能的,生活中还有许多远比金钱更有意义的东西值得我们去追寻。

2. 反对享乐主义

健康有益的、适度的物质生活和文化生活,是人的正当需要,也有利于促进经济社会的发展二享乐主义是一种把享乐作为人生目的,主张人生就在于满足感官的需求与快乐的思想观念。把享乐尤其是感官的享乐变成人生的唯一目的,作为一种"主义"去诠释人生的根本意义,是对人的需要的一种错误理解。

3. 反对极端个人主义

个人主义是以个人利益为出发点和归宿的一种思想体系和道德原则,它主张个人本身就是目的,具有最高价值,社会和他人只是达到个人目的的手段。极端个人主义是个人主义的一种表现形式,它突出强调以个人为中心,在个人与他人、个人与社会的关系上表现为极端利己主义和狭隘功利主义。

（三）成就出彩人生

1. 与历史同向

当代大学生要正确认识世界和中国发展大势,尊重顺应历史的选择和人民的选择,准确把握中国发展的重要战略机遇期,提升民族自信心,增强时代责任感,与历史同步伐,与时代共命运。

2. 与祖国同行

青年只有自觉将人生目标同国家和民族的前途命运紧紧联系在一起,才能最大限度地实现人生价值。当代中国正处于中华民族伟大复兴的关键时期,建设社会主义现代化强国任重道远。当代大学生要正确认识国家和民族赋予的历史责任和使命,自觉与国家和民族共奋进、同发展。

3. 与人民同在

人民群众是历史的创造者,是国家的主人。大学生要在为人民群众服务、实现人民群众利益的过程中实现人生价值。只有走与人民群众相结合的道路,向人民群众学习,从人民群众中汲取营养,做中国最广大人民根本利益的维护者,才能使自己的人生大有作为。

【学习延伸】

【案例一】习近平:在2018年春节团拜会上的讲话

同志们,朋友们:

"阳和启蛰,品物皆春。"立春刚过,春节将临。在中华民族最重要的传统节日春节到来之际,我们在这里欢聚一堂、辞旧迎新,感到格外高兴。

首先,我代表党中央和国务院,向大家致以节日的美好祝福! 向全国各族人民,向香港特别行政区同胞、澳门特别行政区同胞、台湾同胞和海外侨胞拜年! 祝大家新春吉祥!

时间是最客观的见证者。过去的一年,全党全军全国各族人民团结一心、锐意进取,推动中国特色社会主义各项事业取得新的重大成就。我国经济发展独领风骚,深化改革多点突破,依法治国深入实施,人民生活继续改善,脱贫攻坚有力推进,国防和军队建设开创新局,全方位外交成果丰硕,从严治党全面推进。特别是我们召开了党的十九大,全面总结了党的十八大以来党和国家各项事业取得的成就和经验,指明了新时代中国特色社会主义发展方向,擘画了到21世纪中叶我国发展的宏伟蓝图,开启了全面建设社会主义现代化国家新征程。

这些成绩,同党和人民长期奋斗的成就一起,像涓涓细流汇成江海,推动"中国号"巨轮驶入新的水域。近代以后久经磨难的中华民族,在百折不挠的奋斗中迎来了从站起来、富起来到强起来的伟大飞跃。中国的伟大发展成就是中国人民用自己的双手创造的,是一代又一代中国人接力奋斗创造的。让我们向所有为伟大祖国发展进步、为中华民族独立强盛做出贡献的老英雄、老模范、老战士、老同志、老前辈致以最崇高的敬意!

同志们、朋友们!

在中华文化中,狗是人的忠诚伙伴,是忠义和平安的象征,中国人常常称它们为金犬、玉犬、瑞犬、义犬。金鸡报晓,瑞犬送春,我们祖国的前景一定会一年更比一年好。

春节是新的开始,预示着新的希望。2018年是全面贯彻中共十九大精神的开局之年,是决胜全面建成小康社会、实施"十三五"规划承上启下的关键之年,也是改革开放40周年。面对波谲云诡的国际形势、艰巨繁重的国内改革发展稳定任务,全党全军全国各族人民要紧密团结在党中央周围,全面贯彻党的十九大精神,坚持以马克思列宁主义、毛泽东思想、邓小平理论、"三个代表"重要思想、科学发展观、新时代中国特色社会主义思想为指导,增强"四个意识",坚定"四个自信",坚持稳中求进工作总基调,以真抓的实劲、敢抓的狠劲、善抓的巧劲、常抓的韧劲,统筹推进"五位一体"总体布局,协调推进"四个全面"战略布局,一步一个脚印把既定的行动纲领、战略决策、工作部署变为现实,继续朝着我们确立的伟大目标奋勇前进。

同志们、朋友们!

团聚最喜悦,团圆最幸福,团结最有力。春节是万家团圆的日子。中华民族历来重视家庭,正所谓"天下之本在国,国之本在家",家和万事兴。国家富强,民族复兴,最终要体现在千千万万个家庭都幸福美满上,体现在亿万人民生活不断改善上。千家万户都好,国家才能好,民族才能好。我们要积极培育和践行社会主义核心价值观,弘扬中华民族传统美德,把爱家和爱国统一起来,把实现个人梦、家庭梦融入国家梦、民族梦之中,用我们4亿多家庭、13亿多人民的智慧和力量,汇聚起夺取新时代中国特色社会主义伟大胜利、实现中华民族伟大复兴中国梦的磅礴力量。

同志们、朋友们!

我在今年的新年贺词中说过,幸福都是奋斗出来的。今天,我还要说,奋斗本身就是一种幸福。只有奋斗的人生才称得上幸福的人生。奋斗是艰辛的,艰难困苦、玉汝于成,没有艰辛就不是真正的奋斗,我们要勇于在艰苦奋斗中净化灵魂、磨砺意志、坚定信念。奋斗是长期的,前人栽树、后人乘凉,伟大事业需要几代人、十几代人、几十代人持续奋斗。奋斗是曲折的,"为有牺牲多壮志,敢教日月换新天",要奋斗就会有牺牲,我们要始终发扬大无畏精神和无私奉献精神。奋斗者是精神最为富足的人,也是最懂得幸福、最享受幸福的人。正如马克思所讲:"历史承认那些为共同目标劳动因而自己变得高尚的人是伟大人物;经验赞美那些为大多数人带来幸福的人是最幸福的人"。

新时代是奋斗者的时代。我们要坚持把人民对美好生活的向往作为我们的奋斗目标,始终为人民不懈奋斗、同人民一起奋斗,切实把奋斗精神贯彻到进行伟大斗争、建设伟大工程、推进伟大事业、实现伟大梦想全过程,形成竞相奋斗、团结奋斗的生动局面。

同志们、朋友们！

"芳林新叶催陈叶，流水前波让后波。"改革开放 40 年来，我们以敢闯敢干的勇气和自我革新的担当，闯出了一条新路、好路，实现了从"赶上时代"到"引领时代"的伟大跨越。今天，我们要不忘初心、牢记使命，继续以逢山开路、遇水架桥的开拓精神，开新局于伟大的社会革命，强体魄于伟大的自我革命，在我们广袤的国土上继续书写 13 亿多中国人民伟大奋斗的历史新篇章！

最后，祝大家身体健康、新春吉祥、万事如意、阖家幸福！

谢谢大家。

——资料来源：《人民日报》2018 年 2 月 15 日　习近平：《在 2018 年春节团拜会上的讲话》

课堂讨论：

1. 什么是人生的真正幸福？

2. 通过什么样的方式实现幸福？

案例解析：

1. 答案要点：

幸福是奋斗出来的。奋斗者是精神最为富足的人，也是最懂得幸福、最享受幸福的人。奋斗本身就是一种幸福。只有奋斗的人生才称得上幸福的人生。

2. 答案要点：

树立正确的幸福观。首先，幸福是一个总体性范畴，它意味着人总体上生活得美好，家庭和睦、职业成功、行为正当、人格完善等都是幸福的重要因素。幸福总是相对的，不是尽善尽美的，不同的人有不同的幸福标准。追求幸福的过程就是不满足于现状、不断追求和创造更美好生活的过程。

其次，实现幸福离不开一定的物质条件，物质需要的满足、物质生活的富足是幸福的重要方面，但人的幸福不能仅仅局限于物质方面，精神需要的满足、精神生活的充实也是幸福的重要方面。

再次，在追求幸福的过程中，我们不能把自己的幸福建立在损害社会整体和他人利益的基础上。相反，只有在为社会做贡献、为他人服务的过程中，我们才能获得幸福所需要的环境和条件，产生更大的幸福感，实现个人幸福与社会进步的相互促进。

【案例二】生命的价值

一位著名的教授到某校做题为《生命的价值》的讲座，慕名而来的学生挤满了阶梯教室。教授手里举着一张 100 元面值的钞票说："我打算把这 100 元送给在座的一位同学，谁想要？"同学们纷纷举起了手。

教授把钞票揉成一团后，问："谁还要？"依然有同学举起了手。接着，教授把钞票扔到了地上，又踏了几脚，然后才拾起钞票，问："还有人要吗？"仍然有人举起了自己的手。

"同学们，我这样做并不是要损害人民币，而是要给你们上一堂有意义的课。无论我如何对待这张钞票，你们还是想要它，因为它并没有贬值。它依然是一张价值 100 元的钞票。人生的路上，我们会碰到无数的挫折，磨难、欺凌甚至践踏。在那样的时刻，我们常常觉得自己一文不值。但是无论发生过什么，或将要发生什么，我们永远不回丧失自身的价值。不论洁净或肮脏，衣衫褴褛或衣着整齐，样貌出众或普通，我们都不会贬值。生命的价值不倚赖我们的处境，也不取决于我们结交的人物，而是取决于我们自身！只要我们有信心，还能让这皱巴巴,脏兮兮的 100 元增值! 永远不要自我贬值,永远记住这一点——每个人都是独特的!"

——资料来源:生命的价值[OL].搜狐网:http://roll.sohu.com/

课堂讨论:

1. 什么是人生价值?

2. 积极进取的人生态度的内容有哪些?

案例分析:

1. 答案要点:

人生价值是指人的生命及其实践活动对于社会和个人所具有的作用和意义。人生价值内在地包含了人生的自我价值和社会价值两个方面。

2. 答案要点:

(1)人生须认真。

(2)人生当务实。

(3)人生应乐观。

(4)人生要进取。

【案例三】党员干部要树立正确的世界观、人生观、价值观

思想是行为的引导,有什么样的思想就会有什么样的行为。思想表现为多个层次,世界观、人生观、价值观是深层次、根源性的思想。思想建设的根本在于世界观、人生观、价值观建设。

"四风"之所以产生,是因为错误的落后的世界观、人生观、价值观在起作用。"总开关"的问题没有解决,解决"四风"很容易按下葫芦浮起瓢,过一段时间又会以其他形式出现。因此,纠正"四风",就要树立正确的世界观、人生观、价值观,这就是马克思主义世界观、人生观、价值观。

马克思主义世界观坚信世界的物质性、运动性、规律性、永恒性,坚信前进、发展、上升的必然性和社会历史不断进步的大趋势。信奉马克思主义世界观,就会在实践中尊重客观实际、遵循发展规律、追求社会理想。马克思主义人生观坚信人的生命是自然与社会、有限与无限、享用与创造的统一,人生的意义在于用劳动展现、丰富人的本质。信奉马克思主义人生观,就会在生命活动中把人的自然属性转化为社会价值,把人的有限生命转化为无限延续的物化劳动和精神产品,既享用他人提供的各类产品和服务,又用辛勤劳动为社会造福。马克思主义价值观坚信对真理、善良、美好的追求是高尚的价值追求,为人民做贡献、为他人做好事、为后人做善事是人的价值的完美实现。信奉马克思主义价值观,就会在各种行为中自觉维护和践行社会主义核心价值观,坚守价值准则,抵制各种诱惑,臻于崇高境界。

——资料来源:党员干部要树立正确的世界观、人生观、价值观[OL].中国网生活频道 http://life.china.com.cn/

课堂讨论:

什么是人生观? 人生观的主要内容有哪些?

案例解析:

答案要点:

人生观就是人们关于人生目的、人生态度、人生价值等问题的总观点和总看法。人生

观的主要内容包括人生目的、人生态度和人生价值。人生目的回答人为了什么活着,人生态度回答人应当如何活着,人生价值回答什么样的人生才有价值。这三个方面相互联系、相辅相成,统一为一个有机整体。

【案例四】党员干部要树立正确的人生观和苦乐观

人,活在世上,就应该有正确的人生观和苦乐观。尤其是党员干部的人生观和苦乐观比普通百姓更应高一个层次。在当今改革开放的时代,党员干部的金钱、地位在社会上已显不出任何优势,所以,树立正确的人生观和苦乐观,对党员干部来说尤为重要。

梁启超先生说过,负责任最苦,尽责任最乐。人生观就是对人生的根本看法,即关于人生的价值、目的、道德等观点的总和。作为党员干部来说,肩负起党和人民神圣的使命,一定要树立正确的人生观,积极进取,大公无私,把全心全意为人民服务看着是人生的最高目标和最大乐趣,圆满完成党和人民赋予我们的光荣任务,为我国的经济建设做出应有的贡献。

然而,在现实生活中,有的党员干部总是拈轻怕重、挑三拣四,见又苦又累的工作不是推卸就是逃避;也有的党员干部见有利可图、有名可出的任务,总是"积极争取",跑在前面;还有的党员干部总喜欢坐在办公室听汇报、看文件、发号施令,却不愿意深入实际、深入基层、为百姓分忧。这般只想当官不想干事,只想揽权不想担责,只想出彩不想出力的党员干部是不得人心的。当然,这只是个别现象,绝大多数党员干部还是忠于党、忠于人民的,尽管他们的工资不高,工作也很累,为了完成党交给的脱贫攻坚、城市管理、安全维稳等工作任务,我们的广大党员干部夜以继日、加班加点,勤勤恳恳、任劳任怨、忍辱负重、不计得失、努力工作、敢于担当,默默无闻地奉献着自己的光和热,他们以苦为荣、以苦为乐的精神就是正确的人生观和苦乐观。

诚然,人生观不同,苦乐感受亦大相径庭。"廉者无求仍乐,贪者无厌仍苦"。在苦乐观上,古代哲人提倡"先天下之忧而忧,后天下之乐而乐"。作为党员干部,人民的公仆,应以艰苦奋斗为乐,要树立"不怕千辛万苦,走遍千家万户,费尽千言万语,送上千情万爱,造福千秋万代"的观念;要有"苦了我一人,幸福千万人"的思想境界,只有这样,人生才有价值,才能感受到无穷的快乐!

——资料来源:党员干部要树立正确的人生观和苦乐观 [OL]. 搜狐网,http://www.sohu.com/

课堂讨论:

1. 正确的人生观包括哪些内容?

2. 作为大学生,怎样理解树立正确的苦乐观?

案例解析:

1. 答案要点:

树立正确的人生观,包括以下内容:

(1)科学高尚的人生追求。

(2)积极进取的人生态度。

(3)人生价值的评价和实现。

2. 答案要点:

苦与乐既对立又统一,又在一定条件下相互转化,真正的快乐只能由奋斗的艰苦转化而来,大学生在成长的过程中,要准确把握苦与乐的辩证关系,努力做迎难而上、艰苦奋斗的开拓者。

【经典语录】

1. 人民，只有人民，才是创造历史的动力。

——毛泽东《论联合政府》（1945 年 4 月）选自《毛泽东选集》第 3 卷

2. 奋斗本身就是一种幸福。只有奋斗的人生才称得上幸福的人生。

——习近平《在 2018 年春节团拜会上的讲话》（2018 年 2 月）

3. 红军不怕远征难，万水千山只等闲。

五岭逶迤腾细浪，乌蒙磅礴走泥丸。

金沙水拍云崖暖，大渡桥横铁索寒。

更喜岷山千里雪，三军过后尽开颜。

——毛泽东《七律·长征》

4. 我们的社会主义改造是搞得成功的，很了不起。这是毛泽东同志对马克思列宁主义的一个重大贡献。

——邓小平《邓小平文选》第 3 卷

5. 社会主义这个阶段，又可能分为两个阶段，第一个阶段是不发达的社会主义，第二个阶段是比较发达的社会主义。后一个阶段可能比前一阶段需要更长的时间。

——毛泽东《毛泽东文集》第 8 卷

6. 马克思的"本本"是要学习的，但是必须同我国的实际情况相结合。我们需要"本本"，但是一定要纠正脱离实际的本本主义。

——毛泽东《反对本本主义》

7. 多次从危机中把党和国家挽救过来，没有毛主席，至少我们中国人民还要在黑暗中摸索更长的时间。

——邓小平《邓小平文选》第 2 卷

8. 人的本质不是单个人所固有的抽象物，在其现实性上，它是一切社会关系的总和。

——马克思《马克思恩格斯选集》

9. 有了正确的世界观、人生观、价值观，有了高尚的精神境界和道德情操，就一定能够经得起公与私的考验，就什么香风也刮不倒，什么糖弹也击不中。

——江泽民《领导干部要带头树立好的家风》

10. 在长期革命战争中，我们在正确的政治方向指导下，从分析实际情况出发，发扬革命和拼命精神，严守纪律和自我牺牲精神，大公无私和先人后己精神，压倒一切敌人、压倒一切困难的精神，坚持革命乐观主义、排除万难去争取胜利的精神，取得了伟大的胜利。搞社会主义建设，实现四个现代化，同样要在党中央的正确领导下，大大发扬这些精神。

——邓小平《贯彻调整方针，保证安定团结》

【推荐阅读】

1. 中共中央文献研究室：《习近平关于青少年和共青团工作论述摘编》，中央文献出版

社，2017 年出版

习近平同志围绕青少年和共青团工作发表的一系列重要论述，深刻阐述了新形势下青少年和共青团工作的重大理论和实践问题，指明了当代青年的历史使命和成长道路。认真学习贯彻习近平同志的重要论述，对于准确把握青少年和共青团工作的基本要求和重点任务，引导青少年树立远大理想、树立和践行社会主义核心价值观，教育团员增强"四个意识"、增强先进性和光荣感，动员广大青少年为实现"两个一百年"奋斗目标、实现中华民族伟大复兴的中国梦而勤奋学习、努力工作，具有十分重要的意义。

2. 习近平：《决胜全面建成小康社会　夺取新时代中国特色社会主义伟大胜利——在中国共产党第十九次全国代表大会上的报告》，人民出版社，2017 年出版

会议的主题是：不忘初心，牢记使命，高举中国特色社会主义伟大旗帜，决胜全面建成小康社会，夺取新时代中国特色社会主义伟大胜利，为实现中华民族伟大复兴的中国梦不懈奋斗。

3. 毛泽东：《矛盾论》，人民出版社，1975 年出版

《矛盾论》是毛泽东哲学代表著作。它是作者继《实践论》之后，为了克服存在于中国共产党内的严重的教条主义思想而写的 。该书运用唯物辩证法总结了中国共产党领导中国革命斗争的实践经验，从两种宇宙观、矛盾的普遍性、矛盾的特殊性、主要的矛盾和主要的矛盾方面、矛盾诸方面的同一性和斗争性、对抗在矛盾中的地位等方面，深刻地阐述了对立统一规律。而对立统一规律则是辩证法的实质和核心的思想。

4. 习近平：《习近平谈治国理政》，外文出版社，2014 年出版

习近平作为中国党和国家的最高领导人，围绕治国理政发表了大量讲话，提出了许多新思想、新观点、新论断，深刻回答了新的历史条件下党和国家发展的重大理论和现实问题，集中展示了中共新一届中央领导集体的治国理念和执政方略。

5. 胡绳：《中国共产党的七十年》，中共党史出版社，1991 年 8 月出版

回顾七十年的历史，使我们更加确信：中国共产党的领导和社会主义道路，是中国近代历史发展的必然结果，是中国人民经过长时期的实践检验而做出的正确选择。七十年曲折发展的历史进程中留下的丰富的经验教训，是先驱者们在缺乏先例的艰难条件下经过探索追求所得到的，是无数先烈以鲜血为代价换来的，是值得我们永远铭记的。

【影视欣赏】

1. 电影：《肖申克的救赎》，哥伦比亚影片公司，1994 年上映

这部影片讲述黑暗又给你光明，它表现残酷又演绎美好，它压抑人性又放飞灵魂。面对现实的生活，如果你不随波逐流，就永远不会被束缚脚步。所以，相信自己，不放弃希望，不放弃努力，耐心地等待生命中属于自己的辉煌。请记住影片中的一句话：Hope is a good thing, maybe the best of things, and nogood thingever dies.（希望是美好的，也许是人间至善，美好的事物永不消逝．）

2. 电影：《当幸福来敲门》，哥伦比亚影业公司，2006 年上映

这部影片讲述一位穷苦潦倒的单身父亲，在人生一段最落魄的日子里，与他的儿子相互陪伴鼓励，最终走向幸福生活的故事。当我们抱怨自己一天天不幸福的时候，恰恰是自己正在一点点远离幸福的时候，有梦想就应该捍卫和坚持，虽然坚持不一定会有结果，但总会有收获，不管是哪一方面的收获。记住，幸福向来只青睐那些有准备的人。

3. 电影:《阿甘正传》,派拉蒙影业公司,1994 年上映

这部影片表现出的善良、温情,触动了观众心中最美好的东西,展现了诚实、守信、认真、勇敢、重情等美好情感。阿甘在影片中被塑造成了美德的化身,诚实、守信、认真、勇敢而重视感情,对人只懂付出不求回报,也从不介意别人拒绝,他只是豁达、坦荡地面对生活。他把自己仅有的智慧、信念、勇气集中在一点,他什么都不顾,只知道凭着直觉在路上不停地跑。

4. 电影:《心灵捕手》,米拉麦克斯影业公司,1997 年上映

我们的童年或许并不都充满阳光与温暖,有些人甚至是在家庭的缺失,父母的失责,少年的叛逆中度过的,这就免不了留下心灵的阴影和感情的创伤。这部片子讲述的是一个极具数学天赋却心理失常的少年,如何在老师的帮助下摆脱伤痛走向新生的过程。但很多人没有那么幸运,一生都纠结在童年的阴霾下,或是成长的伤痛里,由此又错失了原本可以精彩的人生。

5. 电视剧:《毛泽东》中国中央电视台出品,2001 年上映

电视剧《毛泽东》是首部展现伟人毛泽东一生的电视剧,该剧展现了毛泽东同志从 1893 年诞生到 1949 年新中国成立这段波澜壮阔的人生,展现毛泽东求学立志、辗转全国探索救国救民道路的峥嵘岁月,以及中国共产党建立新中国的整个历程,再现了一个半殖民地半封建社会到现代化强国的"民族复兴梦"。

【学习链接】

1. 新华网:http://www.xinhuanet.com/
2. 中共党史网:http://www.zgdsw.com/
3. 中国共产党新闻网:http://cpc.people.com.cn/
4. 人民网:http://politics.people.com.cn/
5. 中国日报网:http://cn.chinadaily.com.cn/

【实践拓展】

【实践一】怎样树立正确的人生观

【实践目的】
通过讨论,使学生掌握人生观理论,帮助学生树立正确的世界观、人生观。

【实践要求】
1. 交流前,阅读教师推荐的书目。
2. 明确主题内容,分组进行讨论,控制交流时间。
3. 分工合理,人人发言,提交交流稿。

【实践方案】
1. 时间:课堂时间
2. 地点:教室
3. 活动方式:教师引导,同学发表意见。
4. 流程:
(1)要求学生课前阅读教师推荐的书目,写出自己的心得体会,课上以小组为单位进

行讨论，5 人一组，设组长 1 名，记录员 1 名。

（2）组长组织大家发言，记录员记录。

（3）教师根据每个小组的汇报情况进行总结和点评。

【实践二】怎样创造有意义的人生

【实践目的】

通过本次活动的开展，让学生明白要在科学高尚的人生观指引下，正确对待人生矛盾，自觉抵制错误观念，努力提升人生境界，成就出彩人生。

【实践要求】

搜集历史名人的伟大事迹，从他们的事迹中领略其不凡的人格魅力，感受他们为实现人生价值所做的努力。

【实践方案】

1. 时间：课堂时间。

2. 地点：多媒体教室。

3. 活动方式：教师指导，组长组织，全员参与。

4. 流程：

（1）教师提前布置搜集历史名人的伟大事迹的任务，让学生搜集相关书籍或影视资料。

（2）教师分别出示搜集的相关书籍和影视资料。

（3）以小组为单位，在规定的时间内对其事迹进行讨论。

（4）教师进行总结和点评。

【习题】

（一）单项选择题

1.（　　）是人们关于人生目的、人生态度、人生价值等问题的总观点和总看法。

A. 价值观　　　　B. 人生观　　　　C. 世界观　　　　D. 是非观

2. 人的本质是一切（　　）的总和。

A. 社会关系　　　B. 人际关系　　　C. 物质贡献　　　D. 精神贡献

3. 个人与社会的关系，最根本的是个人利益与（　　）的关系。

A. 集体利益　　　B. 个人荣誉　　　C. 社会利益　　　D. 人生价值

4.（　　）是指生活在一定历史条件下的人在人生实践中关于自身行为的根本指向和人生追求。

A. 人生态度　　　B. 人生价值　　　C. 人生目的　　　D. 世界观

5.（　　）是指人们通过生活实践形成的对人生问题的一种稳定的心理倾向和精神状态。

A. 人生态度　　　B. 人生价值　　　C. 人生目的　　　D. 世界观

6.（　　）是指人的生命及其实践活动对于社会和个人所具有的作用和意义。

A. 人生态度　　　B. 人生价值　　　C. 人生目的　　　D. 世界观

7.（　　）是人们对生活在其中的世界观念以及人与世界关系的总体看法和根本观点。

A. 人生态度　　　B. 人生价值　　　C. 人生目的　　　D. 世界观

8. 人生观的核心是（　　　），在人生实践中具有重要的作用。

A. 人生态度　　　　B. 人生价值　　　　C. 人生目的　　　　D. 世界观

9. 毛泽东在《七律·长征》一诗中,用"红军不怕远征难,万水千山只等闲"形象地写出了红军长征的艰苦卓绝,用"更喜岷山千里雪,三军过后尽开颜"的豪迈诗句,生动叙述了红军夺取胜利的喜悦心情,阐明了（　　　）的辩证统一关系。

A. 苦与乐　　　　B. 得与失　　　　C. 是与非　　　　D. 荣与辱

10.（　　　）是以个人利益为出发点和归宿的一种思想体系和道德原则,它主张个人本身就是目的,具有最高价值,社会和他人只是达到个人目的的手段。

A. 集体主义　　　　B. 拜金主义　　　　C. 个人主义　　　　D. 享乐主义

（二）多项选择题

1. 思考人生,树立正确的人生观,首先需要对（　　　）等问题有科学的认识。

A. 人是什么　　　　B. 人的本质是什么　　　C. 学习方法

D. 集体活动　　　　E. 实践活动

2. 人生观的主要内容包括（　　　）。

A. 服务人民　　　　B. 人生目的　　　　C. 人生态度

D. 人生价值　　　　E. 奉献社会

3. 人生价值包含人生的（　　　）两个方面。

A. 自我价值　　　　B. 世界观　　　　C. 社会价值

D. 方法论　　　　E. 个人素质

4. 大学生要树立高尚的人生观、价值观,要学会思考,正确抉择,认清错误的思想观念的实质,警惕和自觉抵制它们的侵蚀。下列选项中,哪些是错误的人生观?（　　　）

A. 拜金主义　　　　B. 功利主义　　　　C. 享乐主义

D. 极端个人主义　　　E. 奉献社会

5.（　　　）的思想以其科学而高尚的品质,代表了人类社会迄今最先进的人生追求。

A. 拜金主义　　　　B. 功利主义　　　　C. 服务人民

D. 极端个人主义　　　E. 奉献社会

（三）辨析题

1. 人在实现人生价值的过程中不可避免地要受到客观条件的制约,所以说人的主观努力不起作用。

2. 世界观决定人生观,有什么样的世界观,就会有什么样的人生观。

（四）简答题

1. 简述人生价值的评价方法。

2. 简述人生价值的实现条件。

3. 如何辩证对待人生矛盾?

（五）论述题

1. 如何理解人生目的、人生态度和人生价值的关系?

2. 当代大学生应当怎样做才能在实践中创造有意义的人生?

【参考答案】

（一）单项选择题

1.B 2.A 3.C 4.C 5.A 6.B 7.D 8.C 9.A 10.C

（二）多项选择题

1.AB 2.BCD 3.AC 4.ABCD 5.CE

（三）辨析题

1. 观点错误。人在实现人生价值的过程中不可避免地要受到客观条件的限制,但这并不是说,人的主观努力就不起作用。事实上,个人的主观努力,在相当大的程度上也决定着人生价值实现的程度。正如人们经常说的,没有条件可以创造条件。人的能力具有累积效应,能够通过学习、锻炼而得以提升。大学生可塑性强,可以通过各种方式和途径,全面提高自身的综合素质和能力,努力创造实现人生价值的良好条件。

2. 观点正确。世界观是人们对生活在其中的世界以及人与世界的关系的总体看法和根本观点。一个人思考生活的意义,树立追求的理想目标,确定以怎样的方式对待生活,探讨协调身与心、自我与他人、个人与社会的关系,总是以其世界观为根据,受到世界观的制约和影响。

辩证唯物主义认为,人和人类社会是自然界长期发展的产物,人的一切认识都是来自于实践,并在实践中不断发展。在这样的世界观指导下,人们就能更好地立足现实,客观对待人生,在人生道路上用于拼搏,在实际生活过程中寻找解答人生问题的正确答案。

（四）简答题

1. 答案要点:
（1）坚持能力有大小与贡献须尽力相统一。
（2）坚持物质贡献与精神贡献相统一。
（3）坚持完善自身与贡献社会相统一。

2. 答案要点:
（1）实现人生价值要从社会客观条件出发。
（2）实现人生价值要从个体自身条件出发。
（3）不断增强实现人生价值的能力和本领。

3. 答案要点:
（1）树立正确的幸福观。
（2）树立正确的得失观。
（3）树立正确的苦乐观。
（4）树立正确的顺逆观。
（5）树立正确的生死观。
（6）树立正确的荣辱观。

（五）论述题

1. 答：人生目的、人生态度、人生价值三者是辩证统一关系。人生目的表明人的一生追求什么,人生态度表示以怎样的心态实现人生目标,人生价值判定一个具体人生的价值和意义。其中,人生目的决定着人们对待实际生活的基本态度和人生价值的评判标准,人生态度影响着人们对人生目的的持守和人生价值的评判,人生价值制约着人生目的和人生态度的选择。

2. 答:(1)辩证对待人生矛盾

大学生要科学认识实际生活中的各种问题,勇敢面对和正确处理各种人生矛盾。要树立正确的幸福观;树立正确的得失观;树立正确的苦乐观;树立正确的顺逆观;树立正确的生死观;树立正确的荣辱观。

(2)反对错误人生观

反对错误的人生观包括:反对拜金主义;反对享乐主义;反对极端个人主义。大学生应当顺应时代潮流,在科学理论的指导下,认清这些错误思想和腐朽观念的实质,选择并追求高尚的人生目的,在服务人民、奉献社会的人生实践中完善自我、创造人生的美好价值

(3)成就出彩人生

①与历史同向。当代大学生要正确认识世界和中国发展大势,尊重顺应历史的选择和人民的选择,准确把握中国发展的重要战略机遇期,提升民族自信心,增强时代责任感,与历史同步伐,与时代共命运。

②与祖国同行。青年只有自觉将人生目标同国家和民族的前途命运紧紧联系在一起,才能最大限度地实现人生价值。当代中国正处于中华民族伟大复兴的关键时期,建设社会主义现代化强国任重道远。当代大学生要正确认识国家和民族赋予的历史责任和使命,自觉与国家和民族共奋进、同发展。

③与人民同在。人民群众是历史的创造者,是国家的主人。大学生要在为人民群众服务、实现人民群众利益的过程中实现人生价值。只有走与人民群众相结合的道路,向人民群众学习,从人民群众中汲取营养,做中国最广大人民根本利益的维护者,才能使自己的人生大有作为。

第二章　坚定理想信念

【引言】

漫漫人生,唯有激流勇进、奋力拼搏,方能中流击水,抵达理岸。科学的理想信念。既是指引人们穿越迷雾、辨识航向的灯塔,也是激励人们乘风破浪、搏击沧海的风帆。大学生坚定科学信仰,追求远大理想,在为实现中国特色社会主义共同理想而奋斗的过程中实现个人理想,是自身成长成才的现实需要,也是国家和人民的殷切期盼。

【学习指引】

学习目的:

1. 了解理想信念的内涵及重要性。

2. 在崇高理想信念的支持下,确立马克思主义的科学信仰,树立共产主义的远大理想和中国特色社会主义共同理想。

3. 正确理解理想和现实的关系,懂得只有实践,才是通往理想彼岸的桥梁。

学习重点:

1. 理想的内涵与特征。

2. 信念的内涵与特征。

3. 正确理解理想与现实的关系。

学习难点:

1. 理想信念的作用。

2. 为什么要信仰马克思主义。

3. 坚持个人理想与社会理想的统一。

【内容概要】

一、理想信念的内涵及重要性

（一）什么是理想信念

理想信念是人类特有的精神现象。人既需要物质资料来满足生存需要,也需要理想信念来充实精神生活。正确坚定的理想信念,激励人们为一定的社会理想和生活目标而不断努力追求。

1. 理想的内涵与特征

（1）理想的内涵:理想是人们在实践中形成的、有实现可能性的、对未来社会和自身发展目标的向往与追求,是人们的世界观、人生观和价值观在奋斗目标上的集中体现。

（2）理想的特征：

①理想具有超越性

理想之所以能够成为一种推动人们创造美好生活的巨大力量，就在于它不仅源于现实，而且超越现实。理想在现实中产生，但它不是对现状的简单描绘，而是与奋斗目标相联系的未来的现实，是人们对未来美好生活的憧憬和期待。离开理想的指引，人们会失去前进的方向；离开现实的努力，理想同样不能实现。

②理想具有实践性

作为一定的社会实践的产物，理想是处在特定历史条件下的人们对社会实践活动理性认识的结晶。离开了实践，任何理想的产生都是不可思议的。理想的实现，同样也离不开实践。人们只有在改造客观世界和主观世界的过程中才能以实践为桥梁，化理想为现实。理想在实践中产生，在实践中发展，而且也只有在实践中才能得以实现。

③理想具有时代性

理想同任何一种社会意识形式一样，都是一定时代的产物，都带着特定历史时代的烙印。不同时代的生产力发展水平不同，社会历史条件和政治经济关系不同，人们对社会现实状况、社会实践活动及其发展规律认识的深度和广度不同，形成的理想也就会有所不同。理想的时代性，不仅体现为它受时代条件的制约，而且体现为它随着时代的发展而发展。

2. 信念的内涵与特征

（1）信念的内涵：信念是人们在一定的认识基础上确立的对某种思想或事物坚信不疑并身体力行的精神状态。信念是认知、情感和意志的有机统一体，为人们矢志不渝、百折不挠地追求理想目标提供了强大的精神动力。

（2）信念的特征：

①信念具有执着性

信念因其执着而为信念。信念一旦形成，就不会轻易改变。坚定的信念使得人们具有强大的精神定力，不为利益所动，不为诱惑所扰，不为困难所惧。

②信念具有多样性。

一方面，不同的人由于社会环境、思想观念、利益需要、人生经历和性格特征等方面的差异，会形成不同的信念；另一方面，同一个人也会形成不同类型和层次的信念，并由此构成其信念体系。在信念体系中，高层次的信念决定低层次的信念，低层次的信念服从高层次的信念。信仰是最高层次的信念，具有最大的统摄力。

3. 理想与信念的关系

理想和信念总是相互依存。理想是信念所指的对象，信念则是理想实现的保障。离开理想这个人们确信和追求的目标，信念无从产生；离开信念这种对奋斗目标的执着向往和追求，理想寸步难行。在此意义上，理想和信念难以分割地紧密联系在一起。

（二）理想信念是精神之"钙"（理想信念的作用）

理想信念是人生发展的内在动力。在大学期间，大学生不仅要提高知识水平，增强实践才干，更要坚定崇高的理想信念。

1. 理想信念昭示奋斗目标

人生是一个在实践中奋斗的过程。要使生命富有意义，就必须在科学的理想信念指引下，沿着正确的人生道路前进。理想信念是人的思想和行为的定向器，一旦确立就可以使人方向明确、精神振奋,即使前进的道路曲折、人生的境遇复杂,也能使人看到未来的希望和曙光,永不迷失前进的方向。

2. 理想信念提供前进动力

一个人有了崇高坚定的理想信念,才会以惊人的毅力和不懈的努力成就事业。大学时期确立的理想信念,对今后的人生之路将产生重大影响,甚至会影响终身。大学生人生目标的确立、生活态度的形成、知识才能的丰富、发展方向的设定、工作岗位的选择,以及如何择友、如何面对挫折、如何克服困难等问题的解决,都需要一个总的原则和目标,都离不开理想信念的指引和激励。大学生应当重视理想信念的选择和确立,努力树立科学崇高的理想信念,使人生道路越走越宽广,使宝贵的人生富有价值。

3. 理想信念提高精神境界

理想信念是衡量一个人精神境界高下的重要标尺。理想信念作为人的精神世界的核心,一方面能使人的精神生活的各个方面统一起来,使人的精神世界成为一个健康有序的系统,避免精神空虚和迷茫;另一方面又能引导人们不断地追求更高的人生目标,并在追求和实现理想目标的过程中提升精神境界、塑造高尚人格。

二、崇高的理想信念

（一）为什么要信仰马克思主义

坚定的理想信念,必须建立在对马克思主义的深刻理解上,建立在对历史规律的深刻把握上。马克思主义作为我们立党立国的根本指导思想,是近代以来中国历史发展的必然结果,是中国人民长期探索的历史选择,也是由马克思主义严密的科学体系、鲜明的阶级立场和巨大的实践指导作用决定的。

1. 马克思主义体现了科学性和革命性的统一

马克思主义深刻揭示了自然界、人类社会、人类思维发展的普遍规律,为人类社会发展进步指明了方向;马克思主义坚持实现人民解放、维护人民利益的立场,以实现人的自由而全面的发展和全人类解放为己任,反映了人类对理想社会的美好憧憬;马克思主义揭示了事物的本质、内在联系及发展规律,是"伟大的认识工具",是人们观察世界、分析问题的有力思想武器。时代在变化,社会在发展,但马克思主义基本原理依然是科学真理。

2. 马克思主义具有鲜明的实践品格

马克思主义不仅致力于科学解释世界,而且致力于积极改变世界。中国特色社会主义的成功实践,无可辩驳地证明马克思主义是认识世界和改造世界的强大思想武器,社会主义具有光明的未来。

3. 马克思主义具有持久生命力

马克思主义具有与时俱进的理论品格和持久生命力。马克思主义进入中国,既引发了中华文明的深刻变革,也走过了一个逐步中国化的过程。在革命、建设、改革各个历史时期,中国共产党坚持马克思主义基本原理同中国具体实际相结合,运用马克思主义立场、观点、方法研究解决各种重大理论和实践问题,不断推进马克思主义中国化、时代化、大众化,指导党和人民取得了新民主主义革命、社会主义革命和社会主义建设、改革开放的伟大成就。实践证明,马克思主义只要与本国国情相结合、与时代发展同进步、与人民群众共命运,就能焕发出强大的生命力、创造力和感召力。

大学生坚定马克思主义信仰,最重要的是学习和掌握马克思主义的立场、观点、方法,确立正确的世界观和历史观,准确把握时代发展潮流,以科学的理想信念指引人生前进的道路和方向。

（二）中国特色社会主义是我们的共同理想

有共同理想,才能有共同步调。在中国共产党领导下,坚持和发展中国特色社会主义,实现中华民族伟大复兴,必须树立中国特色社会主义共同理想。这个共同理想,把国家、民族与个人紧紧地联系在一起,把各个阶层、各个群体的共同愿望有机结合在一起,集中代表了我国工人、农民、知识分子和其他劳动者、建设者、爱国者的利益和愿望,有着广泛的社会共识,具有令人信服的必然性、广泛性和包容性。

中国特色社会主义是科学社会主义,不是别的什么主义。历史和现实都告诉我们,只有社会主义才能救中国,只有中国特色社会主义才能发展中国。新时代坚持和发展中国特色社会主义,总任务是实现社会主义现代化和中华民族伟大复兴,在全面建成小康社会的基础上,分两步走在21世纪中叶建成富强民主文明和谐美丽的社会主义现代化强国。在当代中国,坚持中国特色社会主义,就是真正坚持科学社会主义。

中国特色社会主义不是从天上掉下来的,而是中国共产党带领人民历经千辛万苦找到的实现中国梦的正确道路。改革开放以来我们取得一切成绩和进步的根本原因,归结起来就是:开辟了中国特色社会主义道路,形成了中国特色社会主义理论体系,确立了中国特色社会主义制度,发展了中国特色社会主义文化。中国特色社会主义道路是实现社会主义现代化、指引中国人民创造自己美好生活的必由之路。中国特色社会主义理论体系是指导党和人民沿着中国特色社会主义道路实现中华民族伟大复兴的正确理论,是立于时代前沿、与时俱进的科学理论。中国特色社会主义制度是当代中国发展进步的根本制度保障,是具有鲜明中国特色、明显制度优势、强大自我完善能力的先进制度。

中国共产党的领导是中国特色社会主义最本质的特征。中国共产党是中国工人阶级的先锋队,同时是中国人民和中华民族的先锋队,是中国特色社会主义事业的领导核心。

（三）胸怀共产主义远大理想

马克思主义科学预测了未来社会的理想状态,指明了人类社会的发展方向。共产主义社会是物质财富极大丰富、实现按需分配、人的精神境界极大提高、每个人自由而全面发展的社会。共产主义只有在社会主义社会充分发展和高度发达的基础上才能实现。中国共产党从成立之日起,就确立了共产主义的远大理想,始终团结带领中国人民朝着这个伟大理想前行。

共产主义是现实运动和长远目标相统一的过程。共产主义是崇高的社会理想,是关于无产阶级解放的学说,同时也是一种现实运动。共产主义远大理想既是面向未来的,又是指向现实的,不仅反映了人们对未来社会的美好向往,更是一个从现实的人出发,不断满足人的现实利益需求、推进人的全面发展、推动社会发展进步的历史过程与现实运动。有人认为,共产主义理想离现实太遥远,是无法实现的,这实际上割裂了共产主义远大理想与现实的辩证统一关系。事实上,共产主义的思想和实践早已存在于我们的现实生活中,那种认为"共产主义是渺茫的幻想"、"共产主义没有经过实践检验"的观点,是完全错误的。

共产主义远大理想的最终实现是一个漫长、艰辛的历史过程,需要一代又一代人付出艰苦的努力。

作为当代大学生,我们要正确认识共产主义远大理想和中国特色社会主义共同理想之间的关系。实现共产主义是我们的远大理想,坚持和发展中国特色社会主义,就是向着远大理想所进行的实实在在的努力。心中有信仰,脚下有力量。走好新时代的长征路,大学生要不断增强中国特色社会主义道路自信、理论自信、制度自信、文化自信,自觉做共产主义远大理想和中国特色社会主义共同理想的坚定信仰者、忠实实践者,为崇高理想信念而矢志奋斗。

三、在实现中国梦的实践中放飞青春梦想

（一）理想与现实的关系

在追求理想的过程中,人们常常会感受到理想与现实之间的矛盾。对于思想活跃的青年大学生来说,也容易对理想与现实的矛盾产生困惑,这就需要正确认识理想与现实的关系。

1. 辩证看待理想与现实的矛盾

理想和现实存在着对立的一面,二者的矛盾与冲突,属于"应然"和"实然"的矛盾。假如理想与现实完全等同,那么理想的存在就没有意义。理想与现实又是统一的。理想受现实的规定和制约,是在对现实认识的基础上发展起来的。一方面,现实中包含着理想的因素,孕育着理想的发展;另一方面,理想中也包含着现实,既包含着现实中必然发展的因素,又包含着由理想转化为现实的条件,在一定的条件下,理想就可以转化为未来的现实。脱离现实而谈理想,理想就会成为空想。

2. 实现理想的长期性、艰巨性和曲折性

理想的实现是一个过程。一般来说,理想越是远大,它的实现过程就越复杂,需要的时间也就越漫长。纵观人类社会发展史,任何一种理想的实现都不是轻而易举的,必然会遇到各种各样的困难和波折,充满着艰险和坎坷。实现理想,创造未来,必须有战胜种种艰难险阻的坚定不移的信心和坚忍不拔的毅力。理想变为现实不是一帆风顺的,往往会遭遇波澜和坎坷。在现实生活中,人们对于理想的美好有着充分的想象,而对于理想实现的艰难则往往估计不足。渴望早日实现理想,希望顺利实现理想,这是人之常情。但是,如果把实现理想设想得过分容易,对前进道路上的困难缺乏思想准备,遭遇到一点困难、曲折或失败就灰心丧气、悲观失望,那就会影响理想的实现。

3. 艰苦奋斗是实现理想的重要条件

艰苦奋斗是我们的传家宝。我们的国家,我们的民族,从积贫积弱一步一步走到今天的发展繁荣,靠的就是一代又一代人的顽强拼搏,靠的就是中华民族自强不息的奋斗精神。艰苦奋斗绝不是一时的权宜之计。那种认为"艰苦奋斗是老一辈的事,当代青年不需要艰苦奋斗"的观点,在理论上是错误的,在实践中是有害的。一方面,物质生活条件的改善,社会观念的变化,只是赋予艰苦奋斗以新的时代内涵和实践要求,但艰苦奋斗的精神是永远不会过时的;另一方面,讲艰苦奋斗,也并不是不讲物质利益,而是为了实现既定的理想,不怕吃大苦、耐大劳,不惜献出自己的一切。当代中国既面临着重要发展机遇,也面临着前所未有的困难和挑战。梦在前方,路在脚下。自胜者强,自强者胜。实现我们的发展目标,需要广大青年锲而不舍、驰而不息的奋斗,不断书写奉献青春的时代篇章。

（二）个人理想与社会理想的统一

1. 个人理想的含义

个人理想是指处于一定历史条件和社会关系中的个体对于自己未来的物质生活、精神

生活所产生的种种向往和追求。

2. 社会理想的含义

社会理想是指社会集体乃至社会全体成员的共同理想,即在全社会占主导地位的共同奋斗目标。

3. 个人理想与社会理想的关系

个人理想与社会理想的关系实质上是个人与社会关系在理想层面的反映。个人与社会有机地联系在一起,二者相互依存、相互制约、共同发展。同样,社会理想与个人理想也不是彼此孤立的,它们之间相互联系、相互影响、相互制约。

个人理想以社会理想为指引。追求个人理想的实践活动都是在社会中进行的,正确的个人理想不是依个人主观愿望随意确定的,从根本上说它是由正确的社会理想规定的。同时,个人理想的实现,必须以社会理想的实现为前提和基础。因此,在整个理想体系中,社会理想是最根本、最重要的,而个人理想则从属于社会理想。

社会理想是对个人理想的凝练与升华。社会是个人的联合体,社会理想与个人理想密不可分。社会理想不是凭空产生的,也不是由外在力量强加的,而是建立在众人的个人理想基础之上。强调个人理想要符合社会理想,并不是要排斥和抹杀个人理想,而是要摆正个人理想同社会理想的关系。社会理想归根到底要靠全体社会成员的共同努力来实现,并具体体现在每个社会成员为实现个人理想而进行的活生生的实践中。

（三）为实现中国梦注入青春能量

每一个青年的前途离不开国家的前途,没有国家的前途也就没有青年的前途。大学生肩负实现中华民族伟大复兴中国梦的历史重任,只有把实现理想的道路建立在脚踏实地的奋斗上,才能放飞青春梦想,实现人生理想。

1. 立志当高远。

2. 立志做大事。

3. 立声须躬行。

【学习延伸】

【案例一】飞翔的信念

莱特兄弟小时候特别喜欢摆弄机械玩具。他们常常在一起用木片、铁丝和别的材料做各种好玩的玩具和模型。

有一次,父亲给他们买来一个小玩具飞螺旋——就像小朋友们玩的竹蜻蜓,使劲一转就会飞升起来。他们对这件玩具可着迷了,边玩边琢磨:这飞螺旋到底是怎么飞上天去的呢?

他们也爱放风筝。在放风筝的时候,他们总在想问题。当时,人们一般认为,要做一架比空气重的飞行器是不可能的。可是他们想,风筝比空气重,为什么也能飞呢?他们还爱到野外去观察鸟类的飞行,有时一看就是大半天。他们想:鸟不是比空气重吗?鸟为什么能飞呢?

就这样,他们幼小的心灵里产生了飞翔的信念。

那个时候,有很多人已经制造了各种滑翔机,并且多次驾驶滑翔机飞行过。莱特兄弟经过许多次实验发现,如果在滑翔机上装上发动机,就可以使滑翔机变成有动力的飞机。

为了得到最合适的发动机,莱特兄弟向好几家工厂订货,可谁都不肯给他们干。因为他们提出的要求太高。既要重量轻,又要力量大。人家做不出来。别人不做就自己做。莱特兄弟是修理自行车出身的,凭着好手艺,他们克服重重困难,硬是把发动机做成了。这是一台烧汽油的活塞发动机,功率是12马力。他们把它装到飞机上,再装上螺旋桨,这样,飞机就做成了。它有两副平行的机翼,机翼之间用许多支柱和斜线连着,像个书架。这是莱特兄弟发明的第一架飞机,人们给它起了个绰号,叫作"会飞的书架"。

1903年12月17日,他们准备在北卡罗来纳州的基蒂·霍克海滩试飞,并邀请当地的居民来观看飞行表演。但是,大家都不相信这架飞机真能飞起来,所以来看的人并不多。

上午10点35分,弟弟奥维尔·莱特爬进飞机驾驶舱,启动发动机。飞机在沙滩上慢慢移动,然后就像一只初次学飞的鸟儿似的,摇摇摆摆地飞了起来。尽管飞得不平稳,可它真的飞了起来。这一天飞了四次,虽然只飞了99秒,441米远,但它是人类第一次有动力的飞行! 正如哥哥威尔伯·莱特所说:"飞行的时代终于来临了,我们的梦想实现了。"

——资料来源语文 A 版四年级上册《飞翔的信念》

课堂讨论:

1. 什么是信念?

2. 结合案例分析信念有哪些特征。

案例解析:

1. 答案要点:

信念是人们在一定的认识基础上确立的对某种思想或事物坚信不疑并身体力行的精神状态。

2. 答案要点:

(1)信念具有执着性,信念因其执着而为信念,当一个人抱有坚定的信念时,他就会全身心投入到为实现目标而努力奋斗的事业中去。案例中的莱特兄弟正在执着的信念的支撑下,不为困难所惧,最终梦想成真。

(2)信念具有多样性。一方面由于社会环境、思想观念、利益需要、人生经历和性格特征等方面的差异,会形成不同的信念;另一方面,同一个人也会形成不同类型和层次的信念,并由此构成其信念体系。在信念体系中,高层次的信念决定低层次的信念,低层次的信念服从高层次的信念。信仰是最高层次的信念,具有最大的统摄力。

【案例二】 信念的力量

这是发生在非洲的一个真实的故事。

6名矿工在很深的井下采矿。突然,矿井坍塌,出口被堵,矿工们与外界隔绝。

大家你看看我,我看看你一言不发。凭借经验,他们意识到自己面临的最大问题是缺乏氧气,如果应对得当,井下的空气还能维持3个多小时,最多3个半小时。

外面的人一定知道他们被困了,但发生这么严重的坍塌,就意味着必须重新打眼钻井才能找到他们。在空气用完之前他们能获救吗? 这些有经验的矿工决定尽一切努力节省氧气。他们说好尽量减少体力消耗,关掉随身携带的照明灯,全部平躺在地上。在大家都默不作声,四周一片漆黑的情况下,很难估计时间,而且他们当中只有一人有手表。

所有的人都向这个人提问题:过了多长时间了? 还有多长时间? 现在几点了?

时间被拉长了,在他们看来,2分钟的时间就像1个小时一样,每听到一次回答,他们就感到更加绝望。

他们当中的负责人发现,如果再这样焦虑下去,他们的呼吸会更加急促,这样会更快要了他们的命。所以他要求由戴手表的人来掌握时间,每半小时通报一次,其他人一律不准再提问。

大家遵守了命令。当半小时过去的时候,这人就说:"过了半小时了。"大家都心中暗自低语,空气中弥漫着愁云惨雾。

戴表的人发现,随着时间慢慢过去,通知大家最后期限的临近也越来越艰难。于是,他擅自决定不让大家死得那么痛苦,他在告诉又一个半小时到来的时候,其实已经过了45分钟。

谁也没有注意到有什么问题,因为大家都相信他。在第一次说谎成功之后,第二次通报时间就延长到了1个小时以后。他说:"又是半个小时过去了。"

另外5人各自都在心里计算着自己还有多少时间。

表针继续走着,每过一小时大家都收到一次时间通报。外面的人加快了营救工作,他们知道被困矿工所处的位置,但是,很难在这么短时间之内救出他们。

等打通新井的时候,4个小时过去了,营救的人们以为最可能发生的情况就是找到6名矿工的尸体。但他们惊奇地发现:其中5人还活着,只有一人窒息而死,他,就是那个戴表的人。

这就是信念的力量。

——资料来源:信念的力量 [OL]. 学优网,http://www.gkstk.com/

课堂讨论:
1. 理想信念是时代的航标、人生的灯塔,这种神奇的作用体现在哪些方面?
2. 理想信念对大学生成长成才有什么重要意义?

案例解析:
1. 答案要点:
(1)理想信念是人生的精神向导。
(2)理想信念是人生的精神动力。
(3)理想信念是人生的精神支柱。

2. 答案要点:
理想信念是人生发展的内在动力,在大学期间,大学生不仅要提高知识水平,增强实践才干,更要坚定崇高的理想信念。

理想信念对人生历程起着导向的作用,指引人生的奋斗目标;理想信念提供人生的前进动力,激励人们向着既定目标奋斗前进;理想信念提高人生的精神境界,它一方面使人的精神生活的各个方面统一起来,另一方面又引导着人们不断地追求更高的人生目标。理想信念引导大学生做什么人。只有树立起高尚的理想信念,才能够解答在大学"做什么人"这一重要的人生课题。理想信念指引大学生走什么路。大学时期确立的理想信念,对今后的人生之路将产生重大影响,甚至会影响终身。理想信念激励大学生为什么学。对当代大学生而言,为什么学的问题,是与走什么路、做什么人的问题紧密联系在一起的。不论今后从事什么职业,我们都要把个人的奋斗志向同国家和民族的前途命运紧紧联系在一起,把个人今天的学习进步同祖国明天的繁荣昌盛紧紧联系在一起。

【案例三】你要一双鞋子,给你一双袜子

圣诞节前夕,已经晚上 11 点多了,街上熙熙攘攘的人群稀疏了许多,偶尔还有匆匆忙忙往家赶的人,穿行在霓虹灯俯视下浓浓的节日氛围里。新的一年又要来了!

"感谢上帝,今天的生意真不错!"忙碌了一天的史密斯夫妇送走了最后一位来鞋店里购物的顾客后由衷地感叹道。透过通明的灯火,可以清晰地看到夫妻二人眉宇间那锁不住的激动与喜悦。

是该打烊的时间了,史密斯夫人开始熟练地做着店内的清扫工作,史密斯先生则走向门口,准备去搬早晨卸下的门板。他突然在一个盛放着各式鞋子的玻璃橱前停了下来——透过玻璃,他发现了一双孩子的眼睛。

史密斯先生急忙走过去看个仔细:这是一个捡煤屑的穷小子,约莫八九岁光景,衣衫褴褛且很单薄,冻得通红的脚上穿着一双极不合适的大鞋子,满是煤灰的鞋子上早已"千疮百孔"。他看到史密斯先生走近了自己,目光便从橱子里做工精美的鞋子上移开,盯着这位鞋店老板,眼睛里饱含着一种莫名的希冀。

史密斯先生俯下身来和蔼地搭讪道:"圣诞快乐,我亲爱的孩子,请问我能帮你什么忙吗?"

男孩并不作声,眼睛又开始转向橱子里擦拭锃亮的鞋子,好半天才应道:"我在乞求上帝赐给我一双合适的鞋子,先生,您能帮我把这个愿望转告给他吗?我会感谢您的!"

正在收拾东西的史密斯夫人这时也走了过来,她先是把这个孩子上下打量了一番,然后把丈夫拉到一边说:"这孩子蛮可怜的,还是答应他的要求吧?"史密斯先生却摇了摇头,不以为然地说:"不,他需要的不是一双鞋子,亲爱的,请你把橱子里最好的棉袜拿来一双,然后再端来一盆温水,好吗?"史密斯夫人满脸疑惑地走开了。

史密斯先生很快回到孩子身边,告诉男孩说:"恭喜你,孩子,我已经把你的想法告诉了上帝,马上就会有答案了。"孩子的脸上这时开始漾起兴奋的笑窝。

水端来了,史密斯先生搬了张小凳子示意孩子坐下,然后脱去男孩脚上那双布满尘垢的鞋子,他把男孩冻得发紫的双脚放进温水里,揉搓着,并语重心长地说:"孩子呀,真对不起,你要一双鞋子的要求,上帝没有答应你,他讲,不能给你一双鞋子,而应当给你一双袜子。"男孩脸上的笑容突然僵住了,失望的眼神充满不解。

史密斯先生急忙补充说:"别急,孩子,你听我把话说明白,我们每个人都会对心中的上帝有所乞求,但是,他不可能给予我们现成的好事,就像在我们生命的果园里,每个人都追求果实累累,但是上帝只能给我们一粒种子,只有把这粒种子播进土壤里,精心去呵护,它才能开出美丽的花朵,到了秋天才能收获丰硕的果实;也就像每个人都追求宝藏,但是上帝只能给我们一把铁锹或一张藏宝图,要想获得真正的宝藏还需要我们亲自去挖掘。关键是自己要坚信自己能办到,自信了,前途才会一片光明啊!就拿我来说吧,我在小时候也曾企求上帝赐予我一家鞋店,可上帝只给了我一套做鞋的工具,但我始终相信拿着这套工具并好好利用它,就能获得一切。20 多年过去了,我做过擦鞋童、学徒、修鞋匠、皮鞋设计师……现在,我不仅拥有了这条大街上最豪华的鞋店,而且拥有了一个美丽的妻子和幸福的家庭。孩子,你也是一样,只要你拿着这双袜子去寻找你梦想的鞋子,义无反顾,永不放弃,那么,肯定有一天,你也会成功的。另外,上帝还让我特别叮嘱你:他给你的东西比任何人都丰厚,只要你不怕失败,不怕付出!"

脚洗好了,男孩若有所悟地从史密斯夫妇手中接过"上帝"赐予他的袜子,像是接住了一份使命,迈出了店门。他向前走了几步,又回头望了望这家鞋店,史密斯夫妇正向他挥手:"记住上帝的话,孩子!你会成功的,我们等着你的好消息!"男孩一边点着头,一边迈着轻快的步子消失在夜的深处。

一晃30多年过去了,又是一个圣诞节,年逾古稀的史密斯夫妇早晨一开门,就收到了一封陌生人的来信,信中写道:

尊敬的先生和夫人:

您还记得30多年前那个圣诞节前夜,那个捡煤屑的小伙子吗?他当时乞求上帝赐予他一双鞋子,但是上帝没有给他鞋子,而是别有用心地送了他一番比黄金还贵重的话和一双袜子。正是这样一双袜子激活了他生命的自信与不屈!这样的帮助比任何同情的施舍都重要,给人一双袜子,让他自己去寻找梦想的鞋子,这是你们的伟大智慧。衷心地感谢你们,善良而智慧的先生和夫人,他拿着你们给的袜子已经找到了对他而言最宝贵的鞋子,他当上了美国的第一位共和党总统。

我就是那个穷小子。

信末的署名是:亚伯拉罕·林肯!

——资料来源:你要一双鞋子,给你一双袜子[OL].百度文库 https://wenku.baidu.com/

课堂讨论:

分析案例中亚伯拉罕·林肯能从捡煤屑的小伙子成长为美国总统的原因。

案例解析:

理想信念提供前进的动力。志向高远,便力量无穷。一个人有了崇高坚定的理想信念,才会以惊人的毅力和不懈的努力成就事业。案例中亚伯拉罕·林肯在史密斯先生的指引下,确立了崇高坚定的理想信念,从而具有了披襟斩棘、锲而不舍的动力,最终成为历史上杰出的人物。

【案例四】

【中国梦·践行者】从医数十载他对待病人一丝不苟 下乡扶贫致力"救心"

在休息日的凌晨,一辆专业监护型救护车驶入广东药科大学附属第一医院(以下简称"广药大附一院")送来一位来自清远市连南县的心脏左房粘液瘤危急患者。很快,广药大附一院心胸外科的主任医师章海波主刀为患者做了手术,威胁着患者生命的"定时炸弹"终于被成功拆除。

从医数十年,章海波已经记不清救过多少患者了。到了退休年龄,这名"救心使者"仍不止步。他作为"特岗专家"赴粤北山区,来到广药大附一院创新托管驻扎地——清远市连南县驻点帮扶,继续为帮助患者恢复健康而努力。

医联体让患者受惠

2014年7月起,广药大附一院创新性帮扶托管连南县人民医院,创立"省—县—镇"紧密结合型医联体模式。在这一模式的指导,广药大附一院辅助连南县人民医院快速提升医疗、管理水平,让当地人民享受到优质医疗资源。

这名危急患者房女士就是受患者之一。她因多次晕厥被送往连南县人民医院,检查发现心脏左房有一个巨大肿瘤,阻塞心脏二尖瓣口,随时都有脱落栓塞、导致患者死亡的可能。连南县人民医院迅速联系广药大附一院专家,远程会诊后决定由医护团队护送房女士前往广药大附一院行左房粘液瘤切除术。患者来到广药大附一院后，医生历时 3 个多小时为她进行手术，完整取出鸡蛋大小的左心房粘液瘤，从发现肿瘤到完成手术不足 48 小时。负责本次紧急远程会诊及手术主刀的，正是来自广药大附一院心胸外科的主任医师章海波。

"60 岁退休太早了"

章海波出生在湖南郴州，高中毕业后做了知青。1977 年，章海波迎来人生中第一次命运转折——国家恢复高考了，他在恢复高考的第一年就幸运地考上了湖南医科大学医疗（现中南大学湘雅医学院）。

1982 年，章海波大学毕业后就从事心胸外科医疗工作。1992 年底，他调入广药大附一院工作，1996 年任心胸外科主任。曾成功完成"法洛氏四联症根治""完全性心内膜垫畸形矫治""完全性肺静脉异位引流矫治""右室双出口矫治""改良 fontan 手术"等较复杂的先心病手术。

作为一名从医数十年的医务工作者，章海波头顶许多"光环"：优秀科技工作者、"救心行动"先进个人、优秀教师……"这些头衔都不重要，对病人而言，我就是一名医生。"章海波说，他对名利看得很轻，待在病房、守着病人，是他最大的爱好。

2017 年，章海波到了退休的年龄，他放弃了大城市舒适的"退休圈"，作为特岗专家继续留在基层医疗第一线，常驻由广药大附一院托管的连南县人民医院，为基层医疗继续发光发热。"我一直觉得 60 岁退休太早了，对于我们医疗工作者而言，这正是黄金年龄。党和国家培养了我们这么多，我们有技术，有经验，这时候如果退下去了，是浪费资源。"章海波说，他现在仍感觉精力旺盛，对工作充满激情，他的家人也在背后默默地支持他。

对待病人一丝不苟

章海波做事认真负责，在医院是出了名的。"章主任对我们要求很高，许多工作他都亲力亲为、言传身教。"现在已是心胸外科骨干的陈医生告诉新快报记者他刚来医院时的一段经历："当时我为一患者换药，没有注意患者体位的舒适感，章主任看见后严肃纠正了我，并亲自示范调整患者身体的位置，询问患者感觉体位是否舒服。"陈医生说，当时他觉得章主任的批评是小题大做，后来才明白，这些细节对医生而言是非常重要的。

"每次病人做完手术，我都会守着病人，看到他/她咳出第一口痰才能放心。只有自己亲力亲为，才能准确了解病人的病情和心理状态，才能对症下药，提出合理的治疗方案。"章海波说。

在广药大附一院心胸外科的走廊上，患者们纷纷与章海波打招呼。虽然章海波现在连南县人民医院驻点帮扶，但科里有重大的手术，他仍会从连南驱车回广州参与。这么多年，章海波已无法记清救过多少人，但很多患者都成了他的好朋友。

"作为一名外科医生，如果害怕承担风险，不敢给病人治疗，那么这名医生是不称职的。"章海波说，有一次，他接了一"法洛氏四联症"患者，在给患者手术开胸后，发现其"完全性房、室间隔缺损"。"此前的病情已相当复杂，开胸后发现的情况更甚！这手术有风险，但我现在清晰地了解病人的情况，也做过很多次这样的手术，最重要的是，病人的情况除了手术别无他法可治。"章海波回忆说，在这个生死抉择的关键时刻，他没有犹豫，和家属沟通、征得家属同意后，他回到手术台。几个小时后，手术成功了。"如果医生因畏惧承担风险，而放弃了治愈病人的机会，那他永远成不了一个好医生。"

下乡扶贫致力"救心"

先心病患者要进行手术治疗，需要花费数万元至十几万的费用，这对一些山区贫困家庭而言是非常沉重的负担。有像章海波这样的医生为患者们的健康奔走,用精湛的医术为他们重新找回健康的心,是患者们在不幸中的万幸。

从 2005 年起,广药大附一院联合当地民政部门,以及一些公益机构,在医保报销的基础上,由基金会等机构承担一部分费用,医院补助一部分费用,针对贫困先心病儿童开展心脏"救心行动"。十多年来,广药大附一院救心团队辗转粤东、粤西、粤北等贫困地区,筛查贫困先心病患儿,至今已为超过 200 名患儿成功施行先心手术,让他们重获"心生",医院为此被授予广东省红十字会"救心行动"突出贡献奖。作为这项活动的主要负责人和实施者之一的章海波,获得了"救心行动"先进个人等荣誉。

2017 年初,章海波退休后作为特岗专家赴粤北山区,来到广药大附一院创新托管驻扎地——连南。他奔走在连南瑶山间,发现这里的居民风湿性心脏病发病率很高,而且长期缺医少药,不少病人发展到晚期心衰,有的脑梗塞瘫痪。为此,章海波积极奔走联络,在他的建议下,广药大附一院、连南县卫计局、连南县人民医院联合广东省一心公益基金会、连南县民政局,于 2017 年 7 月启动"救治贫困风湿性心脏病患者–精准扶贫"项目。

项目开展后,章海波除了常驻连南县人民医院为患者看病,更多是在瑶山间奔走,为了筛查病人,他几乎走遍了连南的每一个乡镇。连南县三江镇有一对姐妹,患风心病多年。妹妹 60 多岁,已发生过心房血栓脱落脑梗塞,右侧肢体活动不便;姐姐 70 岁,长期心衰,身体瘦弱。章海波了解到情况后,建议将她们纳入到扶贫项目。现在,姐妹双双成功接受了换瓣手术,恢复良好,节省了十几万元手术费用。

这只是例子之一,项目开展以来,在连南累计救助了贫困先心病儿童、风心病患者近 40 名。章海波也因此获得广东省"一心公益基金"的杰出义工奖。

"病人恢复健康,就是我最大的快乐。"章海波说,他享受这种快乐,并将继续为之努力。

——资料来源:【中国梦·践行者】从医数十载他对待病人一丝不苟 下乡扶贫致力"救心"[OL],新华网,http://www.xinhuanet.com/ 有删减

课堂讨论:

为实现中国梦,青少年应该怎样做?

案例解析:

答案要点:

每一个青年的前途离不开国家的前途,没有国家的前途也就没有青年的前途。大学生肩负实现中华民族伟大复兴中国梦的历史重任,只有把实现理想的道路建立在脚踏实地的奋斗上,才能放飞青春梦想,实现人生理想。为此,青少年应当这样做:

(1)立志当高远。志向高远就是要放开眼界,不满足于现状,也不屈服于一时一地的困难与挫折,不斤斤计较个人私利的多少与得失。

(2)立志做大事。在今天,做大事就是献身于新时代中国特色社会主义伟大事业。无论从事什么工作,只要是与这一伟大事业相联系、服务于祖国和人民的,就值得我们去做。

(3)立志须躬行。崇高理想的实现需要奋斗,通往理想的路是遥远的,但起点就在一切平凡的岗位上,在扎扎实实的学习和工作中,大学生要脚踏实地、埋头苦干,充分展现自己的抱负和激情,用勤劳的双手成就属于自己的人生精彩。

【案例五】王晓晖:我们为什么要信仰马克思主义

《关于新形势下党内政治生活的若干准则》强调,全党同志必须把对马克思主义的信仰、

对社会主义和共产主义的信念作为毕生追求，在改造客观世界的同时不断改造主观世界，解决好世界观、人生观、价值观这个"总开关"问题。马克思主义是指导我们事业的理论基础，也是每一个共产党人坚不可摧的精神支柱。我们强调，党员不仅要在组织上入党，而且要在思想上入党，其中很重要的一条就是要牢固确立马克思主义信仰，真正成为马克思主义的坚定信仰者和忠实实践者。

一、我们为什么要信仰马克思主义

坚定马克思主义信仰，首先要搞清楚中国共产党为什么选择了马克思主义，我们为什么要信仰马克思主义。

第一，马克思主义是迄今为止最科学、最严密、最有生命力的理论体系。列宁指出："马克思学说具有无限力量，就是因为它正确。"马克思主义是在批判地吸收前人优秀思想成果、总结人类历史经验的基础上创立的科学理论，是人类文明成果的集大成，它深刻揭示了自然界、人类社会和思维发展的普遍规律。在人类思想史上，就科学性和真理性而言，还没有一种思想理论能达到马克思主义的高度，还没有一种学说像马克思主义那样对世界历史产生如此巨大的影响。甚至一些并不赞同马克思主义的人也承认，马克思主义是人类文明史上不朽的思想丰碑。就在21世纪来临的时候，马克思被西方思想界评为"千年第一思想家"。美国知名学者海尔布隆纳在他的著作《马克思主义：赞成与反对》中明确表示，要探索人类社会发展的前景，必须向马克思求教，人类社会至今仍然生活在马克思所阐明的发展规律之中。邓小平同志曾坚定地说："我坚信，世界上赞成马克思主义的人会多起来的，因为马克思主义是科学。"

第二，马克思主义代表了最广大劳动群众的根本利益。马克思、恩格斯都出身于资产阶级家庭，但他们反对少数人的统治，反对人剥削人的制度。马克思、恩格斯在《共产党宣言》中指出："过去的一切运动都是少数人的或者为少数人谋利益的运动。无产阶级的运动是绝大多数人的、为绝大多数人谋利益的独立的运动。"可以说，历史上从来没有一种理论像马克思主义那样，与工人阶级和劳动人民的命运如此紧密地联系在一起。正因为这样，马克思主义一经产生，就"在世界的一切文明语言中都找到了拥护者"。诺贝尔文学奖获得者、德国著名作家海因里希·伯尔在谈到19世纪以来的历史巨变时说："没有马克思，没有工人运动，当今世界5/6的人口将依然还生活在半奴隶制的阴郁状态之中。"中国正是在马克思主义指导下建立起社会主义制度，人民群众才真正掌握了自己的命运、成为国家和社会的主人。

第三，马克思主义为我们提供了认识和改造世界的科学方法。马克思主义具有鲜明的实践品格，它不满足于"解释世界"，而致力于"改变世界"。列宁曾说过，马克思"把伟大的认识工具给了人类，特别是给了工人阶级"。这个伟大的认识工具，就是辩证唯物主义和历史唯物主义。辩证唯物主义和历史唯物主义深刻揭示了事物的本质、内在联系及发展规律，为人类把握事物发展规律、解决面临的实际问题提供了科学指南。毛主席形象地把它比喻为"望远镜"和"显微镜"。正是因为有了辩证唯物主义和历史唯物主义这个"望远镜"和"显微镜"，我们才能深刻认识世界的本质、理解人与外部世界的关系，才能洞察人类社会发展规律、把握历史发展大势。马克思主义从理论走向变革现实的实践，深刻改变了世界面貌，有力地推动了世界历史进程。对于人类认识世界、改造世界来说，迄今为止，还没有哪一种理论能够比马克思主义更实用更管用。

第四，马克思主义科学预测了未来社会的理想状态，指明了人类社会的发展方向。从人类诞生之日起，特别是进入阶级社会以后，就在苦苦探寻理想的社会状态。马克思、恩格斯在批判旧世界的基础上,对未来社会作了科学设想,揭示了人类走向共产主义的历史必然性。这种没有剥削、没有压迫、人人平等的社会制度,理所当然地成为人类梦寐以求的最美好的社会理想。中国共产党和中国人民之所以选择马克思主义,很重要的一条就是他们描绘的社会理想符合人类社会发展进步方向,与中国传统文化高度契合。两千多年前,我国古代儒家经典《礼记》中就有对理想的大同社会的描述,如"老有所终,壮有所用,幼有所长,鳏寡孤独废疾者皆有所养"等。正是因为我国大同社会的理想与马克思主义所设想的共产主义有某种意义上的共通之处,使马克思主义在中国获得了广泛的文化和心理认同。

追求真理、坚持真理、实践真理,是马克思主义政党极其宝贵的品质,也是其永葆先进性和纯洁性的根本所在。我们党之所以能够由小到强不断发展壮大,不断从胜利走向新的胜利,就在于我们党一开始就把马克思主义这一科学真理写在了自己的旗帜上,作为一切思想和行动的指南。

二、信仰马克思主义,就要坚持马克思主义

信仰马克思主义,就要坚持马克思主义,就要自觉运用马克思主义指导实践。马克思主义的大本子很多,我们所要坚持的,不是一个个具体的论断,或者教条式地固守某些个别结论。马克思本人十分厌恶对他的理论"奴隶式的盲目崇拜"和"简单模仿"。坚持马克思主义,首先必须分清哪些是必须长期坚持的马克思主义基本原理,哪些是需要结合新的实际加以丰富发展的理论判断,哪些是必须破除的对马克思主义的教条式理解,哪些是必须澄清的附加在马克思主义名下的错误观点。

马克思主义是宏大而完备的科学理论体系,坚持马克思主义,最重要的是坚持马克思主义基本原理和贯穿其中的立场、观点、方法。这是马克思主义的精髓和活的灵魂,是经过历史和实践检验的理论珍品,是放之四海而皆准的真理。

坚持马克思主义基本原理,就是坚持马克思主义哲学、政治经济学、科学社会主义的基本理论、基本判断、基本结论。马克思主义哲学包括辩证唯物主义和历史唯物主义。辩证唯物主义围绕回答哲学基本问题,形成了世界物质统一性原理、事物矛盾运动原理、认识能动反映原理等基本原理。历史唯物主义把辩证唯物主义运用到社会历史领域,形成了社会存在决定社会意识的原理,生产力决定生产关系、经济基础决定上层建筑的原理,人民群众是历史创造者的原理等基本原理。马克思主义政治经济学围绕研究在一定生产力状况基础上的社会生产关系及其发展规律,揭示了资本主义生产关系的本质、无产阶级与资产阶级之间对立的根源、资本主义为新的社会形态所替代的必然,形成了劳动价值理论、商品生产和商品交换理论、剩余价值理论、资本积累理论、资本流通和社会资本再生产理论、资本主义经济危机理论、垄断资本主义理论、未来社会经济特征和社会主义经济理论,等等,其中最核心的是劳动价值理论和剩余价值理论。科学社会主义在深入剖析资本主义社会及其生产方式的基本矛盾基础上,揭示了资本主义社会必然被社会主义社会所代替的历史发展趋势,形成了人类社会由资本主义向社会主义、共产主义的进化和发展是一个客观自然历史进程的理论,等等。马克思主义这些基本原理,已经被历史和实践所证明,依然是我们今天认识和把握社会发展规律、判断历史发展趋势的科学指南。

坚持马克思主义立场,就是坚持无产阶级和广大人民群众的立场。马克思主义认为,无产阶级政党的一切理论和奋斗都致力于实现以劳动人民为主体的最广大人民的根本利益,把全人类解放和人的全面发展作为最高价值追求。坚持马克思主义立场,就要始终坚持一切为了人民、一切相信人民、一切依靠人民,全心全意为无产阶级、始终为绝大多数劳动人民谋利益。是否坚持这一立场，是检验马克思主义政党先进性和纯洁性的根本标准，是判断马克思主义和非马克思主义的试金石。

坚持马克思主义观点，就是坚持马克思主义认识问题、分析问题、解决问题一贯坚持的基本观点。包括实践的观点、辩证的观点、矛盾的观点、历史的观点、发展的观点、阶级的观点、群众的观点，等等。这些观点永远是我们认识事物、处理问题的基本遵循，永远不会过时。

坚持马克思主义方法，就是坚持一切从实际出发、理论联系实际、实事求是、具体问题具体分析、在实践中检验真理和发展真理等基本方法。马克思主义认为，要客观地而不是主观地、发展地而不是静止地、全面地而不是片面地、系统地而不是零散地、普遍联系地而不是孤立地观察事物、分析问题、解决问题，在矛盾双方对立统一的过程中把握事物发展规律。认为认识和研究任何问题都不能从思想原则出发，而应一切从实际出发，理论联系实际，使思想认识跟着客观实际的变化而变化，在实践中认识真理、发现真理，在解放思想、与时俱进中坚持真理、修正错误。

坚持马克思主义，当然包括坚持发展着的马克思主义。马克思主义最鲜明的理论品格、最突出的理论优势就是与时俱进。在推进马克思主义创新发展上，中国共产党做出了杰出贡献。95年来，我们实现了马克思主义与中国实际相结合的两次历史性飞跃，形成了毛泽东思想和中国特色社会主义理论体系。党的十八大以来，习近平总书记发表的一系列重要讲话，也是马克思主义中国化的重要成果，而且是离我们最近的、最鲜活的马克思主义。我们讲坚持马克思主义，理所当然包括坚持毛泽东思想，坚持邓小平理论、"三个代表"重要思想、科学发展观，坚持习近平总书记系列重要讲话精神。

三、坚持马克思主义，就要发展马克思主义

马克思主义没有也无法穷尽所有真理，必须随着时代、实践、科学的发展而不断发展。坚持马克思主义，就要紧密结合中国特色社会主义最新实践，立足"五位一体"总体布局和"四个全面"战略布局，以我们正在做的事情为中心，不断回答好改革开放和社会主义现代化建设进程中的重大理论和实践问题，写好21世纪中国的马克思主义新篇章。

当前，特别要研究回答好以下几个问题：

1.如何推进国家治理体系和治理能力现代化。在我国改革开放和社会主义现代化建设全局中，国家治理体系和治理能力的现代化具有管总的意义，没有这个现代化，一些深层次矛盾和问题解决不了，其他方面的现代化也不可能实现。推进国家治理体系和治理能力现代化，是一个极其复杂的课题，既要关注治理之制，又要关注治理之道，既要解决好治理的制度体系问题，又要解决好治理的价值体系问题。必须紧紧围绕实现党和国家治理制度化、规范化、程序化，集中研究回答好如何把坚持社会主义制度属性同吸收借鉴古今中外国家和社会治理的有益经验结合起来，进一步完善国家治理的制度体系；如何把坚持党的领导同全面依法治国结合起来，加快建设中国特色社会主义法治体系和法治国家，充分发挥法治在国家治理中的根本性、全局性、稳定性和长期性作用；如何把发挥党的领导核心作用同调动各方面积极性结合起来，全方位优化国家治理结构和治理机制，提高国家治理效能，从而为完善和发展中国特色社会主义制度、推进国家治理体系和治理能力现代化提供理论支撑。

2.如何发挥市场在资源配置中的决定性作用和更好发挥政府作用问题。把社会主义基本制度与市场经济结合起来，是中国共产党人对科学社会主义的伟大创新。经过20多年的探索和实践，我们已经建立起社会主义市场经济体制，从根本上解决了经济发展的动力和效率问题。但如何在社会主义条件下更好地发展市场经济,还有许多未知的"必然王国",还有许多理论和实践问题尚未解决。要认真总结20多年来我国建立社会主义市场经济体制的成功经验,立足社会主义市场经济发展的新实践,紧紧围绕政府和市场、公平和效率、公有制和非公有制、经济发展和环境保护等重大问题,深入研究市场经济的本质和社会主义的制度优势,研究如何把"看得见的手"和"看不见的手"更好结合起来,分析比较其他国家经济发展的经验教训,从理论概括上提炼社会主义市场经济的基本规律,为深化经济体制改革、加快完善社会主义市场经济体制提供理论指导。

3. 如何构建当代中国价值理念、塑造中国精神。一个国家没有赖以维系的精神纽带,没有共同坚守的价值理念,这个国家和民族就不能立起来、强起来。改革开放以来,人们的物质生活有了翻天覆地的变化,精神世界也发生了前所未有的巨变。一方面,人们的思想观念更加解放,创新创造活力更加旺盛,积极健康向上的思想意识成为主流;另一方面,人们思想活动的独立性、选择性、多变性、差异性也在增强,价值取向的个性化、多元化日趋明显,特别是思想道德领域出现了一些不容忽视的现象。如何把马克思主义与中华优秀传统文化有机结合起来,坚持社会主义先进文化前进方向,深入挖掘优秀传统文化的精髓并赋予时代内涵,构筑当代中国人民的价值理念和人文精神;如何深入阐释"三个倡导、24个字"的社会主义核心价值观,引导人们树立正确的历史观、民族观、国家观、文化观、道德观,增强社会凝聚力;如何阐释中国梦的思想内涵、实践要求、实现路径,使中国梦融入每一个中国人心灵深处,成为实现"两个一百年"奋斗目标、实现中华民族伟大复兴的强大精神动力,这些都是发展21世纪中国的马克思主义必须回答好的重大课题,也是建设文化强国的战略任务。

4. 如何处理好当代中国与当今世界关系。随着世界经济全球化深入发展和我国全方位对外开放,随着我国从世界舞台的边缘走近世界舞台的中央,我们所面临的国际环境和需要处理的国际关系的复杂性,远非马克思主义经典作家所能想象。如何统筹国内国际两个大局,既坚持和平发展道路又妥善化解来自外部的各种风险和挑战,营造和平发展的国际环境,维护和延长我国发展的重要战略机遇期;既坚持立足国内、自力更生又不断扩大对外开放、充分借助外力,利用国际上一切可利用的资源发展自己;既坚持社会主义的制度和意识形态又不以制度和意识形态画线,积极发展与世界各国的关系,构筑广泛的利益共同体,等等,都需要有科学的理论作支撑。必须以更加宽广的世界眼光,洞察当今世界发展大势的"变"和"不变",正确把握我国所处的国际方位,科学分析当代大国博弈的特点和走势,深入研究当今世界与当代中国的互动联系,密切跟踪国际政治经济发展新特点、国际格局演变新趋势,做出理论思考、提出新的战略判断,推动我国对外工作理论和实践创新,丰富和发展具有中国特色和时代特点的马克思主义国际关系理论。

5. 如何保持党的先进性纯洁性、提高党的创造力凝聚力战斗力。我们党是一个拥有8800多万党员的大党,是一个成立95年、执政近70年的老党,如何把这么一个大党老党建设好、管理好,是需要我们不断做出回答的历史性课题。特别是党执政的国际环境、经济基础、社会条件、文化条件、信息条件等正在发生广泛而深刻的变化,党面临的"四大考验""四种危险"是长期的、复杂的、严峻的,加强党的建设的任务比以往任何时候都要繁重而艰巨。必须按照全面从严治党要求,紧紧围绕思想建党和制度治党两大重点,围绕提高党的执政能力和执政水平、提高拒腐防变和抵御风险的能力这两大历史课题,牢牢把握加强党的执政能力建设、先进性和纯洁性建设这条主线,从党执政的历史方位和国际方位的深刻变化上,从伟大事业和伟大工程互动联系上，从总结国内外政党兴衰成败的经验教训上，探索新形势下执政党建设规律，丰富马克思主义的建党理论，为新的历史条件下加强党的思想建设、组织建设、作风建设、反腐倡廉建设和制度建设提供科学指南。

——资料来源：《光明日报》2016年11月16日　.

课堂讨论：

为什么要信仰马克思主义？

案例解析：

答案要点：

（1）马克思主义体现了科学性和革命性的统一

马克思主义深刻揭示了自然界、人类社会、人类思维发展的普遍规律，为人类社会发展进步指明了方向；马克思主义坚持实现人民解放、维护人民利益的立场，以实现人的自由而全面的发展和全人类解放为己任，反映了人类对理想社会的美好憧憬；马克思主义揭示了事物的本质、内在联系及发展规律，是"伟大的认识工具"，是人们观察世界、分析问题的有力思想武器。时代在变化，社会在发展，但马克思主义基本原理依然是科学真理。

（2）马克思主义具有鲜明的实践品格

马克思主义不仅致力于科学解释世界，而且致力于积极改变世界。中国特色社会主义的成功实践，无可辩驳地证明马克思主义是认识世界和改造世界的强大思想武器，社会主义具有光明的未来。

（3）马克思主义具有持久生命力

马克思主义具有与时俱进的理论品格和持久生命力。马克思主义进入中国，既引发了中华文明的深刻变革，也走过了一个逐步中国化的过程。在革命、建设、改革各个历史时期，中国共产党坚持马克思主义基本原理同中国具体实际相结合，运用马克思主义立场、观点、方法研究解决各种重大理论和实践问题，不断推进马克思主义中国化、时代化、大众化，指导党和人民取得了新民主主义革命、社会主义革命和社会主义建设、改革开放的伟大成就。实践证明，马克思主义只要与本国国情相结合、与时代发展同进步、与人民群众共命运，就能焕发出强大的生命力、创造力和感召力。

【经典语录】

1. "对马克思主义的信仰，对社会主义和共产主义的信念，是共产党人的政治灵魂，是共产党人经受住任何考验的精神支柱。"

——习近平《习近平谈治国理政》

2. "我坚信，世界上赞成马克思主义的人会多起来的，因为马克思主义是科学。"

——邓小平《邓小平文选》

3. 人类的美好理想，都不可能唾手可得，都离不开筚路蓝缕、手胼足胝的艰苦奋斗。

——习近平《习近平谈治国理政》第1卷

4. 哲学家们只是用不同的方式解释世界，而问题在于改变世界。

——马克思《马克思恩格斯文集》

5. 在革命和建设长期实践中，以毛泽东同志为主要代表的中国共产党人，根据马克思列宁主义基本原理，形成了适合中国情况的科学指导思想，这就是毛泽东思想。毛泽东思想以独创性理论丰富和发展了马克思列宁主义。毛泽东思想教育了几代中国共产党人,它培养的大批骨干,不仅在新民主主义革命、社会主义革命、社会主义建设时期发挥了重要作用,也为新的历史时期开创和建设中国特色社会主义发挥了重要作用。邓小平同志说,毛泽东思想这个旗帜丢不得,丢掉了实际上就否定了我们党的光辉历史;任何时候都不能动摇高举毛泽东思想旗帜的原则,我们将永远高举毛泽东思想的旗帜前进。

——习近平在纪念毛泽东同志诞辰 120 周年座谈会上的讲话

6. 青年是祖国的未来、民族的希望,也是我们党的未来和希望。

——习近平在庆祝中国共产党成立 95 周年大会上的讲话

7. 群众是我们力量的源泉,群众路线和群众观点是我们的传家宝。

——邓小平《邓小平文选》

8. 有了学问,好比站在山上,可看到很远很多的东西;没有学问,如在暗沟里走路,摸索不着,那会苦煞人。

——毛泽东《延安演讲》

9. 联系群众,宣传群众,组织群众,团结群众为实现自己的利益而奋斗,这是我们党的在,也是我们各项工作的取胜之道。

——江泽民《以人民群众为本》

10. 各级领导同志更应该自重、自省、自励,在各个方面以身作则,树立好的榜样。要求别人做的,自己首先做到,禁止别人做的,自己坚决不做。有些事情群众能做,我们领导干部不能做。

——泽民《领导干部一定要讲政治》

【推荐阅读】

1. 胡锦涛:《发扬伟大的爱国主义精神 为建设有中国特色社会主义努力奋斗——在五四运动八十周年纪念大会上的讲话》载于人民日报,1999 年 5 月 5 日

这篇文章是胡锦涛在五四运动八十周年纪念大会上的讲话。会上,胡锦涛深刻阐述了五四运动爆发的历史必然性和这场伟大运动的重大意义。五四运动树立了一座推动中国历史进步的丰碑。五四运动也孕育了爱国、进步、民主、科学的伟大精神,其核心是伟大的爱国主义。五四运动所体现的爱国主义精神,是中华民族百折不挠,自强不息的民族精神的生动写照,所有的中华儿女都应万分珍视、大力弘扬这个宝贵的精神财富。

胡锦涛要求广大青年一定要响应江泽民同志的号召,坚持学习科学文化与加强思想修养的统一,坚持学习书本知识与投身社会实践的统一,坚持实现自身价值与服务祖国人民的统一,坚持树立远大理想与进行艰苦奋斗的统一,努力把自己锻炼成为党和人民所需要的、符合时代要求的社会主义建设者和接班人。

2. 中央宣传部宣传教育局国家民委政策法规司:《民族团结教育通俗读本》,学习出版社,2009 年 8 月出版。

《民族团结教育通俗读本》科学阐述了民族团结的历史渊源和现实基础,全面介绍了党的民族理论和民族政策,高度概括了民族团结进步事业的辉煌成就和宝贵经验,系统回答了当前我国民族领域的一系列重要问题,有助于引导广大干部群众牢固树立马克思主义

民族观,树立"三个离不开"的重要思想,巩固发展平等团结互助和谐的社会主义民族关系,凝聚起各民族团结一心推进改革开放和社会主义现代化建设的强大力量。

《民族团结教育通俗读本》采用问答的形式,全面准确、生动活泼、通俗易懂,有较强的针对性,是组织各族党员干部、青年学生和广大群众进行学习的重要辅助材料。

3. 毛泽东:《青年运动的方向》,《毛泽东选集》第 2 卷,人民出版社 1991 年版。

《青年运动的方向》是毛泽东 1939 年 5 月 4 日在延安青年群众的五四运动 20 周年纪念会上的讲演,毛泽东在该文中围绕知识分子、青年学生必须与工农群众相结合这个主题,阐述了四个方面的问题。一是,在对中国国情的系统考察和综合研究的基础上,发展了关于中国革命问题的思想。二是,正确地评价了青年运动在中国革命中的地位和作用。二是,正确地评价了青年运动在中国革命中的地位和作用。四是,指明了中国青年运动的方向。四是,指明了中国青年运动的方向。

《青年运动的方向》是指导中国青年运动的纲领性文献,在中国青年运动史上产生过重大作用和深远的积极影响。

4. 邓小平:《一靠理想二靠纪律才能团结起来》载于《邓小平文选》第 3 卷,人民出版社,1993 年出版。

这篇讲话是邓小平在 1985 年 3 月 7 日参加全国科技工作会议上发表题为《改革科技体制是为了解放生产力》的讲话后,现场又作了一次即席讲话。这篇讲话在当时主要居于两个背景。(1)党的十一届三中全会做出把全党工作重点转移到社会主义现代化建设上来的战略决策,在我们国家已经揭开了以改革开放为主旋律的社会主义现代化建设的新篇章。(2)坚持以经济建设为中心,多个领域取得了显著的成就的同时,依然存在改革的障碍和干扰,国内社会在思想认识上存在或"左"、或"右"的倾向。

邓小平参加全国科技工作会议作完主题讲话,抓住机会现场告诫和教育广大知识分子和党员干部,要坚定共产主义信念,增强纪律自觉性。他用短短近 1500 字回答了我们应当树立什么样的理想信念、怎么样实现这样的理想信念、和为什么要靠理想和纪律的问题。

5. 习近平:《在纪念红军长征胜利 80 周年大会上的讲话》,人民出版社 2016 年版。

习近平总书记在纪念红军长征胜利 80 周年大会上发表重要讲话,深刻总结长征的伟大意义和历史启示,深入阐述长征精神的丰富内涵,就如何弘扬伟大长征精神、走好今天的长征路提出六方面要求,为我们不忘初心、继续前进注入强大思想动力,提供了行动指南。

长征是一次理想信念的伟大远征。习近平指出,崇高的理想,坚定的信念,永远是中国共产党人的政治灵魂。长征路上的苦难、曲折、死亡,检验了中国共产党人的理想信念,向世人证明了中国共产党人的理想信念是坚不可摧的。

【影视欣赏】

1. 电影:《一球成名》,哥伦比亚影业公司,2006 年上映

出生在洛杉矶的墨西哥男孩迭戈梦想成为一名伟大的足球运动员。天才洋溢的迭戈被球探发现,得到实现自己梦想的机会:加入英超劲旅纽卡素梦想与现实绝非一步之遥。艰苦训练和场内场外的无数白眼都是上天对迭戈诚意的考验连翻激战过关斩将迭戈能否在精英云集的绿茵场实现梦想,从此面对完全不同的欧洲舞台。电影教育人们一个人,无论他怎么样,只要有坚定的信念,凭借着自己自身的天赋,并勇敢的为之不懈奋斗,就一定会取得属于自己的成功!

2.电影:《贫民窟的百万富翁》,2008 年上映

贫民窟的百万富翁讲述的这样一个一夜暴富的故事,一个年轻的茶水服务员为了找到自己的爱人参加一个答题真人秀节目,连续过关,获得了百万奖金,并找到了自己心爱的人。而主持人认为这个不聪明没上过学的年轻人肯定是在作弊,让警察去调查他,在警官的调查过程当中,主人公贾马尔讲述了回答每一个问题的来源,揭示了自己的成长经历。

3.电视剧《奋斗》,2007 年上映

这是一部讲述北京 80 后的青春情感和奋斗历程的电视剧,不仅将年轻人的愤世嫉俗、叛逆迷茫、情感混沌融入进去,还着重描写了六个刚毕业大学生的情感生活和事业奋斗。

主人公为一个奋发有为的年轻人。他有两个父亲,于是他发现两条生活道路。他有两个恋人,于是他拥有两种情感。他有一种理想,却导致另一种现实。他有一种最可贵的精神,那就是不停地奋斗。当代城市主题表现当代人面对的生活、爱情、事业等问题的态度,具体到每一个人物,精神层面是积极向上,坚持自我,顽强不屈。

4.电视剧:《我的青春谁做主》,北京鑫宝源影视投资有限公司,2009 年上映

这是一个家庭里三个表姐妹的青春故事,她们在同一时间以成年人的身份走进社会,感受到社会的残酷。每人都发现自己要面对一个超高难度的命题,可她们不屈不挠,不但要用智慧给出完美答案,还要违抗父母的意志,个性和理想是她们前往的彼岸。

【学习链接】

1. 搜狐网 http://www.sohu.com/
2. 中共党史网:http://www.zgdsw.com/
3. 中国共产党新闻网:http://cpc.people.com.cn/
4. 北京时间:https://www.btime.com/
5. 凤凰网:http://news.ifeng.com/

【实践拓展】

【实践一】为理想而努力奋斗主题班会

【实践目的】

每个人心里都有一个最初的梦想,一个远大的梦想。尤其是年轻的一代,更应该激扬青春,为自己的理想不懈奋斗。但是在现实的中学生活中,很多同学却迷茫了,迷失了自己。探究其原因,主要是没有了前进的目标,失去了学习乃至个人成长方面的动力。通过开展此次班会,旨在帮助大家托起梦想,为自己的未来绘制一幅理想蓝图,为自己的梦想而努力奋斗,同时增进班级同学彼此之间的了解,增强班级的凝聚力。通过此次班会的讨论,使同学们认识到理想对于自己人生的重要性,进而寻找到自己的理想,并为之努力奋斗。

【实践要求】

1. 提前准备好班会过程中所需的故事和小品。
2. 提前搜集资料,制作幻灯片,下载制作视频等。
3. 学生分组讨论问题,控制好时间。

【实践方案】

1. 时间:课堂时间。

2. 地点：多媒体教室。

3. 活动方式：教师指导,组长组织,全员参与。

4. 流程：

（1）通过讲述故事,让同学意识到梦想的重要性。

（2）教师分别出示搜集的资料、幻灯片等。

（3）以小组为单位,在规定的时间内对其进行讨论。

（4）通过表演小品,让同学们明白任何理想都不能通过白日梦成真,都必须经过自己的努力,才能达到成功的彼岸。

（5）教师进行总结和点评。

【实践二】　理想信念教育活动实施方案

【实践目的】

在把学生培养成为热爱祖国的具有社会公德、文明行为习惯、遵纪守法小公民的基础上,引导学生逐步树立科学的人生观、世界观、价值观。

【实践要求】

1. 确立目标要切合实际。

2. 认真选择具有激励作用的格言。

【实践方案】

1. 时间：课堂时间。

2. 地点：教室。

3. 活动方式：教师指导,学生全员参与。

4. 流程：

（1）根据自己的实际情况,确立每个阶段不同时期的奋斗目标,用目标为自己加油。

（2）榜样有着激励人们前进的无穷 的力量。每个同学可以确立一位伟大人物、先进典型人物作为自己学习的榜样。

（3）同学们可以以《二十年后的今天》为主题,描绘二十年后的社会面貌、畅想自己二十年后在做什么工作? 生活状况怎样? 同学、朋友、父母等情况。 在畅想和追寻中逐步确立自己的人生理想。

（4）用榜样格言励志文章强化意志信念。每周利用十分钟时间以班级为单位集体宣读格言。每日一条格言。由班级同学轮流选择一句自己喜欢的格言,用正楷抄写在黑板右侧,让全班同学阅读欣赏。利用课余时间与同学交流对这一格言的感受。

（5）各班要在班主任的统一教导下,历练班级团队文化,打造班级精神。 班级每位同学都要从德行学识两方面为自己制订切实可行的近期目标和远期目标。

【习题】

（一）单项选择题

1.（　　　）是人们在实践中形成的、有实现可能性的、对未来社会和自身发展目标的向往与追求,是人们的世界观、人生观和价值观在奋斗目标上的集中体现。

A. 人生态度　　　　　B. 理想　　　　　C. 人生目的　　　　　D. 世界观

2. （　　）是人生发展的内在动力。

A. 对金钱的追求　　B. 乐于助人　　　　C. 理想信念　　　D. 世界观

3. 衡量一个人精神境界高下的重要标尺是（　　）。

A. 理想信念　　　　B. 乐于助人　　　　C. 拾金不昧　　　D. 学习成绩

4. （　　）作为我们立党立国的根本指导思想，是近代以来中国历史发展的必然结果，是中国人民长期探索的历史选择。

A. 理想信念　　　　B. 习近平精神　　　C. 邓小平理论　　D. 马克思主义

5. （　　）是指处于一定历史条件和社会关系中的个人对于自己未来的物质生活、精神生活所产生的种种向往和追求。

A. 理想信念　　　　B. 个人理想　　　　C. 社会理想　　　D. 共产主义理想

6. 个人理想以（　　）为指引。

A. 奋斗目标　　　　B. 习近平精神　　　C. 社会理想　　　D. 马克思主义

7. （　　）是对个人理想的凝练和升华。

A. 社会理想　　　　B. 共产主义理想　　C. 邓小平理论　　D. 马克思主义

8. （　　）是实现理想的重要条件。

A. 好好学习　　　　B. 艰苦奋斗　　　　C. 奋斗目标　　　D. 提高成绩

9. （　　）是指社会集体乃至社会全体成员的共同理想，即在全社会占主导地位的共同奋斗目标。

A. 理想信念　　　　B. 个人理想　　　　C. 社会理想　　　D. 共产主义理想

10. 中国特色社会主义最本质的特征是（　　）。

A. 中国共产党的领导　　　　　　　　　B. 个人理想

C. 社会理想　　　　　　　　　　　　　D. 共产主义理想

11. 检验信念正确与否、科学与否的唯一标准是（　　）。

A. 科学理论　　　　B. 社会实践　　　　C. 主观愿望　　　D. 真诚信仰

12. "现实是此岸，理想是彼岸，中间隔着湍急的河流，行动则是架在川上的桥梁。"这个比喻表达的是（　　）。

A. 理想来源于现实，等同于现实

B. 理想要变成现实，必须经过人们的实践和辛勤劳动

C. 只有经过实践检验，成为了现实的理想才是科学的理想

D. 只要投身实践，任何美好想象都能成为现实

（二）多项选择题

1. 理想是多类型的，根据不同的标准可分为（　　）。

A. 个人理想　　　　B. 近期理想

C. 社会理想　　　　D. 远期理想

E. 生活理想

2. 理想的实现是一个（　　）的过程。

A. 挑战　　　　　　B. 长期性

C. 艰巨性　　　　　D. 曲折性

E. 飞跃

3. 下列选项中,属于理想的特征的是（   ）。

A. 超越性   B. 实践性

C. 时代性   D. 执着性

E. 多样性

4. 下列选项中,属于信念的特征的是（   ）。

A. 超越性   B. 实践性

C. 时代性   D. 执着性

E. 多样性

5. 中国特色社会主义是我们的共同理想,具有令人信服的（   ）。

A. 必然性   B. 广泛性

C. 时代性   D. 包容性

E. 多样性

（三）辨析题

1. 共产主义理想离现实太遥远,是无法实现的。

2. 艰苦奋斗是老一辈的事,当代青年不需要艰苦奋斗。

（四）简答题

1. 理想信念的作用是什么？

2. 为什么要信仰马克思主义？

3. 怎样坚持个人理想与社会理想的统一？

（五）论述题

1. 如何正确认识理想与现实的关系？

2. 联系实际,谈谈大学生如何实现自己的崇高理想？

【参考答案】

（一）单项选择题

1.B   2.C   3.A   4.D   5.B   6.C   7.A   8.B   9.C   10.A   11.B   12.B

（二）多项选择题

1.ABCDE   2.BCD   3. ABC   4.DE   5.ABD

（三）辨析题

1. 观点错误。这种观点割裂了共产主义远大理想与现实的辩证统一关系。事实上,共产主义的理想和实践早已存在于我们的现实生活中。那种认为"共产主义是渺茫的幻想"的观点是完全错误的。

2. 观点错误。一方面,物质生活条件的改善,社会观念的变化,只是赋予艰苦奋斗以新的时代内涵和实践要求,但艰苦奋斗的精神是永远不会过时的；另一方面,讲艰苦奋斗,也并不是不讲物质利益,而是为了实现既定的理想,不怕吃大苦、耐大劳,不惜献出自己的一切。当代中国既面临着重要发展机遇,也面临着前所未有的困难和挑战。梦在前方,路在脚下。自胜者强,自强者胜。实现我们的发展目标,需要广大青年锲而不舍、驰而不息的奋斗,不断书写奉献青春的时代篇章。

（四）简答题

1. 答案要点:

（1）理想信念昭示奋斗目标。

（2）理想信念提供前进动力。

（3）理想信念提高精神境界。

2. 答案要点:

（1）马克思主义体现了科学性和革命性的统一。

（2）马克思主义具有鲜明的实践品格。

（3）马克思主义具有持久生命力。

3. 答案要点:

个人理想以社会理想为指引。追求个人理想的实践活动都是在社会中进行的,正确的个人理想不是依个人主观愿望随意确定的,从根本上说它是由正确的社会理想规定的。同时,个人理想的实现,必须以社会理想的实现为前提和基础。因此,在整个理想体系中,社会理想是最根本、最重要的,而个人理想则从属于社会理想。

社会理想是对个人理想的凝练与升华。社会是个人的联合体,社会理想与个人理想密不可分。社会理想不是凭空产生的,也不是由外在力量强加的,而是建立在众人的个人理想基础之上。强调个人理想要符合社会理想,并不是要排斥和抹杀个人理想,而是要摆正个人理想同社会理想的关系。社会理想归根到底要靠全体社会成员的共同努力来实现,并具体体现在每个社会成员为实现个人理想而进行的活生生的实践中。

（五）论述题

1. 答:（1）辩证地看待理想与现实的矛盾。现实是理想的基础,理想是未来的现实。在一定条件下,现实必定要转化为理想,理想可以转化为未来的现实。

（2）实现理想的长期性、艰巨性和曲折性。理想的实现是一个过程。任何理想的实现都不是轻而易举的,必然会遭遇到各种各样的困难和波折,必须有战胜种种艰难险阻的坚定不移的信心和坚忍不拔的毅力。

（3）艰苦奋斗是实现理想的重要条件。

2. 答:（1）立志当高远。立志做大事。立志需躬行。

（2）认清实现理想的长期性,艰巨性和曲折性 理想的实现是一个过程,要做好充足的准备;要正确对待实现理想过程中的顺境和逆境,善于利用顺境,勇于正视逆境和战胜逆境 。

（3）在实践中化理想为现实。

第三章　弘扬中国精神

【引言】

实现中华民族伟大复兴的中国梦,必须弘扬中国精神. 这就是从爱国主义为核心的民族精神和以改革创新为核心的时代精神。爱国主义始终是把中华民族坚强团结在一起的精神纽带,改革创新始终是鞭策我们在改革开放中与时俱进的精神力量。当代大学生担当着民族复兴的时代使命,要努力做忠诚的爱国者和走在时代前列的夸进者,用实际行动展现出中国精神的青春风采。

【学习指引】

学习目的:

1. 了解中国精神是兴国强国之魄。

2. 掌握爱国主义的基本内涵,做忠诚的爱国者。

3. 弘扬民族精神,投身实现"中国梦"伟大事业,让改革创新成为青春远航的强大动力。

学习重点:

1. 掌握中国精神是民族精神和时代精神的统一。

2. 新时代爱国主义的基本要求。

3. 做新时代的忠诚爱国者。

学习难点:

1. 爱国主义的基本内涵与时代要求。

2. 大学生应如何走在改革创新的时代前列。

【内容概要】

一、中国精神是兴国强国之魄

（一）重精神是中华民族的优秀传统

中华民族崇尚精神的优秀传统,首先表现在对物质生活与精神生活相互关系的独到理解上。中华民族崇尚精神的优秀传统,也表现在中国古人对理想的不懈追求上。理想是激励个体的精神内驱力,是凝聚社会整体的精神力量。矢志不渝地坚守理想,是中国古人崇尚精神的典型体现。中华民族崇尚精神的优秀传统,亦表现在对道德修养和道德教化的重视上。中国传统文化十分强调道德修养和道德教化,将"立德"置于"三不朽"（立德、立功、立言）之首,重视人的精神品格的养成。

中华民族崇尚精神的优秀传统,还表现为对理想人格的推崇。中国共产党是中华民族重精神优秀传统的忠实继承者和坚定弘扬者。在革命、建设、改革各个历史时期,中国共产党都强调要处理好物质和精神的关系,重视发挥人的精神的能动作用,中华民族重精神的优秀传统得到进一步发扬光大。

（二）中国精神是民族精神和时代精神的统一

以爱国主义为核心的民族精神和以改革创新为核心的时代精神,构成了中国精神的基本内容。

1. 以爱国主义为核心的民族精神

民族精神是一个民族在长期共同生活和社会实践中形成的,为本民族大多数成员所认同的价值取向、思维方式、道德规范、精神气质的总和,是一个民族赖以生存和发展的精神支柱。

中国人民在长期奋斗中培育、继承、发展起来的伟大民族精神,为中国发展和人类文明进步提供了强大精神动力。

（1）伟大创造精神。（2）伟大奋斗精神。（3）伟大团结精神。（4）伟大梦想精神。

2. 以改革创新为核心的时代精神

时代精神是一个国家和民族在新的历史条件下形成和发展的,是体现民族特质并顺应时代潮流的思想观念、价值取向、精神风貌和社会风尚的总和,是一种对社会发展具有积极影响和推动作用的集体意识。时代精神反映社会进步的发展方向,引领时代的进步潮流,是社会的主旋律和时代的最强音。

改革创新精神是时代精神的核心,贯穿于改革开放的全部实践,体现在时代精神的各个方面。改革是破除社会发展障碍、激发社会发展活力的引擎,创新则是民族进步的灵魂、国家兴旺发达的动力。改革创新精神既是对中华民族革故鼎新优良传统的继承弘扬,也是当代中国改革开放伟大实践中体现出来的精神品格和精神特征。以改革创新为核心的时代精神,是当代中国人民精神风貌的集中写照,是激发社会创造活力的强大力量。中国特色社会主义事业是一项前无古人的创造性事业,只有坚持弘扬以改革创新为核心的时代精神,才能使全体人民始终保持昂扬向上的精神状态,不断推进中国特色社会主义伟大事业。

3. 民族精神与时代精神的辩证统一

民族精神与时代精神紧密关联,都是一个民族赖以生存和发展的精神支撑。一切民族精神都曾经是一定历史阶段中带动潮流、引领风尚、推动社会发展的时代精神。同时,一切时代精神都将随着历史的变迁逐步融入民族精神的长河之中,不断丰富和发展民族精神的时代内涵。

民族精神和时代精神共同构成了我们当今时代的中国精神。民族精神赋予中国精神以民族特征,是中华民族的精神独立性得以保持的重要保证;时代精神赋予中国精神以时代内涵,是中国精神引领时代前行、拥有鲜明时代性和强大生命力的重要根源。民族精神和时代精神的交融汇通,使得中国精神既具有鲜明的民族性,又洋溢着强烈的时代性,成为中华民族共有的精神家园、奋力实现复兴的强大精神力量。

（三）实现中国梦必须弘扬中国精神

中国精神是兴国强国之魂。实现中国梦,必须弘扬中国精神,以高扬的精神旗帜为指引,以强大的精神支柱为支撑,团结凝聚全体人民的智慧和力量,为实现中国梦而努力奋斗。

1. 凝聚中国力量的精神纽带

推进民族复兴的时代伟业，我们必须以万众一心、众志成城的强大精神凝聚力。人民群众是历史发展和社会进步的主体力量。坚持和发展中国特色社会主义、实现中华民族的伟大复兴，最根本的力量在人民，最强大的力量在团结凝聚起来的人民。

2. 激发创新创造的动力

当前，我们正在从事的中国特色社会主义事业是一项前无古人的创造性事业，中国精神作为兴国强国之魂的价值和意义更为凸显。纵观人类发展史，创新始终是一个国家、一个民族发展的重要力量，也始终是推动人类社会进步的重要力量。推进新时代的伟大事业，必须有创新创造、向上向前的强大精神奋发力，勇于变革、勇于创新，永不僵化、永不停滞，使全体人民始终保持昂扬向上的精神状态，为实现中国梦注入强大的精神力量。

3. 推进复兴伟业的精神定力

世界上没有一个民族能够亦步亦趋走别人的道路实现自己的发展振兴，也没有一个民族会在心神不定、游移彷徨中成就自己的光荣和梦想。

坚持和发展中国特色社会主义，需要我们正确认识当代世界和中国发展大势，正确认识中国特色和国际比较，坚定道路自信、理论自信、制度自信、文化自信。只有自觉弘扬中国精神，增强民族自尊心和自信心，坚定不移走自己的路，才能使全体人民在实现复兴伟业的征途中拥有坚如磐石的精神和信仰力量，不为困难吓倒，不为诱惑所动，不为干扰迷惑，坚定不移把我们的事业不断推向前进，直至光辉的彼岸。

二、爱国主义及其时代要求

（一）爱国主义的基本内涵

爱国主义体现了人们对自己祖国的深厚感情，揭示了个人对祖国的依存关系，是人们对自己家园以及民族和文化的归属感、认同感、尊严感与荣誉感的统一。它是调节个人与祖国之间关系的道德要求、政治原则和法律规范，也是中华民族精神的核心。

1. 爱祖国的大好河山。

2. 爱自己的骨肉同胞。

3. 爱祖国的灿烂文化。文化是一个国家、一个民族的灵魂。文化传统常常被称为国家和民族的胎记，是一个国家民族得以延续的精神基因，是培养民族心理、民族个性、民族精神的摇篮，是民族凝聚力的重要基础。

4. 爱自己的国家。

（二）新时代的爱国主义

新时代的爱国主义基本要求是：坚持爱国主义和社会主义相统一、维护祖国统一和民族团结、尊重和传承中华民族历史和文化、坚持立足民族又面向世界。弘扬新时代的爱国主义，必须团结全体社会主义劳动者、社会主义事业的建设者、拥护社会主义的爱国者、拥护祖国统一和致力于中华民族伟大复兴的爱国者，汇集起实现中国梦的磅礴力量。

1. 坚持爱国主义和社会主义相统一

祖国的命运和党的命运、社会主义的命运是密不可分的。只有坚持爱国和爱党、爱社会主义相统一，爱国主义才是鲜活的、真实的，这是当代中国爱国主义精神最重要的体现。

2.维护祖国统一和民族团结

在新的时代条件下,弘扬爱国主义精神,必须把维护祖国国统一和民族团结作为重要着力点和落脚点。维护和推进祖国统一,是中华民族走向伟大复兴的题中之意。

弘扬新时代的爱国主义精神,就要自觉维护全国各族人民大团结的政治局面,不断增强对伟大祖国、中华民族、中华文化、中国共产党、中国特色社会主义的认同,坚决维护国家主权、安全、发展利益,筑牢国家统一、民族团结、社会稳定的铜墙铁壁。

3.尊重和传承中华民族历史和文化

对祖国悠久历史、深厚文化的理解和接受,是人们爱国主义情感培育和发展的重要条件。中华优秀传统文化是中华民族的精神命脉,其中蕴涵着中华民族世世代代形成和积累的思想营养和实践智慧,是中华民族得以延续的文化基因,也是我们在世界文化激荡中站稳脚跟的根基。

4.必须坚持立足民族又面向世界

坚持新时代的爱国主义,要求我们正确处理好立足民族与面向世界的辩证统一关系,把弘扬爱国主义精神与扩大对外开放结合进来,既要尊重各国的历史特点、文化传统,尊重各国人民选择的发展道路,从不同文明中寻求智慧、汲取营养,增强中华文明生机活力,又要积极倡导求同存异、交流互鉴,促进不同国度、不同文明相互借鉴、共同进步,共同推动人类文明发展进步。

(三)做忠诚爱国者

1.维护和推进祖国统一

(1)坚持一个中国原则。一个中国原则是两岸关系的政治基础。体现一个中国原则的"九二共识"明确界定了两岸关系的根本性质,是确保两岸关系和平发展的关键。

(2)推进两岸交流合作。

(3)促进两岸同胞团结奋斗。

(4)反对"台独"分裂图谋。

2.促进民族团结

处理好民族问题、促进民族团结,是关系祖国统一和边疆巩固的大事,是关系民族团结和社会稳定的大事,是关系国家长治久安和中华民族繁荣昌盛的大事。深化对党的民族理论和民族政策的认识,认真学习国家关于民族事务的法律法规,深入了解中华民族"多元一体"的发展历史,坚定"汉族离不开少数民族,少数民族离不开汉族,各少数民族之间也相互离不开"的思想观念。认清"藏独"和"疆独"等各种分裂主义势力的险恶用心和反动本质,坚持原则、明辨是非,不信谣、不传谣,不受分裂分子挑拨煽动,不参与违法犯罪活动,与破坏民族团结的行为作坚决斗争。

3.增强国家安全意识

(1)确立总体国家安全观。

国家安全是指一个国家不受内部和外部的或胁、破坏而保持稳定有序的状态。

确立总体国家安全观,必须既重视外部安全,又重视内部安全;既重视国土安全,又重视国民安全;既重视传统安全,又重视非传统安全;既重视发展问题,又重视安全问题。要坚持走和平发展道路,既重视自身安全,又重视共同安全,打造人类命运共同体,推动世界朝着互利互惠、共同安全的目标相向而行。

（2）增强国防意识。

强大的国防是国家生存与发展的安全保障。我国的国防是全民的国防。我国宪法明确规定,保卫祖国、抵抗侵略是中华人民共和国每一个公民的神圣职责。

（3）履行维护国家安全的义务。

大学生应自觉遵守国家安全法律,履行维护国家安全的法律义务:依照法律服兵役和参加民兵组织的义务,保守国家秘密的义务,为国防建设和国家安全工作提供便利条件或其他协助的义务,在国家安全机关调查了解有关危害国家安全的情况下如实提供有关证据、情况的义务,及时报告危害国家安全行为的义务,不得非法持有、使用专用间谍器材的义务,不得非法持有国家秘密文件、资料和其他物品的义务等。对每一项责任和义务,每个大学生都应当勇于担当,尽职尽责。

二、让改革创新成为青春远航的动力

改革创新是当代中国最突出、最鲜明的特点。

（一）创新创造是中华民族最深沉的民族禀赋

中华民族是富有创新精神的民族。我国在历史上长期处于世界领先地位,我国思想文化、社会制度、经济发展、科学技术以及其他许多方面对周边发挥了重要辐射和引领作用,中华文明对世界文明进步做出了巨大贡献,产生了深远影响。究其深层精神根源,就在于中华民族创新创造这一宝贵的精神专统和民族禀赋。

近代以来,我国逐渐由领先变为落后,一个重要原因就是错失了多次科技和产业革命带来的巨大发展机遇,在世界工业革命大潮中被时代远远甩下。中华人民共和国的成立,让古老的中国焕发新生,勤劳勇敢的中国人民在建设自己美好家园的伟大实践中迸发出创新创造的生机活力,在中国共产党的领导下开启了全力追赶时代、勇于引领时代的改革创新大潮。

（二）改革创新是时代要求

1. 创新始终是推动人类社会发展的第一动力。
2. 创新能力是当今国际竞争新优势的集中体现。
3. 改革创新是我国赢得未来的必然要求。

（三）做改革创新生力军

1. 树立改革创新的自觉意识

改革创新,首先要求人们自觉增强改革创新的责任感,树立敢于突破陈规、大胆探索未知、勇于创新创造的思想观念,在实践中有直面困难的勇气,有突破难关的精神,锐意进取,奋力前行。

（1）增强改革创新的责任感

改革创新表现为一种不甘落后、奋勇争先、追求进步的责任感和使命感。在时代大潮中,有人选择安于现状、不思进取、随波逐流,有人则意气风发、力争上游、拼搏进取。这两种不同选择的根源,除了信心和勇气外,更在于是否具有为推动社会发展进步贡献力量的责任感和使命感。改革创新充满艰辛、奉献甚至牺牲,没有强烈的责任感和使命感,很难支撑人们克服和战胜改革创新过程中的艰难曲折。李大钊曾写下"铁肩担道义,妙手著文章"的警语,"铁肩、道义"讲的就是责任与使命。大学生要不断增强以改革创新推动社会进步,在改革创新中奉献服务社会、实现人生价值的崇高责任感和使命感,以时不我待、只争朝夕的紧迫感投身改革创新的实践中。

（2）树立敢于突破陈规的意识。

（3）树立大胆探索未知领域的信心。

2.增强改革创新的能力本领

（1）夯实创新基础。

（2）培养创新思维。

（3）投身创新实践。

【学习延伸】

【案例一】法国教授向中国人致敬

一位原为记者的中国留学生,赴法国巴黎十二大学就读,第一堂对话课时就受到了教授的"挑战"。

教授:"作为记者,请概括一下你在中国是如何工作的。"

留学生:"概括来讲,我可以写我愿意讲的东西。"

教授精心设计了一个陷阱:"我可以知道您来自哪个中国吗?"

"先生,我没听清楚您的问题。"

"我是想知道,您是来自台湾中国还是北京中国。"

霎时,全班几十双不同颜色的眼睛一齐扫向了中国留学生和一位台湾同学。中国留学生沉静地说:"只有一个中国,教授先生,这是常识。"随后,那位台湾同学在教授和同学们的注视下也重复一遍说:"只有一个中国,教授先生,这是常识。"

教授似乎不甘心,提出一个更大难度的问题:"我实在愿意请教,中国富强的标志是什么,这儿坐了二十几个国家的学生,我想大都有兴趣弄清楚这一点。"中国留学生站起来,一字一板地说:"最起码的一条是:任何一个离开祖国的我的同胞,再不会受到像我今日承受的这类刁难。"

教授离开了讲台走向中国留学生,一只手放到他的肩上,轻轻地说:"我丝毫没有刁难你的意思。我只是想知道,一个普通的中国人是如何看待他们自己国家的问题的。"然后他大步走到教室中央大声宣布:"我向中国人脱帽致敬。"

——资料来源:法国教授向中国人致敬[OL]上学吧 https://www.shangxueba.com/

课堂讨论:

1.什么是爱国主义?

2.新时代爱国主义的基本要求是什么?

案例解析:

答案要点:

1.爱国主义体现了人们对自己祖国的深厚感情,揭示了个人对祖国的依存关系,是人们对自己家园以及民族和文化的归属感、认同感、尊严感与荣誉感的统一。它是调节个人与祖国之间关系的道德要求、政治原则和法律规范,也是中华民族精神的核心。

2.（1）坚持爱国主义和社会主义相统一。

（2）维护祖国统一和民族团结。

（3）尊重和传承中华民族历史和文化。

（4）必须坚持立足民族又面向世界。

【案例二】关于中华民族精神的思考

中国正处在一个新的历史起点。

在这个起点上，中国梦是个标志。如果说前三十年的改革开放奠定了中国强大的基础，那么今后三十年中华民族将在中国梦的引领下走向民族复兴，走向现代化。

中国梦是中华民族伟大复兴之梦，是一代又一代中国人梦寐以求的现代化之梦。实现中国梦需要战略上的总体设计，战术上的具体操作，需要全党的奋斗和国民的共同努力。同时还需要具备两大支撑：一是国力的支撑，这是圆梦的硬件基础，二是文化特别是精神力量的支撑，这是圆梦的软件基础。而中华民族精神正是软件的核心。

何谓"中华民族精神"

从历史上看，民族精神的形成是有条件的，一是历史比较久，二是文化积淀比较厚，三是在世界历史演变过程中发挥过重要作用，四是得到了世人的认同。

作为文化的高级形态，民族精神是一个民族文化的灵魂，集中地反映了民族的价值追求和民族个性，它是一个民族区别其他民族的根本性标识，也是一个民族凝聚力和强大战斗力的内在基因。

在中华大地上诞生的中华文明是世界几大古文明中唯一没有中断的文明，在五千多年的发展过程中，逐步形成了一整套优秀文化传统。共同的历史记忆、共同的文化认可、共同的政治归属把我们的祖先紧紧联系在一起，其中共同的文化认同就是源远流长、一脉相承的"中华民族精神"。

那么，中华民族精神有哪些内涵呢？择其要之，可以用四句话来概括，即：自强不息、仁义博厚、爱国统一、和合天下。

自强不息

《周易·乾卦》载："天行健，君子以自强不息；地势坤，君子以厚德载物"。天道如此，人间也是这样，君子的动力在于自身，中华民族的动力也在于自身，来自于全民族每个成员的奋斗和不懈追求。在国家民族发展顺利时，自强不息的精神鼓励人们建功立业，在国家民族生死存亡的紧急关头，自强不息的精神又激励着人们救亡图存。自强不息是中华民族薪火相传、自立于世界民族之林的精神支撑，正是这种支撑，创造了中华民族五千年生生不息的历史，创造了五千年中华文明连绵不断的奇迹。

仁义博厚

"仁"是中华民族精神的象征，它既是传统规范，又是区别善恶的标准。纵向上看，几千年来，从深层次影响中国人立世标准的是儒家学说。在儒家的思想体系里，仁是诸多思想理论的基础，是国人做人处事所遵循的主流。横向上看，仁的精神讲究将心比心，它可以成为当今世界解决各类社会矛盾的化解剂。1993年《走向全球伦理宣言》中说："己所不欲，勿施于人"，这一原则还赫然写在联合国的墙上，说明"仁"完全可以成为沟通不同文化的世界性语言。

"义"是仁的精神的延伸，是仁的具体化。"博"是仁的精神的扩展，表示博大的胸怀与宽容。

"厚"是仁的精神的积淀,表示厚重,厚德,厚道。

爱国统一

爱国主义是中华民族文明的核心,是中华民族精神的主题。自中华民族形成以来,爱国主义就深深熔铸于中国传统文化和中华民族每一分子的血液中,成为一种最朴素的情感,最珍贵的归属,每当国家有难,外敌入侵之时,民众就会跃身而起,"国家兴亡,匹夫有责"的精神使中华民族虽历经磨难而不衰,饱经艰辛而不屈,久经风雨而愈强。

爱国必然要求统一,在中华民族历史中,自古就有大一统思想,无论是皇帝还是平民,都有追求国家统一的心理特质。这也是几千年的中国历史有分有合,最终都会走向统一的精神力量。

和合天下

"和"是中华民族精神的特质。"和"是和平、和解、和睦、和谐之意。在中国各个领域、各类学科中,都以"和"为主流,为最高境界。"和合"更是体现在人与自然、人与人、中华民族与外民族的各种关系上,不仅是和谐,更是包容。不仅重视各民族及其文化的独特性,而且重视其融合性,统一性。和合精神深刻地积淀在中华民族的心理深处,深深地滋养着炎黄子孙的人生追求,从而使中华民族表现出强大的凝聚力和包容性。

——资料来源:关于中华民族精神的思考 [OL].人民网,http://hlj.people.com.cn/ 有删减

课堂讨论:

什么是民族精神?以爱国主义为核心的民族精神包括哪些内容?

案例解析:

民族精神是指一个民族在长期共同生活和社会实践中形成的,为本民族大多数所认同的价值取向,思维方式,道德规范,精神气质的总和。是一个民族赖以生存和发展的精神支柱。以爱国主义为核心的民族精神包括:伟大创造精神;伟大奋斗精神;伟大团结精神;伟大梦想精神。

【案例三】

中共中央组织部　中共中央宣传部关于在广大知识分子中深入开展"弘扬爱国奋斗精神、建功立业新时代"活动的通知

各省、自治区、直辖市党委组织部、宣传部,中央和国家机关各部委、各人民团体组织人事部门、宣传部门,新疆生产建设兵团党委组织部、宣传部,各中管金融企业党委,部分国有重要骨干企业党组(党委),部分高等学校党委,中央军委政治工作部干部局、宣传局:

近年来,习近平总书记对弘扬爱国奋斗精神做出一系列重要指示,指出爱国主义是中华民族精神的核心,爱国主义精神激励着一代又一代中华儿女为祖国发展繁荣而不懈奋斗;幸福都是奋斗出来的,社会主义是干出来的,新时代是奋斗者的时代,要把爱国之情、报国之志融入祖国改革发展的伟大事业之中、融入人民创造历史的伟大奋斗之中。习近平总书记高度赞扬以钱学森、邓稼先、郭永怀等"两弹一星"元勋和西安交通大学"西迁人"为代表的老一辈知识分子"党让我们去哪里,我们背上行囊就去哪里""始终与党和国家的发展同向同行"的家国情怀和奉献精神,充分肯定以黄大年、李保国、南仁东、钟扬等为代表的新时代优秀知识分子"心有大我、至诚报国"的感人事迹和爱国情怀,强调面对新的征程、新的

使命,需要在知识分子中弘扬这种传统、激发这种情怀。为贯彻落实习近平总书记重要指示精神,推动全社会特别是广大知识分子树立牢固的家国情怀,中央组织部、中央宣传部决定,在广大知识分子中深入开展"弘扬爱国奋斗精神、建功立业新时代"活动。现就有关事项通知如下。

一、充分认识开展活动的重要意义

中华民族从站起来、富起来到强起来的伟大飞跃中,始终贯穿着伟大的爱国奋斗精神。把党的十九大描绘的美好蓝图变为现实,是一场新的长征,需要我们更好弘扬爱国奋斗精神,让奋斗成为新时代中国特色社会主义建设的主旋律。习近平总书记的一系列重要指示,深刻阐明了爱国奋斗精神对当代中国的重大意义,对在全社会弘扬爱国奋斗精神提出了明确要求。在广大知识分子中深入开展"弘扬爱国奋斗精神、建功立业新时代"活动,是贯彻落实习近平总书记重要指示精神、加强团结引领服务知识分子的重要举措,对于把各方面优秀知识分子集聚到党和人民的伟大奋斗中来,形成不懈奋斗、团结奋斗的生动局面,具有深远意义。

各地区各部门各单位要组织广大知识分子认真学习领会习近平总书记重要指示精神,引导广大知识分子在新时代自觉弘扬践行爱国奋斗精神,不忘初心、牢记使命,增强"四个意识",坚定"四个自信",把个人理想自觉融入国家发展伟业;胸怀祖国、艰苦奋斗、开拓创新、无私奉献,在祖国最需要的地方建功立业,不负人民期望;勇于担当民族复兴大任,不辱时代使命,做新时代的奋斗者,为实现"两个一百年"奋斗目标、实现中华民族伟大复兴的中国梦贡献智慧和力量。

二、密切联系实际,扎实开展活动

深入开展"弘扬爱国奋斗精神、建功立业新时代"活动,要以习近平新时代中国特色社会主义思想为指导,全面贯彻党的十九大和十九届二中、三中全会精神,深入学习贯彻习近平总书记关于人才工作、知识分子工作重要指示精神,坚持服从服务大局,紧密结合本地区本部门本单位实际,紧密结合"不忘初心、牢记使命"主题教育,注重政治引领、凝心聚力,突出学用结合、知行合一,不断赋予爱国奋斗精神新的时代内涵。

1. 全面加强宣传解读。上下联动,全方位、立体化开展宣传解读,迅速兴起学习弘扬爱国奋斗精神的热潮。结合弘扬"两弹一星"精神、载人航天精神等,集中开展践行爱国奋斗精神模范人物先进事迹宣传。采取撰写理论文章、开发音视频资料、编辑出版图书、创作文艺作品等方式,对爱国奋斗精神和西安交通大学"西迁人"事迹进行挖掘整理、解读阐释和艺术呈现。开展"时代楷模""最美人物"学习宣传活动。中央和地方有关新闻媒体要设置专栏,及时宣传报道活动开展情况。基层单位要充分利用所属网站、微博、微信公众号、宣传栏等平台,开展丰富多彩的宣传活动。

2. 组织深入学习研讨。要紧紧围绕习近平总书记关于爱国奋斗精神的重要指示,设计学习研讨主题,通过专题研讨、报告会、座谈交流等多种形式,在各级各类学校、科研院所和其他企事业单位知识分子中开展爱国奋斗精神学习讨论,切实增强对新时代爱国奋斗精神、党和国家奋斗目标的思想认同、情感认同、价值认同。要把爱国奋斗精神学习教育纳入党支部"三会一课"和主题党日活动,发挥党员知识分子的先锋模范作用。编印爱国奋斗精神学习读本,把爱国奋斗精神作为知识分子和青年学生思想政治教育、职业道德建设和科研道德培养的重要内容。

3. 抓好专题研修培训。各地区各部门各单位要将爱国奋斗精神作为知识分子国情研修、业务培训的重要内容,列入研修培训大纲和课程板块。有条件的地方和单位要举办专题研修培训,重点组织中青年知识分子深入学习弘扬爱国奋斗精神。保护利用"三线建设""两弹一星"等重大工程项目遗迹,挖掘有关历史文化和革命传统教育资源,作为研修培训现场教学、体验式教学重要载体。

4. 发挥典型引导作用。各地区各部门各单位要积极开展践行爱国奋斗精神先进群体和个人选树工作,用身边事教育身边人。要统筹举办模范人物先进事迹巡回报告会,学习老一辈和新时代优秀知识分子的感人事迹和崇高精神。要以博物馆、校史馆和各级爱国主义教育基地为平台,展示模范人物先进事迹,讲好知识分子爱国奋斗故事。组织开展老科技工作者口述历史活动。

5. 开展岗位践行活动。各地区各部门各单位要把开展活动与激发知识分子创新创造活力、服务经济社会发展结合起来,最大限度地激发广大知识分子的奋斗激情,引导广大知识分子把自己的理想同祖国的前途、把自己的人生同民族的命运紧密联系在一起,扎根人民,奉献国家。基层单位要结合主责主业开展岗位创新、岗位建功、岗位奉献等创先争优活动,引导本单位知识分子从本职岗位做起,立足岗位自觉践行爱国奋斗精神。要广泛动员和组织广大知识分子深入边远贫困地区、边疆民族地区、革命老区和基层一线,开展社会调研、国情考察、咨询服务等主题实践活动,感悟老一辈知识分子爱国奋斗之路,增进对国情党情的认识和了解。

三、加强组织领导,确保活动实效

各地区各部门各单位要强化政治意识,把组织开展"弘扬爱国奋斗精神、建功立业新时代"活动作为一项重要政治任务抓紧抓细抓实。

1. 明确主体责任。各级党委(党组)要切实履行主体责任,加强统一领导,精心组织实施。各级党委组织部门要发挥牵头抓总作用,加强宏观指导、统筹协调和督促落实。各级党委宣传部门要加强宣传引导,为活动营造良好舆论氛围。各有关部门要根据职能职责,进行专题研究部署,做好在本领域知识分子中开展活动的组织发动和推进落实。要突出各类学校、科研院所及相关企事业单位等实施主体,突出中青年知识分子等活动主体。基层单位党组织具体负责本单位活动组织实施,要结合实际设计活动载体,组织动员和吸引知识分子积极参与活动。

2. 注重分类指导。要按照精准科学的要求,区分学校、科研院所、企业等不同类型单位,尊重不同层次知识分子群体特殊性,因类制宜、因人施教,提高活动针对性实效性。要把握节奏、注重长效,把活动融入日常、抓在经常,坚持久久为功,形成一批学习成果、实践成果。要创新活动方式方法,使学习教育既润物无声,又触及灵魂。要及时总结推广活动中创造的好经验、好做法。

3. 加强督促检查。要严格责任落实,加强对活动组织实施情况的督促检查,克服形式主义,防止空喊口号、做表面文章,确保活动深入基层、热在群众、取得实效。要把开展活动与关心关爱结合起来,完善落实各级党委(党组)联系服务专家制度,加强对知识分子的思想联系、感情交流和服务保障,以尊重关心服务凝心聚力,激励支持广大知识分子发挥作用、创新奉献。

请各地区各部门各单位按照本通知精神制定具体实施方案,活动开展情况同时报告中央组织部和中央宣传部。

中共中央组织部
中共中央宣传部
2018 年 6 月 29 日

——资料来源:中共中央组织部 中共中央宣传部关于在广大知识分子中深入开展"弘扬爱国奋斗精神、建功立业新时代"活动的通知[OL].人民网, http://dangjian.people.com.cn/

课堂讨论:
简述以爱国主义为核心的民族精神包括哪些内容?

案例解析:
民族精神是一个民族在长期共同生活和社会实践中形成的,为本民族大多数成员所认同的价值取向、思维方式、道德规范、精神气质的总和,是一个民族赖以生存和发展的精神支柱。中国人民在长期奋斗中培育、继承、发展起来的伟大民族精神,为中国发展和人类文明进步提供了强大精神动力。(1)伟大创造精神。(2)伟大奋斗精神。(3)伟大团结精神。(4)伟大梦想精神。

【经典语录】

1.我们的共产党和共产党所领导的八路军、新四军,是革命的队伍。我们这个队伍完全是为着解放人民的,是彻底地为人民的利益工作的。

——毛泽东《为人民服务》

2.人无精神则不立,国无精神则不强。精神是一个民族赖以长久生存的灵魂,唯有精神上达到一定的高度,这个民族才能在历史的洪流中屹立不倒、奋勇向前。

——习近平《习近平谈治国理政》第 2 卷

3.中国要飞得高、跑得快,就得依靠 13 亿人民的力量。

——习近平《习近平谈治国理政》第 1 卷

4.惟有民魂是值得宝贵的,惟有他发扬起来,中国才有真进步。

——鲁迅《鲁迅全集》

5.历史是一面镜子,从历史中,我们能够更好看清世界、参透生活、认识自己;历史也是一位智者,同历史对话,我们能够更好认识过去、把握当下、面向未来。

——习近平《习近平谈治国理政》第 2 卷

6.在激烈的国际竞争中,惟创新者进,惟创新者强,惟创新者胜。

——习近平《在欧美同学会成立 100 周年庆祝大会上的讲话》

7.多做实事,少说空话。

——邓小平《结束过去,开辟未来》

8.群众路线的教育,这个教育 抓好了,实事求是之风,艰苦创业之风,勤俭节约之风,诚心诚意为人民 谋利益之风,才能大兴起来,而形式主义、官僚主义、奢侈浪费、以权谋 私等等歪风才能扫除掉。

——江泽民《深入进行群 众观点和群众路线的教育》

9. 党的领导,党的一切工作,都要依靠人民,相信人民,汲取人民,汲取人民的智慧,尊重人民的创造,接受人民的监督。

——江泽民《论党的建设》

10. 一个国家、一个民族,如果不提倡艰苦奋斗,勤俭建国,人们只想在前人创造的物质文明成果上坐享其成,贪图享乐,不思进取,那么,这样的国家,这样的民族,是毫无希望的,没有不走向衰落的。

——江泽民《加强思想政治建设,提高干部和党员队伍素质》

11. 实现中国梦必须弘扬中国精神。这就是以爱国主义为核心的民族精神,以改革创新为核心的时代精神。这种精神是凝心聚力的兴国之魂、强国之魂。爱国主义始终是把中华民族坚强团结在一起的精神力量,改革创新始终是鞭策我们在改革开放中与时俱进的精神力量。全国各族人民一定要弘扬伟大的民族精神和时代精神,不断增强团结一心的精神纽带、自强不息的精神动力,永远朝气蓬勃迈向未来。

——习近平《在第十二届全国人民代表大会第一次会议上的讲话》

【推荐阅读】

1. 毛泽东:《新民主主义论》,载于《毛泽东选集》,人民出版社

《新民主主义论》科学地总结了中国近百年来资产阶级民主革命的历史经验,特别是中国共产党所领导的新民主主义革命的经验,全面地阐述了新民主主义革命的理论,深刻地揭示了在殖民地半殖民地国家进行资产阶级民主革命的基本规律,正确地规定了新民主主义的基本纲领。

2. 中共中央文献研究室:《习近平关于科技创新论述摘编》,中央文献出版社2016 年出版。

《习近平关于科技创新论述摘编》共分 8 个专题,书中收入 189 段论述,摘自习近平同志 2012 年 12 月 7 日至 2015 年 12 月 18 日期间的讲话、文章、贺信、批示等 50 多篇重要文献。许多论述是第一次公开发表。

3.《习近平谈治国理政》第 1 卷,外文出版社,2014 年出版。

本书收入了习近平总书记在党的十八大闭幕后至 2014 年 6 月 13 日期间的重要著作,受到国内外读者的广泛关注和好评。

4.《习近平谈治国理政》第 2 卷,外文出版社,2017 年出版。

《习近平谈治国理政》第 2 卷收入了习近平总书记在 2014 年 8 月 18 日至 2017 年 9 月 29 日期间的讲话、谈话、演讲、批示、贺电等 99 篇,分为 17 个专题。书中还收入习近平总书记这段时间内的图片 29 幅。全面系统回答了新的时代条件下中国发展的重大理论和现实问题,是国际社会了解当代中国的重要窗口、寻找中国问题答案的一把钥匙。

【影视欣赏】

1. 电影:《林则徐》上海海燕电影制片厂,1965 年上映

影片是一部历史人物传记片,围绕虎门销烟和鸦片战争的史实,成功将“民沾其惠”、“夷畏其威”的爱国封疆大吏林则徐的形象再现于银幕,展现了鸦片战争前后波澜壮阔的历史画面,感动并激励了一代又一代中国观众。

2. 电影:《金陵十三钗》北京新画面影业公司，2011 年上映

影片讲述 1937 年的南京，一座教堂里一个为救人而冒充神父的美国人、一群躲在教堂里的女学生、14 个逃避战火的风尘女子以及殊死抵抗的军人和伤兵，共同面对南京大屠杀的故事。

3. 电视剧:《开天辟地》，2011 年上映

该剧以中共一大为历史背景，全景展现了中国共产党建党前后的风云历程，着力表现了中国共产党在创建之初的艰苦历程以及中国共产党领导人为民族解放事业不懈的斗争精神。

4. 电影:《建党伟业》，中国电影集团公司，2011 年上映。

《建党伟业》讲述了从 1911 年辛亥革命后到 1921 年中国共产党成立这段时间内的历史故事与风云人物，主要以毛泽东、李大钊、陈独秀、张国焘、周恩来、蔡和森、向警予等第一批中国共产党党员，在风雨飘摇的时代中为国家赴汤蹈火的精彩故事。

5. 电影:《举起手来》，中国电影集团公司北京电影制片厂，2005 年 1 月上映。

该片讲述的是一位农民和几位八路军战士，为了保护国宝与一群日本兵展开周旋的故事。中国人是威胁不倒的，哪里有压迫，哪里就有反抗。因为我们中国人都有一个信念，就是我们生长在这里，每一寸土地都是我们自己的。如果谁要强占去，我们就和他拼到底。

【学习链接】

1. 中国日报: http://cn.chinadaily.com.cn/
2. 央视网: http://www.cctv.com/
3. 国际在线: http://www.cri.cn/
4. 中国青年网: http://www.youth.cn/
5. 光明网: http://www.gmw.cn/

【实践拓展】

【实践一】爱国主义教育实践活动

【实践目的】

通过此次活动，让学生与历史对话，充分感受到革命先烈抛头颅、洒热血的英勇壮举，调动起学生心中的爱国热情，加深学生对相关历史时期的认知，也使学生对书本知识有更深地理解和感悟。

【实践要求】

1. 活动前，教师推荐爱国主义相关影视资料或书籍。
2. 明确主题内容，认真参观，在历史中感悟。

【实践方案】

1. 时间:课外时间
2. 地点:历史博物馆
3. 活动方式:教师带领学生，有纪律地进入历史博物馆。
4. 流程:
（1）要求学生参观前阅读教师推荐的相关影视资料或书目。

（2）在教师带领下，有组织、有纪律进入历史博物馆参观。

（3）活动中，认真聆听讲解，细致观看文物说明。

（4）参观结束，让学生谈心得体会。

【实践二】青少年科技创新大赛培训指导活动

【实践目的】

新世纪是一个创新的世纪，未来社会迫切需要的是具有创新能力的人才。大学生作为高等教育的主体，作为社会向前发展的源动力，必须与知识经济时代发展要求相适应，具有较强的创新能力。通过此次活动，鼓励更多优秀的学生参与创新大赛，逐步培养大学生的创新能力。

【实践要求】

1. 做课题汇报学生认真做好汇报前的准备工作。

2. 邀请相关专家和教师参加活动，对学生课题进行指导。

【实践方案】

1. 时间：课外时间。

2. 地点：教室。

3. 活动方式：相关专家和教师指导，学生进行课题模拟答辩的形式来开展。

4. 流程：

（1）教师精心挑选课题，选出做课题汇报的学生。

（2）学生进行课题汇报。

（3）专家和教师进行现场提问、交流并给出课题整改建议。

（4）课题指导教师进行总结和点评。

【习题】

（一）单项选择题

1. 中华民族精神的核心是（　　　）。

　A. 爱国主义　　　　　B. 爱好和平　　　　　C. 勤劳勇敢　　　　　D. 自强不息

2. 不同的时代具有不同的时代精神，当今时代，我们大力弘扬的时代精神的核心是
（　　　）。

　A. 爱国主义　　　　　B. 爱好和平　　　　　C. 改革创新精神　　　D. 自强不息

3. （　　　）始终是推动人类社会发展的第一动力。

　A. 为人民服务　　　B. 创新　　　　　　　C. 国家　　　　　　　D. 意志

4. 在中华民族的历史上，从戚继光抗击倭寇到郑成功收复台湾，从三元里人民抗英到
全民族抗日战争等，这些都表现了中华民族爱国主义优良传统中（　　　）。

　A. 维护祖国统一，促进民族团结的精神

　B. 心系民生苦乐，推动历史进步的精神

　C. 开发祖国山河，创造中华文明的精神

　D. 抵御外来侵略，捍卫国家主权的精神

5. 新时期爱国主义的主题是（　　　）。

A．发展中国特色社会主义,拥护中国共产党

B．发展中国特色社会主义,拥护祖国统一

C．全面建设小康社会,构建社会主义和谐社会

D．热爱中国共产党,增强民族凝聚力

6.在经济全球化的背景下弘扬爱国主义精神,需要(　　)。

A.提高民族自尊心和自信心

B.完全否定中国的传统和现实

C.对本民族进行过度的颂扬和崇拜

D.从经济基础到上层建筑的一切领域都与西方接轨

7.爱国主义是调节个人和祖国之间关系的道德要求、政治原则和(　　)。

A．内心信念　　　　B.法律规范　　　　C.自觉行为　　　　D.传统美德

8.(　　)是当代中国最突出、最鲜明的特点。

A．社会主义　　　B.与时俱进　　　C.改革创新　　　D.传统美德

9.在新的时代条件下,弘扬爱国主义精神,必须把维护祖国统一和(　　)作为重要着力点和落脚点。

A．民族团结　　　B.与时俱进　　　C.改革创新　　　D.爱国主义

10．民族精神和(　　)共同构成了我们当今时代的中国精神。

A．爱国精神　　　B.传统美德　　　C.改革创新　　　D.时代精神

(二)多项选择题

1．爱国主义的基本要求是(　　)。

A．爱祖国的大好河山　　　　　　B．爱自己的骨肉同胞

C．爱祖国的灿烂文化　　　　　　D．爱自己的国家

E．爱社会主义

2．民族精神是一个民族在长期共同生活和社会实践中形成的,为本民族大多数成员所认同的(　　)的总和。

A．意识形态　　　　　　　　　　B．价值取向

C．思维方式　　　　　　　　　　D．道德规范

E．精神气质

3．以爱国主义为核心的民族精神表现为(　　)。

A．创造精神　　　　　　　　　　B．奋斗精神

C．团结精神　　　　　　　　　　D．梦想精神

E．精神气质

4．以下属于改革创新精神表现的是(　　)。

A.突破陈规、大胆探索　　　　　B.奋勇争先、追求进步

C.坚忍不拔、自强不息　　　　　D.天下兴亡、匹夫有责

E．爱好和平、睦邻友好

5．国家安全问题事关国家安危和民族存亡,大学生增强国家安全意识,需要(　　)。

A．增强法制观念　　　　　　　　B．确立总体国家安全观

C．增强国防意识　　　　　　　　D．履行维护国家安全的义务

E. 努力提高学习成绩

6. 改革创新,要求人们(　　)。

A. 增强改革创新的责任感　　　　B. 确立总体国家安全观

C. 树立敢于突破常规的意识　　　D. 树立大胆探索未知领域的信心

E. 爱好和平

7. 青年具有有利于创新创造的重要条件,具体表现为他们(　　)。

A. 朝气蓬勃　　　　　　　　　　B. 思维活跃

C. 好奇心强　　　　　　　　　　D. 求知欲盛

E. 敢于尝试新生事物

(三)辨析题

1. 人无精神则不立,国无精神则不强。

2. 中华民族精神的核心是爱国主义,爱国主义在中国历史发展的各个阶段有着相同的内涵。

3. 爱国主义既是道德要求,又是法律规范。

(四)简答题

1. 什么是爱国主义?其最基本的内涵是什么?

2. 为什么改革创新是新时代的迫切要求?

3. 新时代爱国主义的基本要求是什么?

4. 为什么实现中国梦必须弘扬中国精神?

5. 什么是民族精神?

(五)论述题

1. 大学生如何做新时代的忠诚爱国者?

2. 结合自身实际,谈谈大学生应如何走在改革创新的时代前列。

【参考答案】

(一)单项选择题

1.A　2.C　3.B　4.D　5.B　6.A　7.B　8.C　9.A　10.D

(二)多项选择题

1.ABCD　2.BCDE　3.ABCD　4.ABC　5.BCD　6.ACD　7.ABCDE

(三)辨析题

1. 观点正确。精神是一个民族赖以长久生存的灵魂,中华民族能够在5000多年的历史长河中生生不息、薪火相传,很重要的一个原因,就是拥有孕育于中华民族悠久辉煌历史文化之中的伟大的中国精神。中国精神作为兴国强国之魄,是实现中华民族伟大复兴不可或缺的精神支撑和精神动力。

2.(1)认为"中华民族精神的核心是爱国主义"是正确的。因为它贯穿于民族精神的各个方面,无论什么时期,爱国主义都是动员和鼓舞中国人民团结奋斗的一面旗帜,是各族人民风雨同舟、自强不息的精神支柱。

（2）认为"爱国主义在中国历史发展的各个阶段有着相同的内涵"是不科学的。爱国主义不是抽象的，而是具体的。在不同的历史时期，爱国主义有共同的要求，但也有不同的具体内涵。

（3）在当代中国，建设中国特色社会主义，拥护祖国统一，是新时期爱国主义的主题，所以上述观点有不合理之处。

3.观点正确。爱国主义的调节对象是个人与祖国之间的关系。爱国主义既是重要的道德要求，又是政治原则和法律规范。爱国主义是团结全国各族人民的政治基础，是我国宪法和法律规定的重要法律规范。爱国主义是调节个人与祖国之间的重要道德要求、政治原则和法律规范。

在爱国主义方面，我们既要表现出我们的热情、感情，又要表现出我们的理性和冷静。例如，在当今各国之间的体育竞争等方面，需要我们表现出对自己国家的运动队或选手的热情、感情，在涉及处理各国之间的政治军事关系上，我们要更多地表现出我们的理性和冷静。

（四）简答题

1.答案要点：

爱国主义体现了人们对自己祖国的深厚感情，揭示了个人对祖国的依存关系，是人们对自己家园以及民族和文化的归属感、认同感、尊严感与荣誉感的统一。它是调节个人与祖国之间关系的道德要求、政治原则和法律规范，也是中华民族精神的核心。

爱国主义的内涵：

（1）爱祖国的大好河山。

（2）爱自己的骨肉同胞。

（3）爱祖国的灿烂文化。

（4）爱自己的国家。

2.答案要点：

（1）创新始终是推动人类社会发展的第一动力。

（2）创新能力是当今国际竞争新优势的集中体现。

（3）改革创新是我国赢得未来的必然要求。

3.答案要点：

（1）坚持爱国主义和社会主义相统一。

（2）维护祖国统一和民族团结。

（3）尊重和传承中华民族历史和文化。

（4）必须坚持立足民族又面向世界。

4.答案要点：

（1）凝聚中国力量的精神纽带。

（2）激发创新创造的动力。

（3）推进复兴伟业的精神定力。

5.答案要点：

民族精神是指一个民族在长期共同生活和社会实践中形成的，为本民族大多数所认同的价值取向，思维方式，道德规范，精神气质的总和。是一个民族赖以生存和发展的精神支柱。

（五）论述题

1. 答：（1）维护和推进祖国统一

①坚持一个中国原则。

②推进两岸交流合作。

③促进两岸同胞团结奋斗。

④反对"台独"分裂图谋。

（2）促进民族团结

处理好民族问题、促进民族团结，是关系祖国统一和边疆巩固的大事，是关系民族团结和社会稳定的大事，是关系国家长治久安和中华民族繁荣昌盛的大事。深化对党的民族理论和民族政策的认识，认真学习国家关于民族事务的法律法规，深入了解中华民族"多元一体"的发展历史，坚定"汉族离不开少数民族，少数民族离不开汉族，各少数民族之间也相互离不开"的思想观念。认清"藏独"和"疆独"等各种分裂主义势力的险恶用心和反动本质，坚持原则、明辨是非，不信谣、不传谣，不受分裂分子挑拨煽动，不参与违法犯罪活动，与破坏民族团结的行为作坚决斗争。

（3）增强国家安全意识

①确立总体国家安全观。

②增强国防意识。

③履行维护国家安全的义务。

2. 答：（1）树立改革创新的自觉意识

改革创新，首先要求人们自觉增强改革创新的责任感，树立敢于突破陈规、大胆探索未知、勇于创新创造的思想观念，在实践中有直面困难的勇气，有突破难关的精神，锐意进取，奋力前行。

① 增强改革创新的责任感

②树立敢于突破陈规的意识。

③树立大胆探索未知领域的信心。

（2）增强改革创新的能力本领

①夯实创新基础。

②培养创新思维。

③投身创新实践。

第四章　践行社会主义核心价值观

【引言】

　　人类社会发展的历史表明,对一个民族、一个国家来说,最持久、最深层的力量是全社会共同认可的核心价值观。社会主义核心价值观是当代中国精神的集中体现,凝结着全体人民共同的价值追求。大学生要深刻领会社会主义核心价值观的重要意义和科学内涵,自觉践行社会主义核心价值观,努力成为培育和弘扬社会主义核心价值观最积极、最活跃、最充分的青年先进代表。

【学习指引】

　　学习目的:
　　1.深入了解社会主义核心价值观的基本内容。
　　2.深刻理解培育和践行社会主义核心价值观的意义。
　　3.养成自觉践行社会主义核心价值观的良好习惯。
　　学习重点:
　　1.社会主义核心价值观的基本内容
　　2.大学生应如何自觉践行社会主义核心价值观。
　　学习难点:
　　1.社会主义核心价值观的意义。
　　2.为什么要增强价值观自信。

【内容概要】

一、全体人民共同的价值追求

　　(一)社会主义核心价值观的基本内容

　　1.核心价值观的含义
　　核心价值观是一定社会形态社会性质的集中体现.在一个社会的思想观念体系中处于主导地位,体现着社会制度、社会运行的基本原则和社会发展的基本方向。
　　2.社会主义核心价值观的基本内容
　　(1)富强、民主、文明、和谐
　　坚持和发展中国特色社会主义,实现中华民族伟大复兴的中国梦,凝结着中华民族和中国人民对富强、民主、文明、和谐的价值追求。这一价值追求回答了我们要建设什么样的国家的重大问题,揭示了当代中国在经济发展、政治文明、文化繁荣、社会进步等方面的价值目标,从国家层面标注了社会主义核心价值观的时代刻度。

（2）自由、平等、公正、法治

自由、平等、公正、法治反映了人们对美好社会的期望和憧憬，是衡量现代社会是否充满活力又和谐有序的重要标志。这一价值追求回答了我们要建设什么样的社会的重大问题，与实现国家治理体系和治理能力现代化的要求相契合，揭示了社会主义社会发展的价值取向。

（3）爱国、敬业、诚信、友善

爱国才能承担时代赋予的使命，敬业才能创造更大的人生价值，诚信才能赢得良好的发展环境，友善才能形成和谐的人际关系。爱国、敬业、诚信、友善，这一价值追求回答了我们要培育什么样的公民的重大问题，涵盖了社会公德、职业道德、家庭美德、个人品德等各个方面，是每一个公民应当遵守的道德规范。有了这样的价值追求，人们才能更好地处理个人与国家、社会、他人的关系，不断提升自己的人生境界。

（二）当代中国发展进步的精神指引

培育和践行社会主义核心价值观，是有效整合我国社会意识、凝聚社会价值共识、解决和化解社会矛盾、聚合磅礴之力的重大举措，是保证我国经济社会沿着正确的方向发展、实现中华民族伟大复兴的价值支撑，意义重大而深远。

1.坚持和发展中国特色社会主义的价值遵循

在全社会大力弘扬社会主义核心价值观，明确中国特色社会主义事业到底追求什么、反对什么，要朝着什么方向走、不能朝什么方向走，坚守我们的价值观立场，坚定中国特色社会主义的道路自信、理论自信、制度自信和文化自信，为社会的有序运行、良性发展提供明确价值准则，保证中国特色社会主义事业始终沿着正确方向前进，是中国特色社会主义的铸魂工程。

2.提高国家文化软实力的迫切要求

当今世界，文化越来越成为综合国力竞争的重要因素，成为经济社会发展的重要支撑，文化软实力越来越成为争夺发展制高点、道义制高点的关键所在。文化的力量，归根到底来自于凝结其中的核心价值观的影响力和感召力；文化软实力的竞争，本质上是不同文化所代表的核心价值观的竞争。

3.增进社会团结和谐的最大公约数

历史和现实一再表明，只有建立共同的价值目标，一个国家和民族才会有赖以维系的精神纽带，才会有统一的意志和行动，才会有强大的凝聚力、向心力。

二、坚定价值观自信

坚定的核心价值观自信，是中国特色社会主义道路自信、理论自信、制度自信和文化自信的价值内核。

（一）社会主义核心价值观的历史底蕴

任何一种价值观都不可能凭空产生，总是有其特定的历史底色和社会主义核心价值观不是无源之水、无本之木。深深地根植于中华优秀传统文化，是社会主义核心价值观历史底蕴的集中体现。

中华优秀传统文化是涵养社会主义核心价值观的重要源泉，是中华民族的精神命脉。在世界几大古代文明中，中华文明之所以能够没有中断并延续发展至今，一个重要原因就是中华民族有一脉相承的精神追求、精神特质、精神脉络。

培育和弘扬社会主义核心价值观，必须立足中华优秀传统文化。社会主义核心价值观，是对中华优秀传统文化的继承和升华。它把涉及国家、社会、公民的价值要求融为一体，赋予中华优秀传统文化以新的时代内涵。

（二）社会主义核心价值观的现实基础

中国特色社会主义建设是社会主义核心价值观的实践根据。要发展中国、稳定中国，要全面建成小康社会、加快推进社会主义现代化，要实现中华民族伟大复兴，必须坚定不移坚持和发展中国特色社会主义。推进中国特色社会主义建设，必然要求有自己鲜亮的精神旗帜，有明确有力的价值引领。社会主义核心价值观生成于中国特色社会主义建设实践，同当今中国最鲜明的时代主题相适应，是当代中国精神的集中体现，是中国特色社会主义本质规定的价值表达。它从价值观的层面，清晰地展现了我们所推进的中国特色社会主义建设的基本特征和根本追求，引领着中国特色社会主义建设铿锵前行

中国特色社会主义建设也以无可辩驳的事实生动展示着社会主义核心价值观的生机活力。中国特色社会主义不是从天上掉下来的，也不是什么复制品、舶来品，而是有其自身的独特品质，中国特色的价值理念就是其中的内核。中国特色社会主义建设的成功经验，是对社会主义核心价值观正确性、可信性的检验。同时，中国特色社会主义建设的新推进，也不断为社会主义核心价值观注入丰富而鲜活的时代内涵，提出弘扬和践行社会主义核心价值观的新任务新要求，并为社会主义核心价值观的弘扬和践行创造提供了广阔空间及有力的物质基础、制度保障和相应条件。社会主义核心价值观之所以彰显出强大的生命力、吸引力和感召力，正因其深深地扎根于中国特色社会主义建设的生动实践之中。

（三）社会主义核心价值观的道义力量

真理的力量加上道义的力量，才能行之久远。社会主义核心价值观以其先进性、人民性和真实性而居于人类社会的价值制高点，具有强大的道义力量。

社会主义核心价值观的先进性，体现在它是社会主义制度所坚持和追求的核心价值理念。

社会主义核心价值观的人民性体现在它所代表的最广大人民的根本利益，反映的最广大人民的价值诉求，引导着最广大人民为实现美好社会理想而奋斗。社会主义核心价值观的道义力量还源于它的真实性。

坚定社会主义核心价值观自信，要求我们充分认识社会主义核心价值观的优越性及其在中华民族实现自己梦想的奋斗中所具有的重大意义，自觉以社会主义核心价值观来引领我们的接力前行；要求我们自觉以社会主义核心价值观引领多样化的社会思潮，运用马克思主义客观辩证地分析各种错误价值观的实质，增强抵御错误价值观侵蚀的能力，不断增强社会凝聚力和价值共识。坚定社会主义核心价值观自信，还要求我们在发展的进程中虚心学习借鉴人类社会创造的一切文明成果，但不能数典忘祖，不能照抄照搬别国的发展模式，也绝不会接受任何外国颐指气使的说教。

三、做社会主义核心价值观的积极践行者

青年的价值取向，既关系着自己的健康成长成才，又决定着未来整个社会的价值取向。青年是引风气之先的社会力量。在全社会培育和弘扬社会主义核心价值观，需要大学生始

终走在时代前列,成为社会主义核心价值观的坚定信仰者、积极传播者、模范践行者。

(一)扣好人生的扣子

大学生在高校生活,少则三到四年,多则九到十年,正处在人生成长的关键时期,知识体系搭建尚未完成,价值观塑造尚未成型,情感心理尚未成熟,需要加以正确引导。正如习近平指出:"这就像穿衣服扣扣子一样,如果第一粒扣子扣错了,剩余的扣子都会扣错。人生的扣子从一开始就要扣好。"

大学生成长成才和全面发展,离不开正确价值观的引领。当今世界和当代中国都处于大变革之中。这种变革反映到人们的思想观念中,自然会产生多种多样的思想理论和价值理念。面对世界范围内各种思想文化交流交融交锋的新形势,面对整个社会思想价值观念呈现多元多样、复杂多变的新特点,大学生健康成长成才更加需要正确价值观的引领。正确的价值观能够引导大学生把人生价值追求融入国家和民族事业,始终站在人民大众立场,同人民一道拼搏、同祖国一道前进,服务人民、奉献社会,努力成为中国特色社会主义事业的合格建设者和可靠接班人。

核心价值观的养成绝非一日之功。大学生要坚持由易到难、由近及远,从现在做起,从自己做起,努力把核心价值观的要求变成日常的行为准则,形成自觉奉行的信念理念,并身体力行大力将其推广到全社会去,为实现国家富强、民族振兴、人民幸福的中国梦凝聚强大的青春能量。

(二)勤学修德明辨笃实

"一种价值观要真正发挥作用,必须融入社会生活,让人们在实践中感知它、领悟它。"这就要求在培育和弘扬的过程中,下好落细、落小、落实的功夫。对于大学生而言,就是要切实做到勤学、修德、明辨、笃实,使社会主义核心价值观成为一言一行的基本遵循。

培育和践行社会主义核心价值观,既要目标高远,保持定力、不懈奋进,又要脚踏实地,严于律己、精益求精,将社会主义核心价值观转化为人生的价值准则,勤学以增智、修

【学习延伸】

【案例一】社会主义核心价值观关联性思考

党的十八大以来,以习近平同志为核心的党中央高度重视培育和践行社会主义核心价值观,习近平总书记多次做出重要论述、提出明确要求。社会主义核心价值观包含了国家层面的价值目标,也包含了社会层面的价值取向,还包括公民个人层面的价值准则。可见,这三个层面有着一定的区分,不过,不同内容之间,以及它们与中华优秀传统道德之间存在关联性。认识这些关联性有助于我们更加自觉地践行社会主义核心价值观。

国家是一个包含地理、血缘、民族、政治、文化等因素的综合概念,指在相对固定的地域内,由单一或多个民族构成的共同体。与国家相比,社会的外延则更为宽泛,可以分为不同的层面:"大社会"指人类社会,"中社会"指由国家或民族构成的社会,而家族、家庭可以称作"小社会"。而个人是国家、社会构成的基本元素,国家、社会是个人不同规模的联合体,这是三者之间的内在关联。

由此,我们可以进一步思考社会主义核心价值观不同内容之间的相关性。爱国、敬业、诚信、友善是对公民个人的规范,但又不仅仅限于个人,企业也应该讲诚信,国与国之间交往

也应该讲诚信和友善。自由、平等、公正、法治是美好社会的价值凝练,但公民个人也应该自觉追求自由、平等。富强、民主、文明、和谐是国家应该追求的最高价值,但这离不开公民个人的参与。总体而言,社会主义核心价值观三个层次的区分是相对的,其中也有交叉,这种交叉反映出社会主义核心价值观不同内容之间的相关性。

社会主义核心价值观与中华优秀传统道德也有着一定的相关性。我们知道,中华优秀传统道德是社会主义核心价值观的立足点、固有的根本、重要源泉。这里我们仅以富强、和谐、爱国、诚信、友善为例。

富强是社会主义核心价值观的重要目标和要求,也是中华优秀传统道德的重要内容。中国古代思想家有着丰富的富强思想。先贤认为,富强是立国之基,《管子·形势解》就指出,"国富兵强,则诸侯服其政,邻敌畏其威……国贫兵弱,战则不胜,守则不固";又认为,富强是道德教化的基础,《管子·牧民》说"仓廪实而知礼节,衣食足而知荣辱"。这些思想,是我们践行社会主义核心价值观、实现民族复兴的中国梦的重要思想资源。

和谐是中华优秀传统道德之一,包括身心和谐、人人和谐、天人和谐等元素,与社会主义核心价值观联系密切。《孟子·公孙丑下》曰"天时不如地利,地利不如人和",可见人和比天时地利都更为重要。中国传统道德中的和谐思想还包含人与自然的和谐,如《荀子·王制》所说,在林木的生长期,"斧斤不入山林,不夭其生,不绝其长";在鱼鳖的繁殖期,"罔罟毒药不入泽,不夭其生,不绝其长"。只有"谨其时禁",才能使百姓"有余材""有余用"。

"爱国"是中华优秀传统道德的核心内容。贾谊《新书·阶级》提出"国尔忘家"的口号,曹植的诗中也有"捐躯赴国难,视死忽如归"的说法等。梁启超在《爱国论》中说:"以国事为己事,以国权为己权,以国耻为己耻,以国荣为己荣。"可以说,爱国精神也是社会主义核心价值观与中华优秀传统道德的重要结合点。

诚信是中华优秀传统道德的固有观念,体现的是一种真实不欺的精神。《朱子语类》中有"诚者,真实无妄之谓";《礼记·大学》中也指出"所谓诚其意者,毋自欺也"。"信"的含义也是诚实不欺,主要指在朋友关系以及与他人的交往中讲究信用,遵守诺言。《论语·学而》就强调,"与朋友交,言而有信"。针对当下存在的诚信危机,我们必须从精神和道德层面大力提倡诚信价值观。

友善在中华优秀传统道德中尤为丰富,是社会主义核心价值观的"源头活水"。"友善"的主要含义是亲密友好,《汉书》中有"孔乡侯傅晏与躬同郡,相友善"的记载。中国传统的"友善"指向的主要是人伦关系,但也扩展到人与物的关系。《孟子·尽心上》认为,"君子之于物也,爱之而弗仁;于民也,仁之而弗亲;亲亲而仁民,仁民而爱物"。可以说"友善"既是中华优秀传统道德的重要内容,也是社会主义核心价值观个人层面的道德规范之一,这本身就说明了社会主义核心价值观与中华优秀传统道德的内在关联。

总之,认识社会主义核心价值观不同内容之间的相关性,可以帮助我们更全面地把握社会主义核心价值观的基本精神;认识社会主义核心价值观与中华优秀传统道德的相关性,可以帮助我们增强文化自信,助力中华优秀传统文化的创造性转化和创新性发展

——资料来源:社会主义核心价值观关联性思考[OL]中国文明网 http://www.wenming.cn/

课堂讨论:

1. 什么是核心价值观?

2. 社会主义核心价值观的基本内容是什么?

案例解析：

1. 答案要点：

核心价值观是一定社会形态社会性质的集中体现．在一个社会的思想观念体系中处于主导地位，体现着社会制度、社会运行的基本原则和社会发展的基本方向。

2. 答案要点：

社会主义核心价值观的基本内容：富强、民主、文明、和谐；自由、平等、公正、法治；爱国、敬业、诚信、友善。

【案例二】

习近平在中共中央政治局第十三次集体学习时强调
把培育和弘扬社会主义核心价值观
作为凝魂聚气强基固本的基础工程

新华社北京 2 月 25 日电 中共中央政治局 2 月 24 日下午就培育和弘扬社会主义核心价值观、弘扬中华传统美德进行第十三次集体学习。中共中央总书记习近平在主持学习时强调，把培育和弘扬社会主义核心价值观作为凝魂聚气、强基固本的基础工程，继承和发扬中华优秀传统文化和传统美德，广泛开展社会主义核心价值观宣传教育，积极引导人们讲道德、尊道德、守道德，追求高尚的道德理想，不断夯实中国特色社会主义的思想道德基础。

中宣部思想政治工作研究所戴木才教授就这个问题进行讲解，并谈了意见和建议。

中共中央政治局各位同志认真听取了讲解，并就有关问题进行了讨论。

习近平在主持学习时发表了讲话。他指出，核心价值观是文化软实力的灵魂、文化软实力建设的重点。这是决定文化性质和方向的最深层次要素。一个国家的文化软实力，从根本上说，取决于其核心价值观的生命力、凝聚力、感召力。培育和弘扬核心价值观，有效整合社会意识，是社会系统得以正常运转、社会秩序得以有效维护的重要途径，也是国家治理体系和治理能力的重要方面。历史和现实都表明，构建具有强大感召力的核心价值观，关系社会和谐稳定，关系国家长治久安。

习近平强调，培育和弘扬社会主义核心价值观必须立足中华优秀传统文化。牢固的核心价值观，都有其固有的根本。抛弃传统、丢掉根本，就等于割断了自己的精神命脉。博大精深的中华优秀传统文化是我们在世界文化激荡中站稳脚跟的根基。中华文化源远流长，积淀着中华民族最深层的精神追求，代表着中华民族独特的精神标识，为中华民族生生不息、发展壮大提供了丰厚滋养。中华传统美德是中华文化精髓，蕴含着丰富的思想道德资源。不忘本来才能开辟未来，善于继承才能更好创新。对历史文化特别是先人传承下来的价值理念和道德规范，要坚持古为今用、推陈出新，有鉴别地加以对待，有扬弃地予以继承，努力用中华民族创造的一切精神财富来以文化人、以文育人。

习近平指出，要讲清楚中华优秀传统文化的历史渊源、发展脉络、基本走向，讲清楚中华文化的独特创造、价值理念、鲜明特色，增强文化自信和价值观自信。要认真汲取中华优秀传统文化的思想精华和道德精髓，大力弘扬以爱国主义为核心的民族精神和以改革创新为核心的时代精神，深入挖掘和阐发中华优秀传统文化讲仁爱、重民本、守诚信、崇正义、尚和合、求大同的时代价值，使中华优秀传统文化成为涵养社会主义核心价值观的重要源泉。要处理好继承和创造性发展的关系，重点做好创造性转化和创新性发展。

习近平强调,要切实把社会主义核心价值观贯穿于社会生活方方面面。要通过教育引导、舆论宣传、文化熏陶、实践养成、制度保障等,使社会主义核心价值观内化为人们的精神追求,外化为人们的自觉行动。榜样的力量是无穷的,广大党员、干部必须带头学习和弘扬社会主义核心价值观,用自己的模范行为和高尚人格感召群众、带动群众。要从娃娃抓起、从学校抓起,做到进教材、进课堂、进头脑。要润物细无声,运用各类文化形式,生动具体地表现社会主义核心价值观,用高质量高水平的作品形象地告诉人们什么是真善美,什么是假恶丑,什么是值得肯定和赞扬的,什么是必须反对和否定的。

习近平指出,一种价值观要真正发挥作用,必须融入社会生活,让人们在实践中感知它、领悟它。要注意把我们所提倡的与人们日常生活紧密联系起来,在落细、落小、落实上下功夫。要按照社会主义核心价值观的基本要求,健全各行各业规章制度,完善市民公约、乡规民约、学生守则等行为准则,使社会主义核心价值观成为人们日常工作生活的基本遵循。要建立和规范一些礼仪制度,组织开展形式多样的纪念庆典活动,传播主流价值,增强人们的认同感和归属感。要把社会主义核心价值观的要求融入各种精神文明创建活动之中,吸引群众广泛参与,推动人们在为家庭谋幸福、为他人送温暖、为社会作贡献的过程中提高精神境界、培育文明风尚。要利用各种时机和场合,形成有利于培育和弘扬社会主义核心价值观的生活情景和社会氛围,使核心价值观的影响像空气一样无所不在、无时不有。

习近平强调,要发挥政策导向作用,使经济、政治、文化、社会等方方面面政策都有利于社会主义核心价值观的培育。要用法律来推动核心价值观建设。各种社会管理要承担起倡导社会主义核心价值观的责任,注重在日常管理中体现价值导向,使符合核心价值观的行为得到鼓励、违背核心价值观的行为受到制约。

——资料来源:习近平在中共中央政治局第十三次集体学习时强调把培育和弘扬社会主义核心价值观作为凝魂聚气强基固本的基础工程 [OL] 网易新闻 http://c.360webcache.com/

课堂讨论:

青少年怎样做社会主义核心价值观的积极践行者?

案例解析:

答案要点:

青年的价值取向决定着未来整个社会的价值取向,而青年又正处于价值观形成和确立的关键时期,自觉践行社会主义核心价值观十分重要。青年大学生要深刻理解培育和践行社会主义核心价值观的重大意义、丰富内涵及其历史底蕴、现实基础和道义力量,按照践行和弘扬社会主义核心价值观的具体要求和努力方向,把社会主义核心价值观内化为自己的精神追求,外化为自觉的实际行动,从一开始就把人生的扣子扣好。

在培育和弘扬价值观的过程中,大学生要切实做到勤学、修德、明辨、笃实,使社会主义核心价值观成为一言一行的基本遵循。

【案例三】坚定文化自信,建设社会主义文化强国

——学习《习近平关于社会主义文化建设论述摘编》

文化是民族生存和发展的重要力量。党的十八大以来,以习近平同志为核心的党中央

高度重视社会主义文化建设,召开全国宣传思想工作会议等系列重要会议,习近平同志发表重要讲话,就文化建设和意识形态领域的许多方向性、根本性、全局性问题做出部署。五年来,社会主义文化建设取得巨大成就,巩固和发展了主流意识形态,主旋律更响亮,正能量更强劲,阵地意识明显提升。《习近平关于社会主义文化建设论述摘编》,集中反映了习近平同志关于社会主义文化建设的重要思想,对于全党深刻认识新形势下文化建设和意识形态工作的重要性,坚定文化自信,加快建设社会主义文化强国,实现"两个一百年"奋斗目标、实现中华民族伟大复兴的中国梦,具有十分重要的指导意义。

一、中华民族伟大复兴需要中华文化繁荣昌盛

一个民族的复兴需要强大的物质力量,也需要强大的精神力量。没有先进文化的积极引领,没有人民精神世界的极大丰富,没有民族精神力量的不断增强,一个国家、一个民族不可能屹立于世界民族之林。习近平同志站在坚持和发展中国特色社会主义、实现中华民族伟大复兴中国梦的高度,深刻阐述了文化建设的重大意义。

坚定中国特色社会主义道路自信、理论自信、制度自信,说到底是坚定文化自信。文化体现的是深层次的精神追求和坚守。文化自信,是更基础、更广泛、更深厚的自信,是更基本、更深沉、更持久的力量。坚定文化自信,是事关国运兴衰、事关文化安全、事关民族精神独立性的大问题。中国特色社会主义是实现中华民族伟大复兴的必由之路。不但要有坚定的道路、理论、制度自信,而且要有坚定的文化自信。

坚定文化自信,离不开对中华民族历史的认知和运用。在每一个历史时期,中华民族都留下了无数不朽作品。中华民族创造的成就是如此辉煌,中华民族素有文化自信的气度,我们应该为此感到无比自豪,也应该为此感到无比自信。在五千多年文明发展中孕育的中华优秀传统文化,在党和人民伟大斗争中孕育的革命文化和社会主义先进文化,积淀着中华民族最深沉的精神追求,代表着中华民族独特的精神标识。中国特色社会主义植根于中华文化沃土,只有大力弘扬中国特色社会主义文化,坚定文化自信,增强对中华文化的认同,才能增强对中国特色社会主义道路的认同,我们走自己的路才具有无比深厚的历史底蕴,具有无比强大的前进定力。

实现中国梦必须弘扬中国精神。中华民族伟大复兴要以中华文化发展繁荣为条件。人类社会的每一次跃进,人类文明的每一次升华,无不伴随着文化的历史性进步。一个没有精神力量的民族难以自立自强,一项没有文化支撑的事业难以持续长久。现在我们离中华民族伟大复兴的目标越来越近,文化的作用、精神的力量,愈加凸显。

习近平同志指出:实现中国梦,是物质文明和精神文明均衡发展、相互促进的结果,是两个文明比翼双飞的发展过程。没有文明的继承和发展,没有文化的弘扬和繁荣,就没有中国梦的实现。以爱国主义为核心的民族精神,以改革创新为核心的时代精神,是凝心聚力的兴国之魂、强国之魂。爱国主义始终是把中华民族坚强团结在一起的精神力量,改革创新始终是鞭策我们在改革开放中与时俱进的精神力量。全国各族人民一定要弘扬伟大的民族精神和时代精神,不断增强团结一心的精神纽带、自强不息的精神动力,永远朝气蓬勃迈向未来。他强调:人民有信仰,民族有希望,国家有力量。要锲而不舍、一以贯之抓好社会主义精神文明建设,为全国各族人民不断前进提供坚强的思想保证、强大的精神力量、丰润的道德滋养。

满足人民日益增长的精神文化需求,必须抓好文化建设。人类社会与动物界的最大区别就是人是有精神需求的。"仓廪实而知礼节,衣食足而知荣辱。"党的十八大以来,随着人

民物质生活水平不断提高,人民对精神文化生活的需求日益增长。让人民精神文化生活不断迈上新台阶,成为我们党领导全面建成小康社会的一个重要任务。

中华文明历来把人的精神生活纳入人生和社会理想之中。中华民族的先人们早就向往人们物质生活充实无忧、道德境界充分升华的大同世界。习近平同志强调:中国特色社会主义是物质文明和精神文明全面发展的社会主义。满足人民日益增长的物质需求,必须抓好经济社会建设,增加社会的物质财富;满足人民日益增长的精神文化需求,就必须抓好文化建设,增加社会的精神文化财富。要在建设高度物质文明的同时,提高全民族的科学文化水平,发展高尚的丰富多彩的文化生活,建设高度的社会主义精神文明。

二、坚持马克思主义指导地位,牢牢掌握意识形态工作领导权、管理权、话语权

能否做好意识形态工作,关系党的前途命运、国家长治久安、民族凝聚力和向心力。党的十八大以来,习近平同志把意识形态工作放在战略全局的高度,提出一系列创新性的思想观点,做出一系列重大部署,针对存在的突出问题,从多方面发力,采取多种方法,有力扭转了意识形态领域一度出现的被动局面,进一步巩固了马克思主义在意识形态领域的指导地位,巩固了全党全国人民团结奋斗的共同思想基础。

充分认识意识形态工作的极端重要性。习近平同志从我们党执政安危的高度进行了深刻阐述。他说,我一直在思考一个问题,这就是:我们中国共产党人能不能打仗,新中国的成立已经说明了;我们中国共产党人能不能搞建设搞发展,改革开放的推进也已经说明了;但是,我们中国共产党人能不能在日益复杂的国际国内环境下坚持住党的领导、坚持和发展中国特色社会主义,这个还需要我们一代一代共产党人继续做出回答。他强调,做好意识形态工作,做好宣传思想工作,要放到这个大背景下来认识。

意识形态关乎旗帜、关乎道路、关乎国家政治安全。历史和现实都警示我们,一个政权的瓦解往往是从思想领域开始的,思想防线被攻破了,其他防线就很难守住。我国正处在大发展大变革大调整时期,国际国内形势的深刻变化使我国意识形态领域面临着空前复杂的情况。各种敌对势力一直妄图颠覆中国共产党领导和我国社会主义制度,他们选中意识形态领域作为一个突破口,目的就是要同我们争夺阵地、争夺人心、争夺群众,把人们思想搞乱,然后浑水摸鱼、乱中取胜,最终推翻中国共产党领导和中国社会主义制度。这是我国政权安全面临的现实危险。在意识形态领域斗争上,我们没有任何妥协、退让的余地,一刻也不能放松和削弱意识形态工作,否则就要犯不可挽回的历史性错误。

高度重视理论建设,巩固马克思主义在意识形态领域的指导地位。理论上清醒,政治上才能坚定。马克思主义是我们立党立国的根本指导思想。背离或放弃马克思主义,我们党就会失去灵魂、迷失方向。习近平同志反复强调:在坚持马克思主义指导地位这一根本问题上,必须坚定不移,任何时候任何情况下都不能有丝毫动摇。全党要深入学习马克思列宁主义、毛泽东思想,深入学习邓小平理论、"三个代表"重要思想、科学发展观,深入学习十八大以来党的理论创新成果,不断领悟,不断参透,做到学有所得、思有所悟,注重解决好世界观、人生观、价值观这个"总开关"问题,真正做到对马克思主义虔诚而执着、至信而深厚。他要求党校、干部学院、社会科学院、高校、理论学习中心组等,都要把马克思主义作为必修课,成为马克思主义学习、研究、宣传的重要阵地。要旗帜鲜明、大张旗鼓讲马克思主义、讲中国特色社会主义、讲共产主义,旗帜鲜明、大张旗鼓讲党的性质、讲党的宗旨、讲党的传统、讲党的作风。要深入开展中国特色社会主义宣传教育,把全国各族人民团结和凝聚在中国特色社会主义伟大旗帜之下。

坚持马克思主义，最重要的是坚持马克思主义的科学原理和科学精神、创新精神。实践发展永无止境，我们认识真理、进行理论创新就永无止境。习近平同志强调：坚持不忘初心、继续前进，就要坚持马克思主义的指导地位，坚持把马克思主义基本原理同当代中国实际和时代特点紧密结合起来，推进理论创新、实践创新，不断把马克思主义中国化推向前进，不断开辟二十一世纪马克思主义发展新境界，让当代中国马克思主义放射出更加灿烂的真理光芒。

增强阵地意识，把意识形态工作的领导权、管理权、话语权牢牢掌握在手中。做好意识形态工作，宣传思想部门承担着十分重要的使命，必须守土有责、守土负责、守土尽责。习近平同志严厉批评一个时期以来意识形态领域存在的政治敏感性、责任感不强，党的意识淡漠等突出问题，强调所有宣传思想部门和单位，所有宣传思想战线上的党员、干部，都要旗帜鲜明坚持党性原则。坚持党性，核心就是坚持正确政治方向，站稳政治立场，坚定宣传党的理论和路线方针政策，坚定宣传党中央重大工作部署，坚定宣传党中央关于形势的重大分析判断，坚决同党中央保持高度一致，坚决维护党中央权威。这是大原则，决不能动摇。

阵地是意识形态工作的基本依托。宣传思想阵地，我们不去占领，人家就会去占领。习近平同志强调：要加强对意识形态阵地的管理，高度重视苗头性、倾向性问题，敢抓敢管、敢于亮剑。党校是我们党对领导干部进行马克思主义理论教育的主阵地，党校姓党，必须引导和促使学员努力学习和掌握辩证唯物主义和历史唯物主义基本原理和方法论，特别是要把马克思主义中国化最新成果作为理论教育中心内容。哲学社会科学要旗帜鲜明坚持以马克思主义为指导，首先要解决真懂真信的问题，核心要解决好为什么人的问题，坚持以人民为中心的研究导向，加快构建中国特色哲学社会科学。高校是意识形态工作的前沿阵地，要掌握高校思想政治工作主导权，巩固马克思主义在高校意识形态的主导地位，保证高校始终成为培养社会主义事业建设者和接班人的坚强阵地。他特别强调：宣传思想工作战线的同志要当战士、不当绅士，不做"骑墙派"和"看风派"，不能搞爱惜羽毛那一套。要以战斗的姿态、战士的担当，积极投身宣传思想领域斗争一线。

坚持党管媒体原则不动摇，把网上舆论工作作为宣传思想工作的重中之重。历史和现实都告诉我们，舆论的力量绝不能小觑。好的舆论可以成为发展的"推进器"、民意的"晴雨表"、社会的"黏合剂"、道德的"风向标"，不好的舆论可以成为民众的"迷魂汤"、社会的"分离器"、杀人的"软刀子"、动乱的"催化剂"。习近平同志强调，党管媒体是坚持党的领导的重要方面。无论时代如何发展、媒体格局如何变化，这个原则和制度不能变。要坚持政治家办报、办刊、办台、办新闻网站。党和政府主办的媒体必须姓党，必须抓在党的手里，必须成为党和人民的喉舌。对那些恶意攻击党的领导、攻击社会主义制度、歪曲党史国史、造谣生事的言论，一切报刊图书、讲台论坛、会议会场、电影电视、广播电台、舞台剧场等都不能为之提供空间，一切数字报刊、移动电视、手机媒体、手机短信、微信、博客、播客、微博客、论坛等新兴媒体都不能为之提供方便。

在新的历史条件下，互联网已经成为舆论斗争的主战场。在这个战场上，我们能否顶得住、打得赢，直接关系我国意识形态安全和政权安全。习近平同志多次讲，过不了互联网这一关，就过不了长期执政这一关。管好用好互联网，是新形势下掌控新闻舆论阵地的关键。掌控网络意识形态主导权，就是守护国家的主权和政权。要高度重视网络斗争，把党管媒体的原则贯彻到新媒体领域。各级党委和党员干部要把维护网络意识形态安全作为守土尽责的重要使命，坚决打赢网络意识形态斗争，切实维护以政权安全、制度安全为核心的国家政治安全。

做好宣传思想工作必须全党动手。做好宣传思想工作仅靠宣传思想部门是不够的。各级党委都要负起政治责任和领导责任，加强对宣传思想领域重大问题的分析研判和重大战略性任务的统筹指导，不断提高领导宣传思想工作能力和水平。党委主要负责同志要带头抓意识形态工作。要选好配强领导班子，确保宣传思想工作领导权牢牢掌握在忠于党和人民的人手里。要注重同思想界、理论界、知识界等方面建立良好沟通关系，及时听取他们的意见，做到上情下达、下情上传。要认真落实意识形态工作责任制，纳入巡视工作安排，加强对意识形态阵地的管理。

三、培育和践行社会主义核心价值观，提高全民族思想道德水平

文化的影响力首先是价值观念的影响力。培育和弘扬核心价值观，有效整合社会意识，是社会系统得以正常运转、社会秩序得以有效维护的重要途径，也是国家治理体系和治理能力的重要方面。当前，各种思想文化相互激荡，不同文明交流交融交锋更加频繁。在这样的情况下，如何提高整合社会思想文化和价值观念的能力，扩大主流价值观念的影响力，掌握价值观念领域的主动权、主导权、话语权，是我们必须解决好的重大课题。

用社会主义核心价值观凝魂聚力。习近平同志强调：任何一个社会都存在多种多样的价值观念和价值取向，要把全社会意志和力量凝聚起来，必须有一套与经济基础和政治制度相适应、并能形成广泛社会共识的核心价值观。我国是一个有着十三亿多人口、五十六个民族的大国，确立反映全国各族人民共同认同的价值观"最大公约数"，使全体人民同心同德、团结奋进，关乎国家前途命运，关乎人民幸福安康。他指出：在当代中国，我们的民族、我们的国家应该坚守的核心价值观，就是要倡导富强、民主、文明、和谐，倡导自由、平等、公正、法治，倡导爱国、敬业、诚信、友善。社会主义核心价值观是当代中国精神的集中体现，是凝聚中国力量的思想道德基础。我们要从巩固全党全国各族人民团结奋斗的共同思想基础、巩固党的执政地位的战略高度，持续加强社会主义核心价值体系建设，把培育和弘扬社会主义核心价值观作为凝魂聚气、强基固本的基础工程，作为一项根本任务，切实抓紧抓好，以更好构筑中国精神、中国价值、中国力量，为中国特色社会主义事业提供源源不断的精神动力和道德滋养。

切实把社会主义核心价值观贯穿于社会生活方方面面。培育和践行社会主义核心价值观，贵在坚持知行合一、坚持行胜于言，在落细、落小、落实上下功夫，使之像空气一样无处不在、无时不有，成为百姓日用而不觉的行为准则。习近平同志对如何践行社会主义核心价值观提出明确具体的要求。他指出：要把社会主义核心价值观日常化、具体化、形象化、生活化，使每个人都能感知它、领悟它。要通过教育引导、舆论宣传、文化熏陶、实践养成、制度保障等，使社会主义核心价值观内化为人们的精神追求，外化为人们的自觉行动。要健全各行各业规章制度，完善市民公约、乡规民约、学生守则等行为准则，使社会主义核心价值观成为人们日常工作生活的基本遵循。要发挥政策导向作用，使经济、政治、文化、社会等方方面面政策都有利于社会主义核心价值观的培育。要把社会主义核心价值观的要求融入精神文明创建活动之中，建立和规范礼仪制度，发挥党和国家功勋荣誉表彰的精神引领、典型示范作用，积极传播主流价值。他强调：核心价值观的养成绝非一日之功，要坚持由易到难、由近及远，区分层次、突出重点。少年儿童要做到"记住要求、心有榜样、从小做起、接受帮助"，扣好人生第一粒扣子。广大青年要不断养成高尚品格，身体力行社会主义核心价值观。广大教师要用好课堂讲坛，做社会主义核心价值观的坚定信仰者、积极传播者、模范践行者。

广大文艺工作者要把培育和弘扬社会主义核心价值观作为根本任务,用高质量高水平的作品形象地告诉人们什么是真善美,什么是假恶丑。他特别要求,广大党员、干部必须带头学习和弘扬社会主义核心价值观,用自己的模范行为和高尚人格感召群众、带动群众。

培育和弘扬社会主义核心价值观必须立足中华优秀传统文化。牢固的核心价值观,都有其固有的根本。抛弃传统、丢掉根本,就等于割断了自己的精神命脉。中华民族能够在几千年的历史长河中生生不息、薪火相传、顽强发展,很重要的一个原因就是有一脉相承的精神追求、精神特质、精神脉络。习近平同志指出:中华文明绵延数千年,有其独特的价值体系。我们生而为中国人,最根本的是我们有中国人的独特精神世界,有百姓日用而不觉的价值观。中华优秀传统文化已经成为中华民族的基因,植根在中国人内心,潜移默化影响着中国人的思想方式和行为方式。社会主义核心价值观,就充分体现了对中华优秀传统文化的传承和升华。今天,我们提倡和弘扬社会主义核心价值观,必须从中华优秀传统文化中汲取丰富营养,否则就不会有生命力和影响力。中华文化延续着我们国家和民族的精神血脉,既需要薪火相传、代代守护,也需要与时俱进、推陈出新。要认真吸收中华优秀传统文化的思想精华和道德精髓,深入挖掘和阐发中华优秀传统文化讲仁爱、重民本、守诚信、崇正义、尚和合、求大同的时代价值,并结合新的时代条件加以继承和发扬,使之成为涵养社会主义核心价值观的重要源泉。

在社会主义核心价值观中,最深层、最根本、最永恒的是爱国主义。爱国主义是中华民族精神的核心。爱国主义精神深深植根于中华民族心中,是中华民族的精神基因,维系着华夏大地上各个民族的团结统一,激励着一代又一代中华儿女为祖国发展繁荣而不懈奋斗。习近平同志指出:必须把爱国主义教育作为永恒主题,把爱国主义教育贯穿国民教育和精神文明建设全过程,贯穿培育和践行社会主义核心价值观全过程。要增强人民的爱国主义情怀和意识,生动传播爱国主义精神,唱响爱国主义主旋律,让爱国主义成为每一个中国人的坚定信念和精神依靠。要让爱国主义精神在广大青少年心中牢牢扎根,让爱国主义精神代代相传、发扬光大。他特别强调:弘扬爱国主义精神,必须坚持爱国主义和社会主义相统一。祖国的命运和党的命运、社会主义的命运是密不可分的。只有坚持爱国和爱党、爱社会主义相统一,爱国主义才是鲜活的、真实的,这是当代中国爱国主义精神最重要的体现。

突出道德价值的作用,持续深化社会主义思想道德建设。在核心价值体系和核心价值观中,道德价值具有十分重要的作用。习近平同志精辟指出:核心价值观,其实就是一种德,既是个人的德,也是一种大德,就是国家的德、社会的德。国无德不兴,人无德不立。必须加强全社会的思想道德建设,激发人们形成善良的道德意愿、道德情感,培育正确的道德判断和道德责任,提高道德实践能力尤其是自觉践行能力,引导人们向往和追求讲道德、尊道德、守道德的生活,形成向上的力量、向善的力量。他强调:要理直气壮继承和弘扬中华民族传统美德,对先人传承下来的文化和道德规范,要在去粗取精、去伪存真的基础上,采取兼收并蓄的态度,坚持古为今用、推陈出新的方法,有鉴别地加以对待,有扬弃地予以继承,努力实现中华传统美德的创造性转化、创新性发展,不断提高人们道德水平,提升人们道德境界。要大力加强社会公德、职业道德、家庭美德、个人品德建设,弘扬真善美、贬斥假恶丑,营造全社会崇德向善的浓厚氛围,夯实中国特色社会主义的思想道德基础。要通过文艺作品传递真善美,传递向上向善的价值观,引导人们增强道德判断力和道德荣誉感。要发挥好道德的教化作用,以道德滋养法治精神,强化道德对法治文化的支撑作用,为依法治国创造良好人文环境。要深入实施公民道德建设工程,深入开展道德模范宣传学习活动,把道德模范的榜样力量转化为亿万群众的生动实践。习近平同志高度重视家风建设,强调要注重家庭、注重家教、注重家风,发扬光大中华民族传统家庭美德。

四、推动文化大发展大繁荣,提高国家文化软实力

繁荣社会主义文艺,发展文化事业和文化产业,提高国家文化软实力、讲好中国故事,是建设社会主义文化强国的重要任务。习近平同志对这些领域的工作,作了全面深刻的阐述,提出明确要求。

文艺作品要坚持以人民为中心的创作导向。实现中华民族伟大复兴的中国梦,文艺的作用不可替代,文艺工作者大有可为。习近平同志深刻分析了文艺在社会主义现代化事业中的重要作用,精辟阐述了文艺"以人民为中心"的根本方向,明确提出了文艺弘扬中国精神、凝聚中国力量的历史使命,在新的时代条件下为文艺工作提供了基本遵循。他指出:推动文艺繁荣发展,最根本的是要创作生产出无愧于我们这个伟大民族、伟大时代的优秀作品。社会主义文艺,从本质上讲就是人民的文艺,要牢固树立马克思主义文艺观,坚持为人民服务、为社会主义服务这个根本方向,坚持百花齐放、百家争鸣,把满足人民精神文化需求作为文艺和文艺工作的出发点和落脚点。文艺不能在市场经济大潮中迷失方向,不能当市场的奴隶,不要沾满了铜臭气,不能在为什么人的问题上发生偏差,否则文艺就没有生命力。要坚持把中国精神作为社会主义文艺的灵魂,高擎民族精神火炬,吹响时代前进号角,把艺术理想融入党和人民事业之中,推出更多反映时代呼声、展现人民奋斗、振奋民族精神、陶冶高尚情操的优秀作品。

习近平同志强调:一个时代有一个时代的文艺,一个时代有一个时代的精神。当代中国正经历着我国历史上最为广泛而深刻的社会变革,也正在进行着人类历史上最为宏大而独特的实践创新。这种伟大实践必将给文化创新创造提供强大动力和广阔空间。广大文艺工作者要努力创作同我们这个文明古国、我们这个蓬勃发展的国家相匹配的优秀作品,抒写改革开放和社会主义现代化建设的蓬勃实践,抒写多彩的中国、进步的中国、团结的中国,激励全国各族人民朝气蓬勃迈向未来。

推动文化事业全面繁荣和文化产业快速发展。没有社会主义文化繁荣发展,就没有社会主义现代化。习近平同志高度重视公共文化服务体系建设,强调要加快建设和完善覆盖城乡的公共文化服务体系,促进基本公共服务标准化、均等化。要加强重大公共文化工程和文化项目建设,实施中华文化传承工程,加强全国爱国主义教育示范基地建设和管理。要完善全民健身公共服务体系,加强文物保护和利用等,为人民群众提供丰富的公共文化服务。要加快文化产业结构调整,提高文化产业规模化、集约化、专业化水平,不断增强文化整体实力和竞争力。关于文化体制改革,他特别强调,要把握好意识形态属性和产业属性、社会效益和经济效益的关系,始终坚持社会主义先进文化前进方向,始终把社会效益放在首位。无论改什么、怎么改,导向不能改,阵地不能丢。

提高国家文化软实力,讲好中国故事。提高国家文化软实力,不仅关系我国在世界文化格局中的定位,而且关系我国国际地位和国际影响力,关系"两个一百年"奋斗目标和中华民族伟大复兴中国梦的实现。习近平同志强调:一个国家的文化软实力,从根本上说,取决于其核心价值观的生命力、凝聚力、感召力。经过长期努力,我国成功走出了一条中国特色社会主义道路,取得举世瞩目的辉煌成就。世界上越来越多的人开始对当代中国价值观念感兴趣,越来越多的人开始客观看待当代中国价值观念。我们要提高国家文化软实力,就必须使当代中国价值观念走向世界。要讲好中国特色社会主义的故事,讲好中国梦的故事,讲

好中国人的故事,讲好中华优秀文化的故事,讲好中国和平发展的故事,把中国道路、中国理论、中国制度、中国精神、中国力量寓于其中。要着力推进国际传播能力建设,创新对外宣传方式,加强对外传播话语体系建设,注重塑造我国的国家形象,重视公共外交,着力打造融通中外的新概念新范畴新表述,向世界展现一个真实的中国、立体的中国、全面的中国。

习近平同志关于社会主义文化建设的这些丰富论述,深刻回答了新的历史条件下文化建设一系列重大问题,体现了我们党对中国特色社会主义文化发展规律的战略思考和科学把握,为推进文化建设指明了前进方向、提供了根本遵循。全党要更加紧密地团结在以习近平同志为核心的党中央周围,在即将召开的党的十九大精神指引下,更加牢固树立"四个意识",坚定"四个自信",坚持走中国特色社会主义文化发展道路,推动社会主义文化大发展大繁荣,不断创造中华文化新的辉煌,让中华民族以更加自信、更加自强的姿态屹立于世界民族之林。

——资料来源:《人民日报》(2017年10月16日07版)

课堂讨论:

社会主义核心价值观的历史底蕴是什么?

案例解析:

社会主义核心价值观不是无源之水、无本之木。深深地根植于中华优秀传统文化,是社会主义核心价值观历史底蕴的集中体现。中华优秀传统文化是涵养社会主义核心价值观的重要源泉,是中华民族的精神命脉。在世界几大古代文明中,中华文明之所以能够没有中断并延续发展至今,一个重要原因就是中华民族有一脉相承的精神追求、精神特质、精神脉络。

培育和弘扬社会主义核心价值观,必须立足中华优秀传统文化。社会主义核心价值观,是对中华优秀传统文化的继承和升华。它把涉及国家、社会、公民的价值要求融为一体,赋予中华优秀传统文化以新的时代内涵。

【案例四】于改之:推动社会主义核心价值观入法入规

党的十八大报告提出,要"倡导富强、民主、文明、和谐,倡导自由、平等、公正、法治,倡导爱国、敬业、诚信、友善,积极培育和践行社会主义核心价值观"。2016年12月,中共中央办公厅、国务院办公厅印发了《关于进一步把社会主义核心价值观融入法治建设的指导意见》,围绕运用法律法规和公共政策向社会传导正确价值取向,把社会主义核心价值观融入法治建设做了具体部署。2018年3月,"国家倡导社会主义核心价值观"被写入宪法,社会主义核心价值观成为国家意志的体现。近日,中共中央印发的《社会主义核心价值观融入法治建设立法修法规划》(以下简称《规划》)明确提出,着力把社会主义核心价值观融入法律法规的立改废释全过程,确保各项立法导向更加鲜明、要求更加明确、措施更加有力。这彰显了法律法规的社会主义核心价值观导向,为进一步推动实现良法善治指明了方向和路径。

社会主义核心价值观入法入规的价值意义

习近平总书记强调:"使法治和德治在国家治理中相互补充、相互促进、相得益彰,推进国家治理体系和治理能力现代化。"《规划》指出,推动社会主义核心价值观全面融入中国特色社会主义法律体系,筑牢全国各族人民团结奋斗的共同思想道德基础。推动社会主义核心价值观入法入规,正是建立在对法律和道德在国家治理体系中功能定位和相互关系的正确认识基础之上。

推动社会主义核心价值观入法入规，可以为国家、社会和公民的和谐发展提供有效价值指引。社会主义核心价值观分别确立了国家层面、社会层面以及公民个人层面的价值要求，实际上回答了我们要建设什么样的国家、建设什么样的社会、培育什么样的公民的重大问题，集中表达了个体与共同体相互协调、共同发展的理想图景，为个人发展融入社会进步、国家复兴进程提供了有效价值指引。推动社会主义核心价值观入法入规，有助于使法律法规更好体现国家的价值目标、社会的价值取向、公民的价值准则。

推动社会主义核心价值观入法入规，可以为法治的实现提供有效信仰支撑。法律虽然以国家强制力为后盾，但"徒法不足以自行"。习近平总书记指出："法律要发挥作用，首先全社会要信仰法律。"在价值多元的时代，共同的信仰往往需要一定的价值共识。而社会主义核心价值观是全国各族人民在价值观念上的"最大公约数"。推动社会主义核心价值观入法入规，可以有效支撑人们对法律的信仰和认同，使法律权威、法治理念真正植根于民心、民意、民情，潜移默化为国民的日用常行之道。

推动社会主义核心价值观入法入规，可以为国民共识性目标的实现提供坚实制度保障。习近平总书记指出："对一个民族、一个国家来说，最持久、最深层的力量是全社会共同认可的核心价值观。"这种道德性、价值性共识，只有通过法律的方式，才能被规范化、制度化，才能保障其被有效遵守。推动社会主义核心价值观入法入规，不但为夺取新时代中国特色社会主义伟大胜利、实现中华民族伟大复兴的中国梦提供了最持久、最深层的力量，更为这一力量持久有效发挥效用提供了坚实制度保障。

社会主义核心价值观入法入规的基本方式

法治建设是一个系统工程，而有法可依是法治建设的逻辑起点，是依法行政、公正司法、全民守法的前提和基础。《规划》指出，推动社会主义核心价值观入法入规，必须遵循的原则是：坚持党的领导，坚持价值引领，坚持立法为民，坚持问题导向，坚持统筹推进。以此为指导，使道德共识升华为法治共识可经由以下几种基本方式。

针对那些具有重要性、迫切性的领域，进行有规划的立法。根据《规划》，这些重点领域主要包括：以保护产权、维护契约、统一市场、平等交换、公平竞争等为基本导向，完善社会主义市场经济法律制度；坚持和巩固人民主体地位，推进社会主义民主政治法治化；发挥先进文化育人化人作用，建立健全文化法律制度；着眼人民最关心最直接最现实的利益问题，加快完善民生法律制度；促进人与自然和谐发展，建立严格严密的生态文明法律制度；加强道德领域突出问题专项立法，把一些基本道德要求及时上升为法律规范。

对重点领域的法规进行有效的备案审查，对于生效的法律、法规进行定期系统清理。社会主义核心价值观的基本内容已凝结在我国宪法、法律、法规之中，但毋庸置疑，由于立法环境的变迁、立法理念的转变等，不可避免会存在一些不适应或不能完全反映社会主义核心价值观要求的法律、法规。对此，应当通过备案审查制度以及法律、法规清理制度等，及时审查清理相关法律、法规，并依照相应法定程序及时修改或废止相关法律、法规，进一步强化法律、法规的价值导向。

建立能促成共识形成的机制。社会主义核心价值观虽然是全国各族人民在价值观念上的"最大公约数"，但其毕竟具有抽象性，在具体化为法律条文过程中可能会产生争议。这就要求，在立法过程中应重视多方主体的参与，避免机关立法，重视开门立法、积极普法。只有这样，才能将抽象层面的价值共识落实为对具体层面的法制度或法规范的共识，使得民众真正认同法律、遵守法律。

社会主义核心价值观入法入规应遵循法律体系内在规律

社会主义核心价值观首先是道德、价值体系,其与法律规范体系毕竟存在不同。这意味着,推动社会主义核心价值观入法入规,应当在遵循法律体系内在规律的基础上,发挥道德对法律的滋养作用。

应当注意社会主义核心价值观的价值引导功能和法律规范功能之间的协调。法律体系由法律概念、法律规则和法律原则构成。社会主义核心价值观应通过法律概念、法律规则以及法律原则的方式融入法律体系之中。在此过程中,应尽量避免道德宣示型立法。法律规范发挥行为规范或者裁判规范功能,必须以法律规范具有明确性、可行性为前提。道德宣示型立法难以为公民的行动提供准确行为基准,也不能为司法裁判提供明确裁判基准,将导致立法沦为象征性立法。因此,推动社会主义核心价值观入法入规,必须建立在社会主义核心价值观的价值引导功能和法律的规范功能的统一之上。《规划》在"加强道德领域突出问题专项立法"方面,明确规定"探索完善社会信用体系相关法律制度,研究制定信用方面的法律,健全守法诚信褒奖机制和违法失信行为联合惩戒机制",正是在这一方面的有益探索。

应当重视权利义务配置和公共政策目标、社会主义核心价值观之间的协调。法律规范通过创设权利、义务的方式影响公民的行动。权利、义务的配置合理与否,在一定程度上决定了法律规范能否有效发挥其规范作用。在现实中,法律、法规制定者在配置公民权利、义务之际,存在重视特定政策目标实现,而忽视权利、义务的配置不合理可能诱发一定道德风险的现象。例如,一些征地补偿政策或房地产调控政策,重视的往往是管理性目标的实现,并据此配置公民的权利或义务,由此导致了假离婚或假结婚等现象。推动社会主义核心价值观入法入规,要求立法者或公共政策制定者,必须重视权利义务配置和公共政策目标与社会主义核心价值观之间的协调。唯有如此,才能防止具体政策措施与社会主义核心价值观相背离,真正实现公共政策和道德建设良性互动。

——资料来源:于改之:推动社会主义核心价值观入法入规[OL].河北新闻网,http://hbrb.hebnews.cn/pc/paper/c/201801/03/c43466.html

课堂讨论:
简述社会主义核心价值观的意义。

案例解析:
培育和践行社会主义核心价值观,是有效整合我国社会意识、凝聚社会价值共识、解决和化解社会矛盾、聚合磅礴之力的重大举措,是保证我国经济社会沿着正确的方向发展、实现中华民族伟大复兴的价值支撑,意义重大而深远。

(1)坚持和发展中国特色社会主义的价值遵循

在全社会大力弘扬社会主义核心价值观,明确中国特色社会主义事业到底追求什么、反对什么,要朝着什么方向走、不能朝什么方向走,坚守我们的价值观立场,坚定中国特色社会主义的道路自信、理论自信、制度自信和文化自信,为社会的有序运行、良性发展提供明确价值准则,保证中国特色社会主义事业始终沿着正确方向前进,是中国特色社会主义的铸魂工程。

(2)提高国家文化软实力的迫切要求

当今世界,文化越来越成为综合国力竞争的重要因素,成为经济社会发展的重要支撑,文化软实力越来越成为争夺发展制高点、道义制高点的关键所在。文化的力量,归根到底来自于凝结其中的核心价值观的影响力和感召力;文化软实力的竞争,本质上是不同文化所代表的核心价值观的竞争。

(3)增进社会团结和谐的最大公约数

历史和现实一再表明,只有建立共同的价值目标,一个国家和民族才会有赖以维系的精神纽带,才会有统一的意志和行动,才会有强大的凝聚力、向心力。

【经典语录】

1.核心价值观是文化软实力的灵魂、文化软实力建设的重点。这是决定文化性质和方向的最深层次要素。

——习近平《习近平谈治国理政》第1卷

2.一个民族、一个国家,必须知道自己是谁,是从哪里来的,要到哪里去,想明白了、想对了,就要坚定不移朝着目标前进。

——习近平《习近平谈治国理政》第1卷

3.深入挖掘和阐发中华优秀传统文化讲仁爱、重民本、守诚信、崇正义、尚和合、求大同的时代价值,使中华优秀传统文化成为涵养社会主义核心价值观的重要源泉。

——习近平《习近平谈治国理政》第1卷

4.一个民族、一个国家的核心价值观必须同这个民族、这个国家的历史文化相契合,同这个民族、这个国家的人民正在进行的奋斗相结合,同这个民族、这个国家需要解决的时代问题相适应。

——习近平《习近平谈治国理政》第1卷

5."资产阶级民主同中世纪制度比较起来,在历史上是一大进步,但它始终是而且在资本主义制度下不能不是狭隘的、残缺不全的、虚伪的、骗人的民主,对富人是天堂,对被剥削者、对穷人是陷阱和骗局。"

——列宁《列宁选集》第3卷

6.(自由、民主、公正等价值观)"不是装饰品,不是用来做摆设的,而是要用来解决人民要解决的问题的"

——习近平《在庆祝中国人民政治协商会议成立65周年大会上的讲话》

7.这就像穿衣服扣扣子一样,如果第一粒扣子扣错了,剩余的扣子都会扣错。人生的扣子从一开始就要扣好。

——习近平《习近平谈治国理政》第1卷

8.一种价值观要真正发挥作用,必须融入社会生活,让人们在实践中感知它、领悟它。

——习近平《习近平谈治国理政》第1卷

9.要认真汲取中华优秀传统文化的思想精华和道德精髓,大力弘扬以爱国主义为核心的民族精神和以改革创新为核心的时代精神,深入挖掘和阐发中华优秀传统文化讲仁爱、重民本、守诚信、崇正义、尚和合、求大同的时代价值,使中华优秀传统文化成为涵养社会主义核心价值观的重要源泉。

——习近平《在中共中央政治局第十三次集体学习时的讲话》

【推荐阅读】

1. 马克思、恩格斯：《共产党宣言》，人民出版社

《共产党宣言》是马克思和恩格斯为共产主义者同盟起草的纲领，是国际共产主义运动的纲领性文献，这部著作的问世标志着马克思主义的诞生。

2. 中央党校采访实录编辑室：《习近平的七年知青岁月》，中共中央党校出版社

本书记录总书记在梁家河的七年知青岁月，记录了总书记奋斗的青年时代。总书记是出生和成长在新中国的中国共产党总书记。他有过曲折的少年时代，有过奋斗的青年时代。从农村大队党支部书记到党的总书记，从普通公民到国家主席，从普通军官到军委主席，党和国家各个领导层级他都干过。党的十八大以来，总书记之所以能够带领党和人民披荆斩棘、攻坚克难，全面开创中国特色社会主义事业新局面，很大程度上来自总书记扎实的实践基础、深厚的经验积累和由此而来的深邃理论思考。

3. 列宁：《国家与革命》，人民出版社

《国家与革命》是列宁对马克思主义国家学说的发展做出的重大贡献。列宁在书中阐述的关于无产阶级革命和无产阶级专政的基本原理，不仅教育了俄国布尔什维克党和广大劳动群众，为他们创建第一个社会主义国家提供了强大的思想武器，而且也对各国无产阶级政党支部结合本国个体实际解决本国的革命问题具有指志意义。十月革命后，列宁总结俄国无产阶级专政和社会主义建设的实践经验，做出新的理论概括，进一步发展了《国家与革命》一书中的思想。

4. 中共中央文献研究室：《邓小平文集》（一九四九——一九七四年），人民出版社

这部文集分为三卷，反映了邓小平同志为巩固新生的人民政权、恢复国民经济、建设社会主义制度、进行社会主义革命和建设、加强党的建设所做出的重要贡献；特别反映了邓小平同志作为以毛泽东同志为核心的党的中央领导集体的重要成员，在参与一系列重大决策的制定与实施过程中，对于中国社会主义建设道路的思考和探索；反映了他坚持独立思考，从实际出发，理论联系实际，密切联系群众的思想和工作作风。

5. 江泽民：《江泽民文选》，人民出版社

《江泽民文选》共三卷，收入了江泽民同志在 1980 年 8 月至 2004 年 9 月这段时间内具有代表性和独创性的重要著作 203 篇，很大一部分是第一次公开发表。《江泽民文选》生动记录了以江泽民同志为核心的党的第三代中央领导集体带领全党全国各族人民把中国特色社会主义事业推向前进的历史进程，科学总结了我们党领导人民战胜各种艰难险阻、全面开创中国特色社会主义事业新局面的宝贵经验，集中反映了我们党坚持以马克思列宁主义、毛泽东思想、邓小平理论为指导，坚持马克思主义基本原理同当代中国实践和时代特征相结合创造性地提出的新的重大理论成果，深刻反映了"三个代表"重要思想孕育、形成、发展的历史过程和重大成果。

【影视欣赏】

1. 电视剧：《开国》，上海广播电视传媒有限公司，2011 年上映

该剧完整地描写了共和国成立初期，国家政治、经济、军事、文化等各方面的发展状况，从中央高层的视角描述一段史实，再现老一辈国家领导人殚精竭虑、为国为民的崇高品格。对于今天坚定不移地走有中国特色的社会主义道路有着极高的认识价值。

2. 电视剧:《中国 1921》,中国电视剧制作中心有限责任公司，2010 年上映

该剧主要讲述的是中国共产党成立的过程,记录了党的伟大领袖辛苦建党的伟业。1918 年 10 月 13 日,一战结束的消息传到了中国,中国成为战胜国,兴奋的民众走向街头,将代表着屈辱的克林德碑凿去。改成四个大字:公理战胜。中国的民众都以为,从这天起"战胜国"将不再受屈辱,从徐世昌的"安福俱乐部",到孙中山改组"革命党"重组的"中国国民党",到共产党的诞生,中国的政党逐渐走向现代政党,而中国的社会也在一次次尝试中,逐渐培育了诞生共产党的土壤,中国共产党的诞生是历史的必然选择,无论从理论上、组织人事上,都经历了种种的准备和选择,一大,只是经历了重重波折之后的水到渠成。

3. 电影:《孔繁森》,山东电影制片厂 / 北京电影制片厂，1995 年上映

这部影片真实再现了孔繁森在西藏的感人事迹,颂扬了孔繁森关心爱护藏族人民,为民族团结无私奉献的优秀品质。塑造了新的历史时期的人民英雄形象,完美诠释了我党为人民服务的宗旨。他的这种精神概括起来就一个字:爱。他爱他的家庭;他更爱祖国,爱他所为之服务的藏族人民。

4. 电影:《烈火金刚》,珠江电影制片厂，1991 年上映

《烈火金刚》是一部以评书形式写成的小说,描写冀中人民的抗日斗争故事,展示了冀中军民在黎明前的黑暗中,从艰难走向胜利的光辉历程。歌颂了英勇抗战的传奇式的英雄,宣扬了革命英雄主义和伟大的爱国主义思想,表现了中国共产党在抗日战争中的伟大领导作用。

【学习链接】

1. 网易新闻 : http://c.360webcache.com/
2. 国际在线 : http://www.cri.cn/
3. 北京时间 : https://www.btime.com/
4. 中国文明网 : http://www.wenming.cn/
5. 央视网 : http://www.cctv.com/

【实践拓展】

【实践一】"树立社会主义核心价值观"专题报告会

【实践目的】

通过积极举办以社会主义核心价值体系教育为主题的专题报告会,强化社会主义核心价值观教育氛围,使学生在潜移默化中接受社会主义核心价值的教育。

【实践要求】

1. 活动前,教师讲解社会主义核心价值观的内涵
2. 按顺序进入报告会场,认真听取报告会。

【实践方案】

1. 时间:课堂时间。
2. 地点:多媒体教室。
3. 活动方式:教师讲授,学生与教师互动。

4. 流程:

（1）教师带领学生进入报告会会场。

（2）邀请先进典型、师德模范,讲社会主义核心价值观践行的事迹。

（3）学生认真听取报告,并回答报告过程中师德模范提出的相关问题。

（4）报告会结束后,每位学生提交听取报告会的心得体会。

【实践二】践行"社会主义价值观,争做新时代的好少年"主题班会

【实践目的】

社会主义核心价值观体现了古圣先贤的思想,体现了仁人志士的夙愿,体现了革命先烈的理想,也寄托着各族人民对美好生活的向往。通过本次班会的开展,使学生深刻领悟社会主义核心价值观的内涵和重要性。

【实践要求】

1. 活动前,教师讲解社会主义核心价值观的内涵。

2. 班会前,学生准备关于践行社会主义核心价值观的诗歌和小品。

【实践方案】

1. 时间:课堂时间。

2. 地点:多媒体教室。

3. 活动方式:教师指导,学生人人参与。

4. 流程:

（1）了解社会主义核心价值观,教师出示课件价值观的含义、社会主义核心价值观的内容。

（2）学生在与教师的互动中朗诵有关社会主义核心价值观的诗歌。

（3）学生表演践行社会主义核心价值观的小品,在小品中感悟践行社会主义核心价值观的意义。

（4）教师对此次班会进行总结。

【习题】

（一）单项选择题

1.（   ）是一定社会形态社会性质的集中体现,在一个社会的思想观念体系中处于主导地位,体现着社会制度、社会运行的基本原则和社会发展的基本方向。

A. 核心价值观　　　B. 共同理想　　　　　C. 社会主义荣辱观　D. 时代精神

2. 中国特色社会主义文化建设的根本是（   ）。

A. 社会主义荣辱观　　　　　　　　B. 共同理想

C. 社会主义核心价值观　　　　　　D. 时代精神

3. 2018 年 3 月,十三届全国人大一次会议通过宪法修正案,把国家倡导（   ）正式写入宪法,进一步凸显了社会主义核心价值观的重大意义。

A. 社会主义荣辱观　　　　　　　　B. 共同理想

C. 社会主义核心价值观　　　　　　D. 时代精神

4. 当今世界,（   ）越来越成为综合国力竞争的重要因素,成为经济社会发展的重

要支撑,文化软实力越来越成为争夺发展制高点、道义制高点的关键所在。

　　A. 政治　　　　　　B. 文化　　　　　　C. 经济　　　　　　D. 时代精神

　　5. 文化软实力的竞争,本质上是不同文化所代表的(　　　)的竞争。

　　A. 政治　　　　　　B. 文化　　　　　　C. 经济　　　　　　D. 核心价值观

　　6. 历史和现实一再表明,只有建立(　　　),一个国家和民族才会有赖以维系的精神纽带,才会有统一的意志和行动,才会有强大的凝聚力、向心力。

　　A. 共同理想　　　　　　　　　　B. 共同的价值目标

　　C. 共同的自信　　　　　　　　　D. 共同语言

　　7. 坚定的(　　　),是中国特色社会主义道路自信、理论自信、制度自信和文化自信的价值内核。

　　A. 核心价值观自信　　　　　　　B. 价值目标

　　C. 意志　　　　　　　　　　　　D. 语言

　　8. (　　　)是涵养社会主义核心价值观的重要源泉,是中华民族的精神命脉。

　　A. 核心价值观自信　　　　　　　B. 价值目标

　　C. 中华优秀传统文化　　　　　　D. 中国特色社会主义建设

　　9. 社会主义核心价值观之所以彰显出强大的生命力、吸引力和感召力,正因其深深地扎根于(　　　)的生动实践之中。

　　A. 核心价值观自信　　　　　　　B. 价值目标

　　C. 中华优秀传统文化　　　　　　D. 中国特色社会主义建设

　　10. 社会主义核心价值观的(　　　),体现在它是社会主义制度所坚持和追求的核心价值理念。

　　A. 先进性　　　　B. 真实性　　　　C. 人民性　　　　D. 统一性

（二）多项选择题

　　1. 中国特色社会主义建设的成功经验,是对社会主义核心价值观(　　　)的检验。

　　A. 正确性　　　　B. 价值目标　　　　C. 可信性

　　D. 价值取向　　　E. 精神追求

　　2. 社会主义核心价值观的提出,鲜明确立了当代中国的核心价值理念,生动展现了中国共产党和中华民族的(　　　)。

　　A. 优秀文化　　　B. 价值自信　　　　C. 价值自觉

　　D. 价值取向　　　E. 精神追求

　　3. 社会主义核心价值观以其(　　　)而居于人类社会的价值制高点,具有强大的道义力量。

　　A. 先进性　　　　B. 价值自信　　　　C. 人民性

　　D. 真实性　　　　E. 精神追求

　　4. 在培育和弘扬价值观的过程中,大学生要切实做到(　　　),使社会主义核心价值观成为一言一行的基本遵循。

　　A. 勤学　　　　　B. 修德　　　　　　C. 明辨

　　D. 笃实　　　　　E. 自信

　　5. 在世界几大古代文明中,中华文明之所以能够没有中断并延续发展至今,一个重要原因就是中华民族有一脉相承的(　　　)。

A. 优秀文化　　　B. 精神追求　　　C. 精神特质

D. 精神脉络　　　E. 现实基础

（三）辨析题

1. 中国特色社会主义建设是社会主义核心价值观的实践根据。

2. 社会主义核心价值观的人民性体现在它所代表的最广大人民的根本利益，反映的最广大人民的价值诉求，引导着最广大人民为实现美好社会理想而奋斗。

（四）简答题

1. 简述社会主义核心价值观的基本内容。

2. 简述社会主义核心价值观的意义。

（五）论述题

1. 大学生应当如何自觉践行社会主义核心价值观？

2. 谈谈为什么要增强价值观自信？

【参考答案】

（一）单项选择题

1.A　2.C　3.C　4.B　5.D　6.B　7.A　8.C　9.D　10.A

（二）多项选择题

1.AC　2.BC　3.ACD　4.ABCD　5.BCD

（三）辨析题

1. 观点正确。要发展中国、稳定中国，要全面建成小康社会、加快推进社会主义现代化，要实现中华民族伟大复兴，必须坚定不移坚持和发展中国特色社会主义。推进中国特色社会主义建设，必然要求有自己鲜亮的精神旗帜，有明确有力的价值引领。社会主义核心价值观生成于中国特色社会主义建设实践，同当今中国最鲜明的时代主题相适应，是当代中国精神的集中体现，是中国特色社会主义本质规定的价值表达。它从价值观的层面，清晰地展现了我们所推进的中国特色社会主义建设的基本特征和根本追求，引领着中国特色社会主义建设铿锵前行。

2. 观点正确。马克思主义的最根本的政治立场，就是始终站在广大劳动人民的立场上，以广大劳动人民的解放为旨归，竭尽全力为人民求福利、谋利益。人民性是以马克思主义为理论基础、以社会主义运动为实践根据的社会主义核心价值观的根本特性。在引导中国特色社会主义建设的过程中，中国共产党也反复强调，人民是历史的创造者，要践行全心全意为人民服务的宗旨。

（四）简答题

1. 答案要点：

（1）富强、民主、文明、和谐。

（2）自由、平等、公正、法治。

（3）爱国、敬业、诚信、友善。

2.答案要点:

(1)坚持和发展中国特色社会主义的价值遵循。

(2)提高国家文化软实力的迫切要求。

(3)增进社会团结和谐的最大公约数。

(五)论述题

1.答:青年的价值取向,既关系着自己的健康成长成才,又决定着未来整个社会的价值取向。青年是引风气之先的社会力量。在全社会培育和弘扬社会主义核心价值观,需要大学生始终走在时代前列,成为社会主义核心价值观的坚定信仰者、积极传播者、模范践行者。大学生成长成才和全面发展,离不开正确价值观的引领。当今世界和当代中国都处于大变革之中。这种变革反映到人们的思想观念中,自然会产生多种多样的思想理论和价值理念。面对世界范围内各种思想文化交流交融交锋的新形势,面对整个社会思想价值观念呈现多元多样、复杂多变的新特点,大学生健康成长成才更加需要正确价值观的引领。正确的价值观能够引导大学生把人生价值追求融入国家和民族事业,始终站在人民大众立场,同人民一道拼搏、同祖国一道前进,服务人民、奉献社会,努力成为中国特色社会主义事业的合格建设者和可靠接班人。

核心价值观的养成绝非一日之功。大学生要坚持由易到难、由近及远,从现在做起,从自己做起,努力把核心价值观的要求变成日常的行为准则,形成自觉奉行的信念理念,并身体力行大力将其推广到全社会去,为实现国家富强、民族振兴、人民幸福的中国梦凝聚强大的青春能量。

在培育和弘扬价值观的过程中,大学生要切实做到勤学、修德、明辨、笃实,使社会主义核心价值观成为一言一行的基本遵循。

培育和践行社会主义核心价值观,既要目标高远,保持定力、不懈奋进,又要脚踏实地,严于律己、精益求精,将社会主义核心价值观转化为人生的价值准则,勤学以增智、修德以立身、明辨以正心、笃实以为功。

2.答:坚定的核心价值观自信,是中国特色社会主义道路自信、理论自信、制度自信和文化自信的价值内核。

(1)社会主义核心价值观的历史底蕴

社会主义核心价值观不是无源之水、无本之木。深深地根植于中华优秀传统文化,是社会主义核心价值观历史底蕴的集中体现。社会主义核心价值观,是对中华优秀传统文化的继承和升华。它把涉及国家、社会、公民的价值要求融为一体,赋予中华优秀传统文化以新的时代内涵。

(2)社会主义核心价值观的现实基础

中国特色社会主义建设是社会主义核心价值观的实践根据。社会主义核心价值观生成于中国特色社会主义建设实践,同当今中国最鲜明的时代主题相适应,是当代中国精神的集中体现,是中国特色社会主义本质规定的价值表达。它从价值观的层面,清晰地展现了我们所推进的中国特色社会主义建设的基本特征和根本追求,引领着中国特色社会主义建设铿锵前行。

(3)社会主义核心价值观的道义力量

真理的力量加上道义的力量,才能行之久远。社会主义核心价值观以其先进性、人民性和真实性而居于人类社会的价值制高点,具有强大的道义力量。

第五章　明大德守公德严私德

【引言】

　　大学时期是个体道德意识形成和发展的一个重要阶段.在这个时期形成的道德观念对大学生一生影响很大。大学生提高自身的道德素质,需要认真学习道德的基本理论,树立正确的道德观,自觉传承中华传统美德和中国革命道德。积极吸收借鉴人类优秀道德成果,遵守公民道德准则,在投身崇德向善的实践中不断提高道德品质。

【学习指引】

学习目的:

1. 了解道德的起源、本质、功能、作用及历史发展。

2. 弘扬中华传统美德和中国革命道德,以开放的胸怀和视野吸收借鉴人类文明的有益道德成果,不断深化对社会主义道德的认识。

学习重点:

1. 了解道德的本质、功能与作用。

2. 掌握中华传统美德的基本精神。

3. 掌握中国革命道德的主要内容及中国革命道德的当代价值。

4. 理解社会主义道德的核心和原则。

5. 掌握公共生活中的道德规范和网络生活中的道德要求。

6. 理解职业生活中的道德规范、自觉遵守职业道德的要求。

7. 了解个人品德及其作用。

8. 掌握道德修养的正确方法,锤炼高尚的道德品格。

学习难点:

1. 道德的本质。

2. 中华传统美德的创造性转化和创新性发展。

3. 中国革命道德的当代价值。

4. 树立正确的择业观和创业观。

5. 大学生投身崇德向善的道德实践,具体应该怎样做。

【内容概要】

一、道德及其变化发展

（一）什么是道德

作为人类社会特有的一种社会现象,道德是人类社会发展到一定阶段的必然产物。准确把握道德的起源和本质,是大学生建立正确的道德认知的前提。

1. 道德的起源

劳动是道德起源的首要前提。道德是人类社会的特有现象,动物的本能行为中不存在真正的道德。劳动将人与动物区分开来,创造了人、社会和社会关系,也创造了道德。劳动创造了道德主体。劳动在创造人的同时也形成了人与人的关系,原始的劳动分工与协作,使相互依赖、相互扶持自觉不自觉地成为当时最自然、最朴实的道德生活状态。随着劳动的进一步发展,劳动分工与协作不断增强,各种劳动关系逐步明确,人与人之间、群体与群体之间的利益关系日渐清晰,包含自由、责任等内容的道德逐步得到确认。因此,劳动创造了人和人类社会,是道德起源的第一个历史前提。

社会关系是道德赖以产生的客观条件。在生产生活的实践活动中,人类必然要发生各种各样的人际交往和社会关系。随着社会分工的不断发展,个人利益、他人利益和社会利益的界限逐步明晰,各种利益关系更为凸显,要求规范、协调或制约利益冲突的意识更为强烈,由此促进了人类道德的不断进步和发展。可以说,正是社会关系的形成

人的自我意识是道德产生的主观条件。意识是道德产生的思想认识前提。人只有在社会实践中,充分意识到自我作为社会成员与其他动物的根本区别,意识到自我在社会中的角色与地位,意识到自我与他人或集体不同的利益关系,并由此产生调节利益矛盾的迫切要求时,道德才得以产生。

2. 道德的本质

道德作为一种特殊的社会意识形态,归根到底是由经济基础决定的,是社会经济关系的反映。因此不同经济关系下,道德表现不同。道德也不是抽象的,而是具体的。

(1)道德是反映社会经济关系的特殊意识形态。

道德的产生、发展和变化,归根结底根源于社会经济关系。正如恩格斯所说的:"人们自觉地或不自觉地,归根到底总是从他们阶级地位所依据的实际关系中——从他们进行生产和交换的经济关系中,获得自己的伦理观念。"其一,道德的性质和基本原则、规范反映了与之相应的社会经济关系的性质和内容。有什么样的社会经济关系,相应地就有什么样的道德。其二,道德随着社会经济关系的变化而变化。其三,道德作为一种社会意识,在阶级社会里总是反映着一定阶级的利益,因而不可避免地具有阶级性。

(2)道德是社会利益关系的特殊调节方式。道德是一种调整人与人、人与社会、人与自然以及人与自身之间关系的特殊的行为规范。这种行为规范与法律规范、政治规范的不同之处在于它是用善恶标准去评价,依靠社会舆论、传统习俗、内心信念来维持的,因此是一种非制度化的、柔性的规范。道德作为一种调节方式,主要不是被颁布、制定或规定出来的,而是处于同一社会或同一生活环境中的人们在长期的共同生活过程中逐渐积累形成的要求、秩序和理想,它通过社会的道德风尚和个人的道德风范来调节利益关。

(3)道德是一种实践精神。作为实践精神,道德是一种旨在通过把握世界的善恶现象而规范人们的行为并通过人们的实践活动体现出来的社会意识。具体来说,道德是一种以指导人的行为为目的、以形成人的正确的行为方式为内容的精神,在本质上是知行合一的。道德把握世界的方式不是被动地反映世界,而是从人的需要出发,从特定的价值出发来改造世界;不是简单地再现世界或描述世界,而是对世界进行价值评价。道德立足现实而追求理想,并以理想来改造和提升现实。

（二）道德的功能与作用

1. 道德的功能

道德的功能，一般是指道德作为社会意识的特殊形式对于社会发展所具有的功效与能力。道德的功能是多元的，同时也是多层次的。

（1）道德的主要功能包括认识功能、规范功能和调节功能。

道德的认识功能是指道德反映社会现实特别是反映社会经济关系的功效与能力；道德的规范功能是在正确的善恶观的指引下，规范社会成员在职业领域、社会公共领域、家庭领域的行为，并规范个人品德的养成；道德的调节功能是指道德通过评价等方式，指导和纠正人们的行为和实践活动，协调人们之间关系的功效与能力。这是道德最突出也是最重要的社会功能。

在道德的功能系统中，认识功能、规范功能、调节功能是最基本的功能，此外还有导向功能、激励功能等。

2. 道德的作用

（1）道德的作用：是指道德的认识、规范、调节、激励、导向、教育等功能的发挥和实现所产生的社会影响及实际效果。

（2）道德的作用主要表现在：道德为经济基础的形成、巩固和发展服务，是一种重要的精神力量；道德对其他社会意识形态的存在有着重大的影响；道德通过调整人们之间的关系维护社会秩序和稳定；道德是提高人的精神境界、促进人的自我完善、推动人的全面发展的内在动力；在阶级社会中，道德是调节阶级矛盾和对立阶级之间开展阶级斗争的重要工具。

（三）道德的变化发展

道德先后经历了原始社会的道德、奴隶社会的道德、封建社会的道德、资本主义社会的道德、社会主义社会的道德。

道德进步的主要表现是：道德在社会生活中所起的作用越来越重要，对于促进社会和谐与人的全面自由发展的作用越来越突出；道德调控的范围不断扩大，调控的手段或方式不断丰富，更加科学合理；道德的发展和进步也成为衡量社会文明程度的重要尺度。

二、吸收借鉴优秀道德成果

（一）传承中华传统美德

1. 中华传统美德的基本精神

（1）重视整体利益，强调责任奉献。

（2）推崇"仁爱"原则，注重以和为贵。

（3）提倡人伦价值，重视道德义务。

（4）追求精神境界，向往理想人格。

（5）强调道德修养，注重道德践履。

2. 中华传统美德的创造性转化和创新性发展

中国传统道德是一个矛盾体，具有鲜明的两重性（精华和糟粕）。中华传统美德作为中国传统道德的精华部分，要在去粗取精、去伪存真的基础上坚持古为今用、推陈出新，努力实现中华传统美德的创造性转化和创新性发展。

（1）加强对中华传统美德的挖掘和阐发。

（2）用中华传统美德滋养社会主义道德建设。

（二）发扬中国革命道德

1.中国革命道德的形成与发展

中国革命道德,是指中国共产党人、人民军队、一切先进分子和人民群众在中国革命、建设、改革中所形成的优秀道德,中国革命道德是马克思主义与中国革命、建设和改革的伟大实践相结合的产物,是对中国优良道德传统的继承和发展,是中华传统美德的升华和质的飞跃,是中华民族极其宝贵的道德财富。弘扬中国革命道德,要同弘扬中华传统美德相结合。

2.中国革命道德的主要内容

（1）为实现社会主义和共产主义理想而奋斗。

（2）全心全意为人民服务。

（3）始终把革命利益放在首位。

（4）对立社会新风,建立新型人际关系。

（5）修身自律,保持节操。

3.中国革命道德的当代价值

（1）有利于加强和巩固社会主义和共产主义的理想信念。

（2）有利于培育和践行社会主义核心价值观。

（3）有利于引导人们对立正确的道德观。

（4）有利于培育良好的社会道德风尚。

（三）借鉴人类文明优秀道德成果

借鉴和吸收人类文明优秀道德成果,必须秉承正确的态度和科学的方法。要坚持马克思主义立场、观点、方法,在道德问题上把握好共性和个性、抽象和具体、一般和个别的关系。要坚持以我为主、为我所用,批判继承其他国家的道德成果。

三、遵守公民道德准则

弘扬社会主义道德,必须坚持以为人民服务为核心、以集体主义为原则,推进社会公德、职业道德、家庭美德、个人品德建设。

（一）社会主义道德的核心和原则

1.为人民服务是社会主义道德的核心

（1）为人民服务是社会主义经济基础和人际关系的客观要求。

（2）为人民服务是社会主义市场经济健康发展的要求。

（3）为人民服务是先进性要求和广泛性要求的统一。

2.集体主义是社会主义道德的原则

（1）集体主义强调国家利益、社会整体利益和个人利益的辩证统一。

一方面,个人离不开集体,集体把每个劳动者的智慧和力量凝聚在一起,形成巨大的创造力。另一方面,集体是由若干个人组成的,不调动个人的积极性,也就不会有集体的创造力。集体与个人,即"统"与"分",是相互作用、相互依赖、互为前提的辩证统一关系。只有使二者有机地结合起来,才能使生产力保持旺盛的发展势头,偏废任何一方,都会造成大损失。

（2）集体主义强调国家利益、社会整体利益高于个人利益。

（3）集体主义重视和保障个人的正当利益。

（二）社会公德

1.公共生活与公共秩序

公共生活是相对于私人生活而言的。在公共生活中,一个人的行为必定与他人发生直接或间接的联系,具有鲜明的开放性和透明性,对社会的影响更为直接和广泛。

公共生活的特征:一是活动范围的广泛性。二是活动内容的开放性。三是交往对象的复杂性。四是活动方式的多样性。

公共生活需要公共秩序。秩序是由社会生活中的规范来制约和保障的,公共秩序是由一定规范维系的人们公共生活的一种有序化状态,如工作秩序、教学秩序、交通秩序、娱乐秩序、网络秩序等。有序的公共生活是社会生产的重要基础;有序的公共生活是促进社会和谐的重要条件;有序的公共生活是提高社会成员生活质量的基本保障;有序的公共生活是社会文明的重要标志。

2.公共生活中的道德规范

公共生活中的道德规范,即社会公德,是指人们在社会交往和公共生活中应该遵守的行为准则,是维护公共利益、公共秩序、社会和谐稳定的起码的道德要求,涵盖了人与人、人与社会、人与自然之间的关系。

（1）文明礼貌。文明礼貌是调整和规范人际关系的行为准则。

（2）助人为乐。助人为乐是社会主义道德建设的核心和原则在公共生活领域的体现,也是社会主义人道主义的基本要求。

（3）爱护公物。爱护公物是对社会共同劳动成果的珍惜和爱护,是每个公民应该承担的社会责任和义务

（4）保护环境。建设生态文明关系人民福祉,关系人民未来。

（5）遵纪守法。遵纪守法是社会公德最基本的要求,是维护公共生活秩序的重要条件。

3.网络生活中的道德要求

（1）正确使用网络工具。

（2）健康进行网络交往。

（3）自觉避免沉迷网络。

（4）加强网络道德自律。

（5）积极引导网络舆论。

（三）职业道德

1.职业生活与劳动观念

职业是指人们由于社会分工所从事的具有专门业务和特定职责,并以此作为主要生活来源的社会活动。职业生活则是人们参与社会分工,用专业的技能和知识创造物质财富或精神财富,获取合理报酬,丰富社会物质生活或精神生活的生活方式。

人类是劳动创造的,社会是劳动创造的。劳动没有高低贵贱之分,任何一份职业都很光荣。正确的劳动观念是维系人们职业活动和职业生活的思想观念保障。在职业生活中,必须牢固树立"劳动最光荣、劳动最崇高、劳动最伟大、劳动最美丽"①的观念,通过劳动创造更加美好的生活。

2.职业生活中的道德规范

职业生活中的道德规范即职业道德,是指从事一定职业的人在职业生活中应当遵循的具有职业特征的道德要求和行为准则,涵盖了从业人员与服务对象、职业与职工、职业与职业之间的关系。

（1）爱岗敬业。爱岗敬业反映的是从业人员对待自己职业的一种态度,也是一种内在的道德需要。

（2）诚实守信。诚实守信在我国思想道德建设中具有特殊重要的作用,它既是中华民族的传统美德,也是我国公民道德建设的重点,还是社会主义核心价值观的一条重要准则。

（3）办事公道。以公道之心办事,是职业活动所必须遵守的道德要求。服务群众。为人民服务是社会主义道德的核心,各行各业的从业人员都要以服务群众为目标。

（4）奉献社会。奉献社会就是要求从业人员在自己的工作岗位上兢兢业业地为社会和他人作贡献。这是社会主义职业道德中最高层次的要求,体现了社会主义职业道德的最高目标指向。爱岗敬业、诚实守信、办事公道、服务群众,都体现了奉献社会的精神。

3.树立正确的择业观和创业观

（1）树立崇高的职业理想。

（2）服从社会发展的需要。

（3）做好充分的择业准备。

（4）培养创业的勇气和能力。

4.自觉遵守职业道德

（1）学习职业道德规范。

（2）提高职业道德意识。

（3）提高践行职业道德的能力。

（四）家庭美德

1.注重家庭、家教、家风

家风是指一个家庭或家族的传统风尚或作风。

2.恋爱、婚姻家族中的道德规范

恋爱中的道德规范主要有尊重人格平等、自觉承担责任和文明相亲相爱。

婚姻是指由法律所确认的男女两性的结合以及由此而产生的夫妻关系。家庭是指在婚姻关系、血缘关系或收养关系基础上产生的亲属之间所构成的社会生活单位。婚姻是家庭产生的重要前提,家庭又是缔结婚姻的必然结果。家庭美德以尊老爱幼、男女平等、夫妻和睦、勤俭持家、邻里团结为主要内容。

3.树立正确的恋爱观与婚姻观

（1）不能误把友谊当爱情。

（2）不能错置爱情的地位。

（3）不能片面或功利化地对待恋。

（4）不能只重过程不顾后果；不能因失恋而迷失人生方向。

树立正确的恋爱观,大学生还要处理好这样几种关系：一是恋爱与学习的关系。二是恋爱与关心集体的关系。三是恋爱与关爱他人和社会的关系。

（五）个人品德

1. 个人品德及其作用

（1）个人品德的含义：个人品德是通过社会道德教育和个人自觉的道德修养所形成的稳定的心理状态和行为习惯。它是个体对某种道德要求认同和践履的结果，集中体现了道德认知、道德情感、道德意志、道德信念和道德行为的内在统一。

（2）个人品德的作用：个人品德对道德和法律作用的发挥具有重要的推动作用；个人品德是个体人格完善的重要标志；个人品德是经济社会发展进程中重要的主体精神力量。

2. 掌握道德修养的正确方法

（1）道德修养的含义：指个体自觉地将一定社会的道德规范、准则及要求内化为内在的道德品质，以促进人格的自我陶冶、自我培育和自我完善的实践过程。

（2）道德修养的正确方法：学思并重；省察克治；慎独自律；知行合一；积善成德。

3. 锤炼高尚道德品格

形成正确的道德认知和道德判断；激发正向的道德认同和道德情感；强化坚定的道德意志和道德信念。

四、向上向善、知行合一

（一）向道德模范学习

道德模范主要是指思想和行为能够激励人们不断向善且为人们所崇敬、模仿的先进人物。道德模范既包括在一定社会道德实践中涌现的符合特定道德理想类型的人物，又包括人们日常生活中能够近距离感受的具有积极道德影响的人物。

（二）参与志愿服务活动

1. 志愿服务的含义：志愿服务是指志愿贡献个人的时间及精力，在不求任何物质报酬的情况下，为改善社会、促进社会进步而提供的服务。志愿服务是培育和弘扬社会主义核心价值观的重要载体。

2. 志愿服务的精神：志愿服务的精神是奉献、友爱、互助、进步。其中，奉献精神是精髓。

3. 大学生积极投身志愿服务活动：一是到最需要的地方去。二是帮助弱势群体。三是做力所能及的事。

（三）引领社会风尚

1. 知荣辱。荣辱观对个人的思想行为具有鲜明的动力、导向和调节作用。

2. 讲正气。讲正气，就是坚持真理、坚持原则，坚持同一切歪风邪气作斗争。

3. 作奉献。奉献精神是社会责任感的集中表现。

4. 促和谐。民主法治、公平正义、诚信友爱、充满活力、安定有序、人与自然和谐相处的社会，是国家富强、民族复兴、人民幸福的重要保证。

【学习延伸】

【案例一】青年在选择职业时的考虑

自然本身给动物规定了它应该遵循的活动范围，动物也就安分地在这个范围内活动，不试图越出这个范围，甚至不考虑有其他什么范围的存在。神也给人指定了共同的目标——使人类和他自己趋于高尚，但是，神要人自己去寻找可以达到这个目标的手段；神让人在社会上选择一个最适合于他、最能使他和社会都得到提高的地位。

能有这样的选择是人比其他生物远为优越的地方，但是这同时也是可能毁灭人的一生、破坏他的一切计划并使他陷于不幸的行为。因此，认真地考虑这种选择——这无疑是开始走上生活道路而又不愿拿自己最重要的事业去碰运气的青年的首要责任。

每个人眼前都有一个目标，这个目标至少在他本人看来是伟大的，而且如果最深刻的信念，即内心深处的声音，认为这个目标是伟大的，那他实际上也是伟大的，因为神决不会使世人完全没有引导；神总是轻声而坚定地作启示。

但是，这声音很容易被淹没；我们认为是灵感的东西可能须臾而生，同样可能须臾而逝。也许，我们的幻想油然而生，我们的感情激动起来，我们的眼前浮想联翩，我们狂热地追求我们以为是神本身给我们指出的目标；但是，我们梦寐以求的东西很快就使我们厌恶——于是我们的整个存在也就毁灭了。

因此，我们应当认真考虑：所选择的职业是不是真正使我们受到鼓舞？我们的内心是不是同意？我们受到的鼓舞是不是一种迷误？我们认为是神的召唤的东西是不是一种自欺？但是，不找出鼓舞的来源本身，我们怎么能认清这些呢？

伟大的东西是光辉的，光辉则引起虚荣心，而虚荣心容易给人鼓舞或者是一种我们觉得是鼓舞的东西；但是，被名利弄得鬼迷心窍的人，理智已无法支配他，于是他一头栽进那不可抗拒的欲念驱使他去的地方；他已经不再自己选择他在社会上的地位，而听任偶然机会和幻想去决定它。

我们的使命绝不是求得一个最足以炫耀的职业，因为它不是那种使我们长期从事而始终不会感到厌倦、始终不会松动、始终不会情绪低落的职业，相反，我们很快就会觉得，我们的愿望没有得到满足，我们理想没有实现，我们就将怨天尤人。

但是，不只是虚荣心能够引起对这种或那种职业突然的热情。也许，我们自己也会用幻想把这种职业美化，把它美化成人生所能提供的至高无上的东西。我们没有仔细分析它，没有衡量它的全部分量，即它让我们承担的重大责任；我们只从远处观察它，然而从远处观察是靠不住的。

在这里，我们自己的理智不能给我们充当顾问，因为它既不是依靠经验，也不是依靠深入的观察，而是被感情欺骗，受幻想蒙蔽。然而，我们的目光应该投向哪里呢？在我们丧失理智的地方，谁来支持我们呢？

是我们的父母，他们走过了漫长的生活道路，饱尝了人世的辛酸。——我们的心这样提醒我们。

如果我们通过冷静的研究，认清所选择的职业的全部分量，了解它的困难以后，我们仍然对它充满热情，我们仍然爱它。觉得自己适合它，那时我们就应该选择它，那时我们既不会受热情的欺骗，也不会仓促从事。

但是，我们并不能总是能够选择我们自认为适合的职业；我们在社会上的关系，还在我们有能力对它们起决定性影响以前就已经在某种程度上开始确立了。

我们的体质常常威胁我们，可是任何人也不敢藐视它的权利。

诚然，我们能够超越体质的限制，但这么一来，我们也就垮得更快；在这种情况下，我们就是冒险把大厦筑在松软的废墟上，我们的一生也就变成一场精神原则和肉体原则之间的不幸的斗争。但是,一个不能克服自身相互斗争的因素的人,又怎能抗拒生活的猛烈冲击,怎能安静地从事活动呢?然而只有从安静中才能产生伟大壮丽的事业,安静是唯一生长出成熟果实的土壤。

尽管我们由于体质不适合我们的职业,不能持久地工作,而且工作起来也很少乐趣,但是,为了恪尽职守而牺牲自己幸福的思想激励着我们不顾体弱去努力工作。如果我们选择了力不能胜任的职业,那么我们决不能把它做好,我们很快就会自愧无能,并对自己说,我们是无用的人,是不能完成自己使命的社会成员。由此产生的必然结果就是妄自菲薄。还有比这更痛苦的感情吗?还有比这更难于靠外界的赐予来补偿的感情吗?妄自菲薄是一条毒蛇,它永远啮噬着我们心灵,吮吸着其中滋润生命的血液,注入厌世和绝望的毒液。

如果我们错误地估计了自己的能力,以为能够胜任经过周密考虑而选定的职业,那么这种错误将使我们受到惩罚。即使不受到外界指责,我们也会感到比外界指责更为可怕的痛苦。

如果我们把这一切都考虑过了,如果我们生活的条件容许我们选择任何一种职业;那么我们就可以选择一种能使我们最有尊严的职业;选择一种建立在我们深信其正确的思想上的职业;选择一种能给我们提供广阔场所来为人类进行活动、接近共同目标(对于这个目标来说,一切职业只不过是手段)即完美境地的职业。

尊严就是最能使人高尚起来、使他的活动和他的一切努力具有崇高品质的东西,就是使他无可非议、受到众人钦佩并高出于众人之上的东西。

但是,能给人以尊严的只有这样的职业,在从事这种职业时我们不是作为奴隶般的工具,而是在自己的领域内独立地进行创造;这种职业不需要有不体面的行动(哪怕只是表面上不体面的行动),甚至最优秀的人物也会怀着崇高的自豪感去从事它。最合乎这些要求的职业,并不一定是最高的职业,但总是最可取的职业。

但是,正如有失尊严的职业会贬低我们一样,那种建立在我们后来认为是错误的思想上的职业也一定使我们感到压抑。

这里,我们除了自我欺骗,别无解救办法,而以自我欺骗来解救又是多么糟糕!

那些不是干预生活本身,而是从事抽象真理研究的职业,对于还没有坚定的原则和牢固、不可动摇的信念的青年是最危险的。同时,如果这些职业在我们心里深深地扎下了根,如果我们能够为它们的支配思想牺牲生命、竭尽全力,这些职业看来似乎还是最高尚的。

这些职业能够使才能适合的人幸福,但也必定使那些不经考虑、凭一时冲动就仓促从事的人毁灭。

相反,重视作为我们职业的基础的思想,会使我们在社会上占有较高的地位,提高我们本身的尊严,使我们的行为不可动摇。

一个选择了自己所珍视的职业的人,一想到他可能不称职时就会战战兢兢——这种人单是因为他在社会上所居地位是高尚的,他也就会使自己的行为保持高尚。

在选择职业时,我们应该遵循的主要指针是人类的幸福和我们自身的完美。不应认为,这两种利益是敌对的,互相冲突的,一种利益必须消灭另一种的;人类的天性本来就是这样的:人们只有为同时代人的完美、为他们的幸福而工作,才能使自己也达到完美。

如果一个人只为自己劳动,他也许能够成为著名的学者、大哲人、卓越诗人,然而他永远不能成为完美无疵的伟大人物。

历史承认那些为共同目标劳动因而自己变得高尚的人是伟大人物;经验赞美那些为大多数人带来幸福的人是最幸福的人;宗教本身也教诲我们,人人敬仰的理想人物,就曾为人类牺牲了自己——有谁敢否定这类教诲呢？

如果我们选择了最能为人类福利而劳动的职业，那么，重担就不能把我们压倒，因为这是为大家而献身；那时我们所感到的就不是可怜的、有限的、自私的乐趣，我们的幸福将属于千百万人，我们的事业将默默地、但是永恒发挥作用地存在下去，面对我们的骨灰，高尚的人们将洒下热泪。

——资料来源《马克思恩格斯论教育》，人民教育出版社 1986 年版

课堂讨论：

青少年怎样树立正确的择业观和创业观？

案例解析：

就业是最大的民生。就业牵涉大学生自身和千家万户的利益，也影响国家和社会的发展。每个大学生都有面临就业的现实。树立正确的择业观和创业观，对于大学生顺利走进职业生活具有重要的现实意义。

（1）树立崇高的职业理想。

（2）服从社会发展的需要。

（3）做好充分的择业准备。

（4）培养创业的勇气和能力。

【案例二】为人民服务

我们的共产党和共产党所领导的八路军、新四军，是革命的队伍。我们这个队伍完全是为着解放人民的，是彻底地为人民的利益工作的。张思德同志就是我们这个队伍中的一个同志。

人总是要死的，但死的意义有不同。中国古时候有个文学家叫做司马迁的说过："人固有一死，或重于泰山，或轻于鸿毛。"为人民利益而死，就比泰山还重；替法西斯卖力，替剥削人民和压迫人民的人去死，就比鸿毛还轻。张思德同志是为人民利益而死的，他的死是比泰山还要重的。

因为我们是为人民服务的，所以，我们如果有缺点，就不怕别人批评指出。不管是什么人，谁向我们指出都行。只要你说得对，我们就改正。你说的办法对人民有好处，我们就照你的办。"精兵简政"这一条意见，就是党外人士李鼎铭先生提出来的；他提得好，对人民有好处，我们就采用了。只要我们为人民的利益坚持好的，为人民的利益改正错的，我们这个队伍就一定会兴旺起来。

我们都是来自五湖四海，为了一个共同的革命目标，走到一起来了。我们还要和全国大多数人民走这一条路。我们今天已经领导着有九千一百万人口的根据地，但是还不够，还要更大些，才能取得全民族的解放。我们的同志在困难的时候，要看到成绩，要看到光明，要看到希望，要提高我们的勇气。中国人民正在受难，我们有责任解救他们，我们要努力奋斗。要奋斗就会有牺牲，死人的事是经常发生的。但是我们想到人民的利益，想到大多数人民的痛苦，我们为人民而死，就是死得其所。不过，我们应当尽量地减少那些不必要的牺牲。我们的干部要关心每一个战士，一切革命队伍的人都要互相关心，互相爱护，互相帮助。

今后我们的队伍里，不管死了谁，不管是炊事员，是战士，只要他是做过一些有益的工作的，我们都要给他送葬，开追悼会。这要成为一个制度。这个方法也要介绍到老百姓那里去。村上的人死了，开个追悼会。用这样的方法，寄托我们的哀思，使整个人民团结起来。

——资料来源：毛泽东，六年级语文课本《为人民服务》

课堂讨论：

为什么说为人民服务是社会主义道德的核心？

案例解析：

答案要点：

（1）为人民服务是社会主义经济基础和人际关系的客观要求。

（2）为人民服务是社会主义市场经济健康发展的要求。

（3）为人民服务是先进性要求和广泛性要求的统一。

【案例三】永远的丰碑（16）：全国著名战斗英雄董存瑞

在河北省隆化县北郊，长眠着模范共产党员、全国著名战斗英雄董存瑞的英灵。在苍松翠柏中，矗立着一座雄伟的纪念碑，碑上铭刻着朱德总司令的题词："舍身为国，永垂不朽！"

董存瑞，1929 年生，河北省怀来县人。出身于贫苦农民家庭。当过儿童团长，13 岁时，曾机智地掩护区委书记躲过侵华日军的追捕，被誉为"抗日小英雄"。1945 年 7 月参加八路军。后任某部六班班长。1947 年 3 月加入中国共产党。他军事技术过硬，作战机智勇敢，在一次战斗中只身俘敌 10 余人。先后立大功 3 次、小功 4 次，获 3 枚"勇敢奖章"、1 枚"毛泽东奖章"。他所领导的班获"董存瑞练兵模范班"称号。

1948 年 5 月 25 日，我军攻打隆化城的战斗打响。董存瑞所在连队担负攻击国民党守军防御重点隆化中学的任务。他任爆破组组长，带领战友接连炸毁 4 座炮楼、5 座碉堡，胜利完成了规定的任务。连队随即发起冲锋，突然遭敌一隐蔽的桥型暗堡猛烈火力的封锁。部队受阻于开阔地带，二班、四班接连两次对暗堡爆破均未成功。董存瑞挺身而出，向连长请战："我是共产党员，请准许我去！"毅然抱起炸药包，冲向暗堡，前进中左腿负伤，顽强坚持冲至桥下。由于桥型暗堡距地面超过身高，两头桥台又无法放置炸药包。危急关头，他毫不犹豫地用左手托起炸药包，右手拉燃导火索，高喊："为了新中国，冲啊！"碉堡被炸毁，董存瑞以自己的生命为部队开辟了前进的道路，年仅 19 岁。

——资料来源：永远的丰碑（16）：全国著名战斗英雄董存瑞［OL］.人民网，http://politics.people.com.cn/

课堂讨论：

简述中国革命道德的主要内容。

案例解析：

答案要点：

（1）为实现社会主义和共产主义理想而奋斗。

（2）全心全意为人民服务。

（3）始终把革命利益放在首位。

（4）对立社会新风，建立新型人际关系。

（5）修身自律，保持节操。

【案例四】张绍清先进事迹

个人档案：

张绍清同志，男，生于 1964 年，1985 年参加工作，中共党员，大学本科学历，云南省公安厅刑侦总队刑事技术处副处长，痕迹检验专业高级工程师，二级鉴定官，一级警督，公安部现场勘查特长专家,全国知名枪弹、足迹、痕迹专家,云南省刑侦专家,痕迹专业领军人物,学科带头人。在近30年的刑侦、技术工作生涯中,张绍清同志对党的事业无限忠诚,爱岗敬业,呕心沥血,工作勤奋,参与侦破了一大批我省有广泛社会影响的重特大案件,并在这些案件的侦破工作中发挥了关键作用。因工作业绩突出,荣立“二等功”1次,荣立“三等功”6次,获得“嘉奖”4次,多次被授予厅机关“文明警察”,“先进工作者”,“优秀公务员”,“优秀党员”等荣誉称号。他是我省不可多得刑侦专家型人才,被省内外同行广泛赞誉为“当代的福尔摩斯”。

用爱岗书写忠诚

近三十年来,张绍清同志以对党和人民的无限忠诚积极投入到公安工作之中,长年累月奋战在刑侦战线,以破获疑难案件为乐、以破获大案要案为荣。他十分注重政治理论及相关业务知识学习,工作勤奋刻苦、积极主动、任劳任怨,一向严于律己、宽以待人、善于关心帮助和团结同志。

多年来,他不仅注重实际办案,同时注意在实践中积累总结经验,并在此基础上升华为理论,其撰写了大量很有现实指导作用的学术论文,对提高刑事技术民警的现场勘查和检验鉴定水平起到很好的促进作用。为进一步提高全省刑事技术民警整体勘鉴工作能力,张绍清同志按照厅领导及总队领导的要求,狠抓业务培训工作,为各种形式的痕迹培训班培训痕迹学员2000余人,培训跟班学习的痕迹技术人员100余人。作为云南省警官学院、昆明医学院的客座教授,张绍清同志也承担了学院的一些授课任务和刑事案件的专题讲座,为全省刑事技术的发展,人才的培养付出了大量心血。他撰写的论文实用性很强,讲课时深入浅出、图文并茂、实用性强,效果很好,深受基层民警的欢迎。

张绍清同志不仅是我省著名的刑侦专家、痕迹专家、破案专家,还是我省知名的排爆专家。80年代,技术处要选派一名干部参加全国排爆培训,本来选的是其他同志,其他同志害怕危险不愿干,后来组织上经过研究才选派张绍清同志去参加培训,他二话没说接受了任务。多年来他先后参加了北京亚运会,99昆明世界园艺博览会等大型盛会的安检排爆工作,为确保这些大型活动安全顺利举办,做出了重要贡献。在多年的排爆工作中,其先后排除各类爆炸装置100余个,为维护人民群众生命财产安全剪除了大量的安全隐患。如2005年勐腊邮包炸弹案,1997年祥云邮包炸弹案,2003年昆明钢铁集团领导宿舍水银炸弹案,2012昭通巧家爆炸案。

为打牢全省公安工作基础,张绍清同志在主抓全省枪支建档工作中带领刑侦、治安等相关部门的同志,克服重重困难,经过数年不懈努力,圆满完成了全省6万多支枪的建档工作。为加强全省枪支管理以及涉枪案件的侦破奠定了坚实的基础。因建档工作条件差,枪支发射噪音、烟雾,建档设备激光刺激等原因,对身体的持续不良刺激造成了张绍清同志听力、视力急剧下降。长期的枪弹工作积淀了他特有的专业经验,成为全省乃至全国枪弹专家,多次侦破全省及外省部分重特大枪案中发挥重大作用。如昆明2003年官渡农业银行持枪抢劫杀人案,周克华“苏、湘、渝”系列持枪抢劫案,2011年湄公河中国商船枪击案。

在完成好本职工作的同时,张绍清同志根据实际工作中遇到的困难,积极开展科学研究,他与战友们一道成功的研制出了国内“QBD-CCD-1型全波段CCD物证检验系统”,“大功率便携式激光物证检验系统”和“红外、紫外照相系统”等省部级重大科技项目。其中“红外、紫外照相系统”获得公安部科技进步“二等奖”。公安部重点攻关项目“大功率便携式激光物证检验系统”的研制达到国际领先水平。

用敬业诠释责任

在近三十年刑侦工作中,张绍清同志出差破案是随叫随到,从无怨言,节假日在办案中度过是经常的事,与家人聚少离多,对家庭照顾少,陪伴妻儿时间少。1992年8月31日,平远街战役开始,此时正是张绍清同志的结婚假期,战役中收缴了大量的军用枪支,需要对枪支进行发射、检验、鉴定,提取弹头弹壳进行串并案工作。接到指令后,张绍清同志立即告别爱妻投入到紧张的严打战役中。2007年12月21日,儿子因父亲长年出差不能照顾而生气离家出走,妻子气得一病卧床。就在12月22日云南省香格里拉县松赞林寺墙上粘贴出一张藏独煽动性字报,此案在迪庆州内宣传藏独,搞民族分裂活动,影响到民族团结影响极坏,公安部、省委、省公安厅领导高度重视,先后做出重要批示,要求立即破案消除隐患。张绍清接到指令后,毫不犹豫,放下家庭,放弃寻找儿子的时间,舍小家顾大家,立即带领文检技术人员赶赴迪庆,最终将案件侦破,抓获嫌疑人,消除了我省藏区一个重大的不稳定因数,为我省藏区维稳工作做出了较大贡献。

用业绩书写奉献

在长期的工作实践中,张绍清同志凭借扎实深厚的专业功底和孜孜以求刻苦钻研的精神,积累了广博的刑事侦查、刑事技术知识,练就了一身过人的侦查破案本领,尤其在现场勘查、痕迹物证发现与提取、检验鉴定、现场分析重建、案犯刻画和侦查指挥等方面积累了丰富的经验。

近三十年的刑侦工作经历,记载着他同刑事犯罪做斗争饱经风雨的历程,他常年战斗在打击犯罪的第一线,每年参加各类重特大案件的现场勘查50余起,历年累计勘查现场2000余起,检验鉴定复核疑难案件3000余起。为侦查破案他几乎走遍了全省各地,为一大批大要案件的成功侦破提供了有力技术支撑,如"昆明百货大楼爆炸案"、"云大马加爵杀人案"、"昆明公交车连环爆炸案"、2010年昆明阳光海岸"9.15"特大入室抢劫杀人案、2013年版纳8.28一家5人被杀案等,对案件的性质、侦查方向与范围的确定起到了关键作用,为打击犯罪维护社会稳定做出了突出贡献,赢得了全省各级公安机关领导、民警的爱戴和尊重和国内业界同行的充分认可和广泛赞誉。

2010年11月18日,泸西县旧城镇小松地煤矿发生因煤矿资源纠纷引发的恶性刑事案件,共造成9人死亡、48人受伤。案发后,中央政法委、公安部及省委、省政府等党政机关领导纷纷做出重要批示,要求迅速查清案情,妥善处理纠纷,维护社会稳定。张绍清同志因工作积劳成疾患上了急性心肌梗塞曾做过心脏支架手术,不久前曾经复发,刚从医院出院。接到出现场的指令后,张绍清同志当即就赶赴案发的第一线,克服病痛的折磨和疲惫,忘我投入工作,经及时勘验现场判明了案件性质,发现并提取到重要物证,锁定了作案人,准确认定作案枪支,为案件稳步推进提供有力技术支撑。

2014年1月11日香格里拉独克宗古城发生特大火灾,造成古城200多户被烧,事发在藏区、涉火户数多,网络舆论压力大,从中央到地方各级党委政府高度重视。张绍清同志接到指令后,立即赶赴现场,通过认真细致的现场勘查,提取痕迹物证,分析重现现场,及时确定并判明了起火时间、起火部位、起火点、起火方式。为认定火灾原因提供重要的科学依据。

30年来,张绍清同志勤勤恳恳,默默无闻,像一头老黄牛一样,用自己的实际行动诠释着全心全意人民服务的宗旨,舍小家顾大家,长期奋战在刑侦工作第一线,积劳成疾,不为名,不为利,用一个共产党员优良的作风践行着忠诚、责任、为民、奉献的核心价值观。

——资料来源:张绍清先进事迹[OL].云南网,http://sj.yunnan.cn/

课堂讨论：

简述职业生活中的道德规范的具体内容。

案例解析：

答案要点：

（1）爱岗敬业。

（2）诚实守信。

（3）办事公道。

（4）服务群众。

（5）奉献社会。

【案例五】用"红船精神"提升干部教育培训新境界

中国特色社会主义进入新时代，国家要有新气象新作为，党的干部必须政治过硬、本领高强。为此，我们要大力弘扬"红船精神"，坚定不移推进改革创新，努力构建世界先进干部教育培训体系，为培养造就适应新时代要求的好干部、实现中华民族伟大复兴的中国梦提供有力支撑。

1.新形势催生新任务新挑战

干部教育培训是我们党有组织有计划有目的地一种学习，是建设高素质干部队伍的先导性、基础性、战略性工程，在进行伟大斗争、建设伟大工程、推进伟大事业、实现伟大梦想中具有不可替代的地位和作用。

干部教育培训体系是指干部教育培训诸要素，如教育对象、内容、方式方法、机构、师资、管理等，按照一定规律有机组合、连接而成的整体。世界先进的干部教育培训体系，是指这个体系在培训理念、课程、方式方法、机构、师资、管理等诸多方面居于领先地位，具有很强的针对性、有效性、便捷性，能够在世界上发挥标杆示范和引领作用，吸引其他国家的人员前来学习借鉴。

构建中国特色干部教育培训体系，是中央对干部教育培训工作的重要要求。经过多年努力特别是近几年改革创新，中国特色干部教育培训体系已基本形成，主要体现在：在管理体制上，已经形成在党中央领导下，由中央组织部主管，中央和国家机关有关工作部门分工负责，中央、地方和部门分级分类管理的干部教育培训管理体制。在办学体制上，初步形成以党校、行政学院、干部学院为主阵地，高等学校和其他培训机构积极参与，网络培训广泛运用，开放多元、优势互补的办学体制。在运行机制上，初步形成以培训需求为导向，组织调训为主，统筹培训需求，注重考核评估，管理部门、办学单位、用人单位和学员相互协调的干部教育培训运行机制。在培训内容上，基本形成理论教育、党性教育、知识教育相结合，注重能力培训的内容体系。

事实充分说明，干部教育培训是中国共产党保持生机与活力、不断取得成功的奥秘所在。有国外学者指出，"中国模式"实际上是一种学习模式。中国共产党自上而下建立了一套庞大的学习系统，使之不仅能定期对党员进行党性教育，从而保持坚定的信念和勤政为民的作风，而且能迅速吸收新知识，掌握新措施新实践，克服"本领恐慌"，应对不断出现的新挑战。

党的十九大根据国际国内形势和我国发展条件，做出决胜全面建成小康社会、基本实现社会主义现代化、进而全面建成社会主义现代化强国的战略安排。面对新形势新任务新挑战，我们的干部教育培训体系还有一些不适应不完善的地方。一是培训针对性、实效性不强，干部最需要学的东西不多，最需要学的干部难以参加学习。网友戏称为"磨刀的不砍柴，砍柴的不磨刀"。二是干部教育培训机构低水平重复设置，优质培训资源不足与资源浪费现象并存，一些市县培训机构占地几百上千亩，硬件很气派，培训低水平，有的培训沦为参观考察。三是一些干部参加学习的内生动力不足，这既有干部缺乏学习兴趣和热情的问题，也有培训不对路、不管用的问题，还有培训缺乏有效考核评估和激励约束机制的问题。

上述问题不仅涉及干部教育培训的内容方式，而且涉及干部教育培训的体制机制。解决这些问题不能就事论事，必须从整体上来考虑，用改革创新的办法来解决，努力构建既有中国特色又具世界先进水平的干部教育培训体系。

2. "红船精神"是初心是武器是航标

"红船精神"是中国革命精神之源，是我们党在前进道路上战胜各种困难和风险、不断夺取新胜利的强大精神力量和宝贵精神财富，对于我们构建世界先进干部教育培训体系，具有重要理论意义和实践意义。

第一，"红船精神"是指引我们大胆探索构建世界先进干部教育培训体系的思想武器。当前，中国特色社会主义进入新时代，进行伟大斗争、建设伟大工程、推进伟大事业、实现伟大梦想，前景十分光明，挑战也十分严峻。面对新形势、新任务，我们要坚持和发扬"红船精神"，有敢于突破前人的勇气和智慧，大胆革除干部教育培训中的弊端，对标世界先进做法，不断完善干部教育培训体系，使我国在领导人员的教育培训中走在世界前列，为决胜全面建成小康社会、夺取新时代中国特色社会主义伟大胜利提供坚强保证。

第二，"红船精神"是鼓舞我们坚定不移构建世界先进干部教育培训体系的强大动力。创新不易，走在世界前列更难。对标世界先进做法，我国干部教育培训体系在一些方面还存在这样那样的不足。比如需求导向、务实管用的理念落实不够到位，竞争择优的理念尚未形成广泛共识。从实际工作看，我国对干部个体的发展意愿和培训需求关注不够，缺乏与被训干部就培训需求、培训时间的沟通、调查和分析，对干部个体的差异化学习需求缺乏全面把握，还不能完全做到"缺什么，补什么""干什么、学什么"，难以满足不同层次、不同岗位领导干部对于培训的专门需求。我们必须坚持和发扬"红船精神"，矢志不渝推进干部教育培训改革创新，把我国干部教育培训体系打造成为世界先进的干部教育培训体系。

第三，"红船精神"是鞭策我们沿着正确方向构建世界先进干部教育培训体系的指路明灯。路走得再远也不能忘记出发时的目标。"红船精神"昭示我们，不忘初心，方得始终。干部教育培训因党而生、随党而兴、为党而强，政治性是第一属性，必须旗帜鲜明讲政治，坚持正确的政治方向。干部教育培训讲政治，最根本的就是要牢固树立"四个意识"，提高政治站位，恪守党的政治纪律和政治规矩，始终做到以党的旗帜为旗帜、以党的意志为意志、以党的使命为使命，教育引导学员坚决维护习近平总书记党中央的核心、全党的核心地位，坚决维护以习近平同志为核心的党中央权威和集中统一领导，在政治立场、政治方向、政治原则、政治道路上始终同以习近平同志为核心的党中央保持高度一致，自觉做到对党忠诚、为党分忧、为党尽职、为民造福。我们必须按照这样的要求来构建世界先进干部教育培训体系。如果背离了这个要求，就不是我们所需要的世界先进干部教育培训体系。

3. 在实践中继承和弘扬"红船精神"

"红船精神"是历史的，也是现实的。我们要把"红船精神"贯穿于构建世界先进干部教育培训体系的全过程和各方面，对标先进，补足短板，凸显特色，强化精准，注重实效，推动中国干部教育培训走在世界前列。

第一，坚持党校姓党原则，在价值导向上走在世界前列。为谁服务的问题，是干部教育培训工作的首要问题。干部教育培训是我们党兴办的，必须坚持党校姓党原则，为党服务，把党的宗旨作为办学宗旨，把党的需求作为第一需求，把培养党和人民需要的好干部作为根本任务。在构建世界先进干部教育培训体系过程中，我们要始终坚持以习近平同志为核心的党中央的领导，高举中国特色社会主义伟大旗帜，认真贯彻落实党的理论和路线方针政策，把干部教育培训体系建成维护党的领导、加强党的建设、促进党的事业发展的重要阵地。

第二，扩大开放竞争，在办学体系上走在世界前列。我国有各类干部教育培训机构5000多所，世界上没有哪个国家比我国多。但我们的机构是多而不精，优质资源分布不均，开放度不够。要以这次党政机构改革为契机，大力推进部门行业培训机构优化整合，提升其专业化办学水平。要加强对高校基地的管理、指导、考核，实行动态调整、优进劣退的机制。要加强对现场教学基地的管理和指导，提高其培训质量，避免低水平重复建设。要加强对社会培训机构的规范引导，充分发挥他们在新知识、新技能培训方面的独特作用。

第三，强化规范有序，在运行机制上走在世界前列。进一步完善以需求为导向的计划生成机制，将需求调研作为培训计划生成的必经环节，既准确把握组织需求、岗位需求，又注重了解分析干部个体的差异化学习需求，真正做到"缺什么、补什么""干什么、学什么"。进一步推行竞争择优机制，制定实施培训资质认证标准，对承担干部教育培训任务的社会培训机构进行资质认证。进一步完善干部学习培训考核评价机制和激励约束机制，充分激发干部参加学习培训的内生动力。进一步完善培训质量评估机制，推动干部教育培训机构不断提高办学水平。

第四，彰显中国特色，在内容体系上走在世界前列。要紧紧围绕党和国家中心工作需要和干部队伍建设的目标要求，并结合不同类别不同层级不同岗位干部的个性需求，来安排培训内容。总的要求是，以理论教育为根本，深入开展马克思列宁主义、毛泽东思想、邓小平理论、"三个代表"重要思想、科学发展观的教育培训，重点开展习近平新时代中国特色社会主义思想的教育培训。以专业化能力培训为重点，结合干部岗位特点和需求，组织开展相关政策法规、决策部署、前沿问题的专题培训，引导干部提升专业能力、锤炼专业作风、培育专业精神，不断提高适应新时代、实现新目标、落实新部署的本领。

第五，突出灵活管用，在方式方法上走在世界前列。教无定法，贵在得法。要按照分类培训的要求，改进班次设置方式，突出按干部类别开展培训，对干部进行系统的理论教育和党性教育，可按省部级、地厅级、县处级等层级设置班次，每5年对干部进行一次不少于两个月的系统培训；对干部进行专业化能力培训，应更多从岗位特点和工作职责出发，按类别而不是按层级设置班次，每1年对干部进行1到2次一周左右的专题培训。要针对重点地区、重点领域干部的特殊培训需求，主动送教上门。继续探索干部免职脱岗培训、后备干部个性化定制培训等方式方法。

第六，夯实培训基础，在保障能力上走在世界前列。干部教育培训要搞好，必须有一大批名师、充足的经费、完备的制度等做保障。在师资方面，要加大名师培养力度，努力造就一批马克思主义理论大家、一批忠诚于马克思主义、在学科领域有影响的知名专家；要加大对基层师资队伍建设支持力度，上级干部教育培训机构要加强对下级干部教育培训机构师资的培训，每年安排一定数量的师资送教下基层。在经费方面，各级政府要将干部教育培训经费列入年度财政预算，保证工作需要，特别要加大基层干部教育培训经费投入力度。在制度方面，要建立健全干部教育培训机构管理、权益保障、竞争择优、考核评估等配套制度,形成以《干部教育培训工作条例》为主体的制度体系,为干部教育培训事业的健康发展提供制度保障。

——资料来源:用"红船精神"提升干部教育培训新境界[OL].中国社会科学网,http://www.cssn.cn/

课堂讨论:

简述中国革命道德的当代价值的意义。

案例解析:

中国革命道德内容丰富、历久弥新。红船精神、井冈山精神、长征精神、西柏坡精神等红色精神中蕴含的革命道德,都是中国共产党领导全体人民实现民族独立、人民解放的精神支撑和思想武器,对我们走好新时代的长征路,实现中华民族伟大复兴仍然具有极为重要的现实意义。

(1)有利于加强和巩固社会主义和共产主义的理想信念。

(2)有利于培育和践行社会主义核心价值观。

(3)有利于引导人们对立正确的道德观。

(4)有利于培育良好的社会道德风尚。

【经典语录】

1. 人们自觉地或不自觉地,归根到底总是从他们阶级地位所依据的实际关系中——从他们进行生产和交换的经济关系中,获得自己的伦理观念。

——恩格斯《马克思恩格斯文集》

2. "为巩固和完成共产主义事业而斗争,这就是共产主义道德的基础。"

——列宁《列宁专题文集 论无产阶级政党》

3. 以革命利益为第一生命,以个人利益服从革命利益。

——毛泽东《毛泽东选集》第2卷

4. 为了国家和集体的利益,为了人民大众的利益,一切有革命觉悟的先进分子必要时都应当牺牲自己的利益。

——邓小平《邓小平文选》第2卷

5. 每个人的力量是有限的,但只要我们万众一心、众志成城,就没有克服不了的困难;每个人的工作时间是有限的,但全心全意为人民服务是无限的。

——习近平《习近平谈治国理政》第1卷

6. 网络空间天朗气清、生态良好,符合人民利益。网络空间乌烟瘴气、生态恶化,不符合人民利益。

——习近平《习近平谈治国理政》第2卷

7. 劳动最光荣、劳动最崇高、劳动最伟大、劳动最美丽。

——习近平《习近平谈治国理政》第1卷

8. 如果我们选择了最能为人类而工作的职业,那么,重担就不能把我们压倒,因为这是为大家做出的牺牲;那时我们所享受的就不是可怜的、有限的、自私的乐趣,我们的幸福将属于千百万人我们的事业将悄然无声地存在下去,但是它会永远发挥作用,而面对我们的骨灰,高尚的人们将洒下热泪。

——马克思《马克思恩格斯全集》第 1 卷

9.道德建设,重要的是激发人们形成善良的道德意愿、道德情感,培育正确的道德判断和道德责任,提高道德实践能力尤其是自觉践行能力。

——习近平《习近平关于社会主义文化建设论述摘编》

10.雷锋精神,人人可学;奉献爱心,处处可为。积小善为大善,善莫大焉。

当有人需要帮助时,大家搭把手、出份力,社会将变得更加美好。

——习近平

【推荐阅读】

1.马克思:《青年在选择职业时的考虑》载于《马克思恩格斯全集》第 1 卷,人民出版社 1995 年版。

此文阐述了青年马克思职业选择观的主要内涵。在这篇文章中,马克思不仅阐述了选择职业必须遵循的方法原则,还明确指出了职业选择的主要指针和目标,充分展现 了少年马克思的伟大抱负和理想人格。

2.习近平:《在纪念孔子诞辰 2565 周年国际学术研讨会暨国际儒学联合会第五届会员大会开幕会上的讲话》,《人民日报》2014 年 9 月 25 日。

3.习近平:《注重家庭,注重家教,注重家风》,《习近平谈治国理政》第 2 卷,外文出版社 2017 年版。

此文强调重视家风建设,重视下一代家教,重视家庭文明建设,发扬中华民族传统家庭美德,培育和弘扬社会核心价值观,以家风文明建设推动社会文明建设。

4.中共中央文献研究室:《习近平关于社会主义文化建设论述摘编》,中央文献出版社 2017 年版。

本书共分 8 个专题:坚定文化自信,建设社会主义文化强国;坚持以马克思主义为指导,牢牢掌握意识形态工作领导权、管理权、话语权;高度重视理论建设,加快构建中国特色哲学社会科学;培育和践行社会主义核心价值观;提高全民族思想道德水平;坚持以人民为中心的创作导向;推动文化事业全面繁荣和文化产业快速发展;提高国家文化软实力,讲好中国故事。书中收入 361 段论述,摘自习近平同志 2012 年 11 月 15 日至 2017 年 7 月 26 日期间的讲话、报告、演讲、指示、批示、贺信等 70 多篇重要文献。其中许多论述是第一次公开发表。

【影视欣赏】

1.电视剧《山楂树之恋》,北京新画面影业有限公司,2010 年上映

故事发生在 20 世纪末,主要讲述一个女人跟三个男人的情感故事,作者从不同的视角窥探出男男女女在爱情、婚姻、家庭、利益、责任……等问题上引发的内心碰撞和情感争鸣,细腻地解读了现代男女的情欲世界、心理差异和迥然不同的爱情观和婚姻观,准确地把握住了她们的内心的所思所想,让读者在感动的同时,还能有一些思考,有一点感悟。

2.电影:《雷锋在 1959》,八一电影制片厂,2013 年上映

影片以雷锋同志真实的生活经历为叙事内容,展现了一位伟大的共产主义战士对党的

坚定信仰、对人民的无私奉献的短暂而辉煌的一生。该片使观众深刻的感受到了雷锋身上所具有的信念的能量、大爱的胸怀、忘我的精神和进取的锐气。

3. 电影:《冯志远》,电影频道节目中心,2007 年上映

影片讲述了冯志远在农村支教 42 年,培养出一万多名学生以及到后来双目失明,昏倒在讲台上的感人事迹。

20 世纪 50 年代末,上海支边青年冯志远告别了新婚妻子,来到宁夏腾格里沙漠的鸣沙中学。由于该地自然条件恶劣,许多支教的老师悄悄离开了,冯志远没有走,他一个人承担起四门课的教学任务。家境的贫困让学校三分之二的学生辍学在家,冯志远逐个登门做工作,使部分孩子回到了学校。一晃二十多年过去了,长期超负荷的教学令冯志远视力急剧下降。终于,在 1985 年的一天,正上课的冯志远瞬间暴盲,进入到一个黑暗的世界里。孙校长痛心疾首,停止了他的工作,但他依然用盲文黑板继续给孩子们上课。四十二年过去了,年逾七十的冯志远最终告别了他心爱的讲台。

4. 电影:《南昌起义》,上海电影制片厂,1981 年上映

1927 年 6 月,国民革命军二次北伐期间,汪精卫趁机积蓄力量,加紧反共,而蒋介石也在拉拢势力。中共中央总书记陈独秀却反对工农武装掌握军队。7 月 15 日,汪精卫等控制的武汉国民党中央召开分共会议,决定与共产党决裂,大革命失败。在这危急关头,周恩来、恽代英和李立三等人向改组后的中共中央提出举行南昌暴动的建议,得到中共中央的同意,并任命周恩来为前敌委员会总书记。周恩来到达南昌后,中共中央决定叶挺、贺龙两部队参加南昌起义。在听取了朱德介绍南昌的政治经济情况后,周恩来拟订了暴动计划。但中央代表张国焘出现动摇并企图阻止暴动计划。经过激烈的争论,张国焘只得少数服从多数,起义按照原计划进行。由于起义的计划被不慎泄露,周恩来毅然下令提前起义。8 月 1 日凌晨两点,起义枪声打响。经过浴血奋战,南昌起义初战告捷,从此人民有了自己的军队。

5. 纪录片:《祖国至上》,中央新闻纪录电影制片厂、安徽电视台等联合摄制,2011 年上映

电影以"祖国"为主题,以"光荣与梦想"为关键词,运用新中国成立以后的大量影像及文献资料,并通过走访事件亲历者,展现了中华儿女为了祖国的尊严,为了祖国的安宁,为了祖国的繁荣,甘愿奉献青春和生命的一个个传奇故事。

【学习链接】

1. 光明网:http://www.gmw.cn/
2. 头条新闻:https://mini.eastday.com/
3. 互动百科网:http://www.baike.com/
4. 中国青年网:http://news.youth.cn/
5. 央视网:http://www.cctv.com/

【实践拓展】

【实践一】讨论如何树立正确的择业观和创业观

【实践目的】

通过讨论,使大学生树立符合当前需要的择业观和创业观,实践自己的人生理想和

价值。

【实践要求】

1. 交流前,阅读教师推荐的相关资料。

2. 明确主题内容,分组进行讨论,控制交流时间。

【实践方案】

1. 时间:课堂时间。

2. 地点:教室。

3. 活动方式:教师引导,学生分组讨论。

4. 流程:

(1)根据交流前阅读的相关资料,以小组为单位进行讨论。每 7 人一组,设组长 1 名。

(2)各组代表分别发言,宣布讨论结果。

(3)教师根据每个小组的汇报情况进行总结和点评。

【实践二】讨论怎样树立正确的恋爱观与婚姻观

【实践目的】

大学生活是浪漫的,丰富多彩的,处于多梦时节的大学生,其感情世界是美丽的。随着社会的发展,大学生的恋爱观也随着变化,恋爱行为也愈加开放,但只有树立正确的恋爱观,才能使爱情的果实开得更加丰硕。通过讨论,使大学生处理好恋爱中的各种关系,从而树立正确的恋爱观与婚姻观。

【实践要求】

1. 讨论前,教师出示大学生之间的各种恋爱实例。

2. 合理分工,人人发言。

3. 小组代表发言,时间控制在 3 分钟以内。

【实践方案】

1. 时间:课堂时间

2. 地点:教室

3. 活动方式:分小组讨论,发表意见。

4. 流程:

(1)学生针对实例,以小组为单位展开讨论。第一次发言:组长组织组员发言,每人控制在 3 分钟以内。

(2)第二次发言:各组代表上台总结发言,时间控制在 3 分钟以内。

(3)教师进行总结点评。

【习题】

1. (　　)是道德起源的首要前提。

A. 社会关系　　　　B. 劳动　　　　　C. 自我意识　　　　D. 个体的独立

2. (　　)是道德赖以产生的客观条件。

A. 文明礼貌　　　　B. 助人为乐　　　C. 社会关系　　　　D. 自我意识

3. (　　)是道德产生的客观条件。

A. 文明礼貌　　　　B. 助人为乐　　　C. 社会关系　　　　D. 人的自我意识

4.社会主义道德的原则是（　　　）。

A.集体主义　　　　　B.个人主义　　　　　C.共产主义　　　　　D.尊老爱幼

5.（　　　）是指人们在社会交往和公共生活中应该遵守的行为准则,是维护公共利益、公共秩序、社会和谐稳定的起码的道德要求,涵盖了人与人、人与社会、人与自然之间的关系。

A.社会公德　　　　　B.社会道德　　　　　C.公共秩序　　　　　D.公共生活

6.社会公德涵盖了人与人、人与社会、人与自然之间的关系。在社会公德的主要内容中,体现了正确处理人与自然关系根本要求的是（　　　）。

A.文明礼貌　　　　　B.助人为乐　　　　　C.遵纪守法　　　　　D.保护环境

7.公共生活是人们在公共的领域、公有的环境、公用的场所中,彼此开放透明且互相关联的共同活动。下列选项中,反映了现代社会公共生活状况的是（　　　）。

A.分散经营、彼此独立　　　　　　　　B.相互交往、相互依赖

C.自给自足、自娱自乐　　　　　　　　D.鸡犬之声相闻,老死不相往来

8.（　　　）是个体人格完善的重要标志。

A.个人品德　　　　　B.学习成绩　　　　　C.遵纪守法　　　　　D.社会公德

9.志愿服务的精神中,（　　　）精神是精髓。

A.奉献　　　　　B.团结　　　　　C.友爱　　　　　D.互助

10.（　　　）对个人的思想行为具有鲜明的动力、导向和调节作用。

A.社会风尚　　　　　B.促进和谐　　　　　C.荣辱观　　　　　D.讲正气

（二）多项选择题

1.道德的功能包括（　　　）。

A.认识功能　　　　　B.规范功能　　　　　C.调节功能

D.导向功能　　　　　E.激励功能

2.中国革命道德具有丰富而独特的内涵,既包括革命道德的原则、要求、态度、修养、风尚等方面,也包括（　　　）等方面。

A.革命信念　　　　　B.革命行为　　　　　C.革命理想

D.革命精神　　　　　E.革命节操

3.下列选项中属于公共生活的特征的是（　　　）。

A.活动内容的特色性　　　　　　　　B.活动范围的广泛性

C.活动内容的开放性　　　　　　　D.交往对象的复杂性

E.活动方式的多样性

4.在我国社会主义现代化建设中,每个从业人员都应当遵守职业道德。职业道德的基本要求包括（　　　）。

A.奉献社会　　　　　B.爱岗敬业　　　　　C.诚实守信

D.办事公道　　　　　E.服务群众

5.恋爱中的道德规范主要有（　　　）。

A.尊重人格平等　　　B.尊重彼此的职业　　　C.自觉承担责任

D.文明相亲相爱　　　E.共同抚育子女

6.家庭美德的主要内容（　　　）。

A.尊老爱幼　　　　　B.男女平等　　　　　C.夫妻和睦

D.勤俭持家　　　　　E.邻里团结

7. 树立正确的恋爱观,大学生要处理好这样几种关系:（   ）。

A. 恋爱与家人的关系　　　　　　　　B. 恋爱与学习的关系

C. 恋爱与关心集体的关系　　　　　　D. 恋爱与关爱他人和社会的关系。

E. 恋爱与个人品德的关系

8. 道德修养的正确方法有（   ）。

A. 学思并重　　　　　B. 省察克治　　　　　C. 积善成德

D. 知行合一　　　　　E. 慎独自律

9. 志愿服务的精神是（   ）。

A. 奉献　　　　　　　B. 团结　　　　　　　C. 友爱

D. 互助　　　　　　　E. 进步

10. 大学生积极投身志愿服务活动,需要怎样做?（   ）

A. 做力所能及的事　　　B. 到最需要的地方去　　　　C. 帮助弱势群体

D. 尊老爱幼　　　　　E. 爱国爱民

（三）辨析题

1. 集体主义强调个人利益高于国家利益、社会整体利益。

2. 只要道德水平高,一切社会问题迎刃而解。

（四）简答题

1. 简述道德的功能。

2. 简述个人品德的作用。

3. 简述中华传统美德的基本精神。

4. 简述中国革命道德的主要内容。

5. 简述中国革命道德的当代价值。

6. 怎样树立正确的择业观和创业观?

7. 怎样树立正确的恋爱观与婚姻观?

（五）论述题

1. 大学生如何通过参与道德实践引领社会风尚?

2. 如何积极吸收借鉴古今中外的一切优秀道德成果?

3. 论述社会主义道德建设要与中华民族传统美德相承接。

【参考答案】

（一）单项选择题

1.B　2.C　3.D　4.A　5.A　6.D 7.B　8.A　9.A　10.C

（二）多项选择题

1.ABCDE　2.CD　3.BCDE　4.ABCDE　5.ACD　6.ABCDE

7.BCD　8.ABCDE　9.ACDE　10.ABC

（三）辨析题

1. 观点错误。集体主义强调,在个人利益与国家利益、社会整体利益发生矛盾冲突,尤其是发生激烈冲突的时候,必须坚持国家利益、社会整体利益高于个人利益的原则,即个人应当以大局为重,使个人利益服从国家利益、社会整体利益,在必要时做出牺牲。集体主义要求个人为国家、为社会做出牺牲并不是任意的,只有在不牺牲个人利益就不能保全国家利益、社会整体利益的情况下,才要求个人为国家利益、社会整体利益做出牺牲。

2. 观点错误,这是"道德万能论"的观点,它片面夸大了道德的作用,认为道德决定一切、高于一切、支配一切,只要道德水平高,一切社会问题迎刃而解。这种观点的根本错误在于,颠倒了社会存在和社会意识、经济基础同上层建筑之间的决定与被决定的关系,否定了物质资料的生产方式在社会发展中的决定作用。事实上,无论是在古代社会,还是在现代社会,道德都不是社会历史发展的最终决定因素。

（四）简答题

1. 答案要点:

道德的主要功能包括认识功能、规范功能和调节功能。道德的认识功能是指道德反映社会现实特别是反映社会经济关系的功效与能力;道德的规范功能是在正确的善恶观的指引下,规范社会成员在职业领域、社会公共领域、家庭领域的行为,并规范个人品德的养成;道德的调节功能是指道德通过评价等方式,指导和纠正人们的行为和实践活动,协调人们之间关系的功效与能力。这是道德最突出也是最重要的社会功能。在道德的功能系统中,认识功能、规范功能、调节功能是最基本的功能,此外还有导向功能、激励功能等。

2. 答案要点:

（1）个人品德对道德和法律作用的发挥具有重要的推动作用。

（2）个人品德是个体人格完善的重要标志。

（3）个人品德是经济社会发展进程中重要的主体精神力量。

3. 答案要点:

（1）重视整体利益,强调责任奉献。

（2）推崇"仁爱"原则,注重以和为贵。

（3）提倡人伦价值,重视道德义务。

（4）追求精神境界,向往理想人格。

（5）强调道德修养,注重道德践履。

4. 答案要点:

（1）为实现社会主义和共产主义理想而奋斗。

（2）全心全意为人民服务。

（3）始终把革命利益放在首位。

（4）对立社会新风,建立新型人际关系。

（5）修身自律,保持节操。

5. 答案要点:

（1）有利于加强和巩固社会主义和共产主义的理想信念。

（2）有利于培育和践行社会主义核心价值观。

（3）有利于引导人们对立正确的道德观。

（4）有利于培育良好的社会道德风尚。

6. 答案要点:

（1）树立崇高的职业理想。

（2）服从社会发展的需要。

（3）做好充分的择业准备。

（4）培养创业的勇气和能力。

7.答案要点：

（1）不能误把友谊当爱情。

（2）不能错置爱情的地位。

（3）不能片面或功利化地对待恋爱。

（4）不能只重过程不顾后果。

（5）不能因失恋而迷失人生方向。

（五）论述题

1.答：良好的社会风尚是人们在社会道德实践中逐渐形成起来的。大学生投身崇德向善的道德实践，要弘扬真善美、贬斥假恶丑，做社会主义道德的示范者和引领者，促成知荣辱、讲正气、做奉献、促和谐的社会风尚。大学生要以高度的主人翁精神，积极参与各种精神文明创建活动，为家庭谋幸福，为他人送温暖、为社会做贡献，不断引领社会风尚，提升道德品质。

2.答：推进社会主义道德建设，必须坚持马克思主义道德观，充分吸收借鉴各种优秀道德成果。

（1）传承中华传统美德。中华传统美德内容丰富，博大精深，是人类文明发展的重要精神财富。传统美德蕴藏的中国智慧，既可以为我们今天的道德建设提供有益启发，为治国理政提供有益启示也为解决当代人类面临的道德难题提供了重要启迪。

（2）发扬中国革命道德。中国革命道德具有丰富而独特的内涵，既包括革命道德的原则、要求、态度、修养、风尚等方面，也包括革命理想、革命精神等方面。中国革命道德对于我们走好新时代的长征路。实现中华民族伟大复兴具有极为重要的现实意义。

（3）借鉴人类文明优秀道德成果。借鉴和吸收人类文明优秀道德成果，必须秉承正确的态度和科学的方法。要坚持马克思主义立场、观点、方法，在道德问题上把握好共性和个性、抽象和具体、一般和个别的关系。要坚持以我为主、为我所用，批判继承其他国家的道德成果。

3.答：（1）中华民族传统美德是社会主义道德建设的丰富源泉。我国社会主义道德建设要与中华民族传统美德相承接。

（2）这既是我国社会主义现代化建设的客观要求，也是我国社会主义道德建设的内在要求。在面向现代化和全球化的今天，中华民族传统美德是我们在世界文化激荡中站稳脚跟的根基。在社会主义道德建设中继承和弘扬中华民族传统美德，能增进我们的文化自信与价值自信，增强民族自尊心和自信心；能充分激发民族潜能，为社会主义现代化建设提供精神动力；能使体现时代特点的社会主义道德体系具有鲜明的民族特色，有利于每个中国人道德品质的完善和中华民族整体道德水平的提升。

（3）社会主义道德建设与中华民族传统美德相承接一定要坚持正确的立场。马克思主义也是从旧文化吸收其先进的文明成果中发展起来的。对传统文化取其精华，去其糟粕，是中国共产党的一贯方针。

第六章 尊法学法守法用法

【引言】

　　法治是现代文明的制度基石。法治兴则国家兴，法治衰则国家乱。建设法治中国，离不开每个公民的参与和推动。在全面依法治国、建设法治中国的进程中，大学生肩负着重要责任。大学生要担当民族复兴大任，不仅要加强思想道德修养，而且要努力提高法治素养。这就需要进一步学习马克思主义法学理论，深刻理解社会主义法律的本质特征和运行机制，整体把握中国特色社会主义法律体系、法治体系和法治道路的精髓，培养法治思维，尊重和维护法律权威，依法行使权利与履行义务，以实际行动带动全社会崇德向善，努力做尊法学法守法用法的模范。社会主义法律的特征和运行。

【学习指引】

学习目的：

1. 了解法律的含义及历史发展。

2. 掌握以宪法为核心的中国特色社会主义法律体系。

3. 理解建设社会主义法制体系的重大意义。

4. 树立社会主义法治观念；培养社会主义法治思维；尊重社会主义法律权威。

学习重点：

1. 我国社会主义法律的本质特征。

2. 我国宪法的地位及基本原则。

3. 我国的程序法律部门。

4. 建设中国特色社会主义法制体系的主要内容。

5. 了解法制思维的含义和特征及内容。

6. 掌握尊重和维护法律权威的基本要求。

7. 掌握法律权利与法律义务的含义和特征。

8. 我国宪法法律规定的基本权利。

9. 公民应依法履行的法律义务。

学习难点：

1. 我国宪法确立的制度。

2. 我国的实体法律部门。

3. 坚持依法治国和以德治国相结合。

4. 怎样培养法治思维。

5. 法律权利与法律义务的关系。

【内容概要】

一、社会主义法律的特征和运行

（一）法律及其历史发展

1.法律的含义

（1）法律是由国家创制和实施的行为规范。国家创制法律规范的方式主要有两种：一是国家机关在法定的职权范围内依照法律程序,制定、修改、废止规范性法律文件的活动;二是国家机关赋予某些既存社会规范以法律效力,或者赋予先前的判例以法律效力的活动。

（2）法律由一定的社会物质生活条件所决定。法律作为上层建筑的重要组成部分,不是凭空出现的,而是产生于特定社会物质生活条件基础之上。社会物质生活条件是指与人类生存相关的物质资料生产方式、地理环境和人口因素等。其中,物质资料的生产方式既是决定社会面貌、性质和发展的根本因素,也是决定法律本质、内容和发展方向的根本因素。物质资料的生产方式包括生产力与生产关系两个方面,对法律是统治阶级意志的体现。法律产生决定性影响。

（3）法律是统治阶级意志的体现。法律所体现的统治阶级意志具有整体性,不是统治阶级内部个别人的意志,也不是统治者个人意志的简单相加。统治阶级不仅迫使被统治阶级服从和遵守法律,而且要求统治阶级的成员也遵守法律。法律所体现的统治阶级意志,并不是统治阶级意志的全部,仅仅是上升为国家意志的那部分意志。

综上所述,法律定义为：法律是由国家制定或认可并以国家强制力保证实施的,反映由特定社会物质生活条件所决定的统治阶级意志的规范体系。

2.法律的历史发展

（1）奴隶制法律。奴隶制法律通常采用最极端的经济剥削和政治压迫的方式,其主要特征有：一是具有明显的原始习惯残留痕迹;二是否认奴隶的法律人格;三是存在严格的等级划分;四是刑罚方式极其残酷。

（2）封建制法律。封建制法律的基本特征有：一是确立农民对封建地主的人身依附关系;二是实行封建等级制度;三是维护专制皇权;四是刑罚严酷。

（3）资本主义法律。资本主义法律的基本特征主要体现为四个原则：一是与资本主义私有制相适应的私有财产神圣不可侵犯原则;二是与资本主义市场经济相适应的契约自由原则;三是与资本主义民主政治相适应的法律面前人人平等原则;四是与资产阶级人道主义相适应的人权保障原则。

（4）社会主义法律。社会主义法律以公有制为经济基础,保障全体劳动者共同占有生产资料,通过解放生产力和发展生产力来推动社会物质财富和精神财富的日益丰富,从而实现人的全面发展和全体社会成员的共同富裕。社会主义法律是最广大人民群众意志的集中体现,是实现人民当家做主、实行人民民主专政的重要保证。社会主义法律反映了社会主义生产关系的本质要求,为实现普遍意义的平等、自由奠定了坚实基础,开辟了广阔空间,实现了对历史上各种类型法律制度的超越。

（二）我国社会主义法律的本质特征

1.我国社会主义法律体现了党的主张和人民意志的统一。

2. 我国社会主义法律具有科学性和先进性。

3. 我国社会主义法律是中国特色社会主义建设的重要保障。

（三）我国社会主义法律的运行

法律的运行是一个从创制、实施到实现的过程。这个过程主要包括法律制定、法律执行、法律适用、法律遵守等环节。

1. 法律制定

法律制定是指有立法权的国家机关，依照法定职权和程序、制定规范性法律文件的活动，是法律运行的起始性和关键性环节。

2. 法律执行

在广义上，法律执行是指国家机关及其公职人员，在国家和公共事务管理中依照法定职权和程序，贯彻和实施法律的活动。在狭义上，法律执行则是指国家行政机关执行法律的活动，也被称为行政执法。行政执法是法律实施和实现的重要环节，必须坚持合法性、合理性、信赖保护、效率等基本原则。我国大部分的法律法规都是由行政机关执行的，执法的主体通常是国家行政机关及其公职人员。我国行政执法的主体大体分为两类：一是中央和地方各级政府，包括国务院和地方各级人民政府；二是各级政府中享有执法权的下属行政机构。此外，法律授权的社会组织、行政机关依法委托的社会组织可以在一定范围内执行法律。

3. 法律适用

法律适用是指国家司法机关及其公职人员依照法定职权和程序适用法律处理案件的专门活动。在我国，司法机关是指国家审判机关和检察机关。人民法院代表国家行使审判权，人民检察院代表国家行使法律监督权。其他任何国家机关、社会组织和个人，不得行使国家司法权。

司法的基本要求是正确、合法、合理、及时。

司法原则主要有：司法公正；公民在法律面前一律平等；以事实为依据，以法律为准绳；司法机关依法独立公正行使司法权等。

4. 法律遵守

法律遵守是指国家机关、社会组织和公民个人依照法律规定行使权力和权利以及履行职责和义务的活动。守法是法律实施和实现的基本途径。

二、以宪法为核心的中国特色社会主义法律体系

（一）宪法是国家的根本法

宪法是治国安邦的总章程，是党和人民意志的集中体现，是中国特色社会主义法律体系的核心，在全面依法治国中具有突出地位和重要作用。

1. 我国宪法的形成和发展

2. 我国宪法的地位

（1）我国宪法是国家的根本法，是治国安邦的总章程，是党和人民意志的集中体现。

（2）我国宪法是国家各项制度和法律法规的总依据。

（3）我国宪法规定了国家的根本制度。

3. 我国宪法的基本原则

（1）党的领导原则。中国共产党是中国特色社会主义事业的领导核心。党的领导是

人民当家做主的根本保证,是中国特色社会主义最本质的特征,是中国特色社会主义制度最大优势。

（2）人民主权原则。主权是指国家的最高权力。在我国,人民当家作尊重和保障人权原则。我国宪法规定公民享有人身权、财产权、社会保障权、受教育权等权利和宗教信仰、言论出版、集会结社、游行示威等自由。

（3）社会主义法治原则。

（4）民主集中制原则。民主集中制是集中全党全国人民集体智慧,实现科学决策、民主决策的基本原则和主要途径。我国宪法规定,中华人民共和国的国家机构实行民主集中制原则。

4.我国宪法确立的制度

（1）国体和根本政治制度

国体即国家性质,是国家的阶级本质,是指社会各阶级在国家生活中的地位和作用。人民民主专政是我国的国体。我国宪法规定:"中华人民共和国是工人阶级领导的、以工农联盟为基础的人民民主专政的社会主义国家。"

为了保证人民当家做主,我国宪法规定了人民代表大会制度这项根本政治制度。人民代表大会制度是中国社会主义民主政治最鲜明的特点,是人民当家做主的重要途径和最高实现形式,是社会主义政治文明的重要制度载体,是我国的根本政治制度。人民代表大会制度是我国的政权组织形式。政权组织形式,又称政体,是指掌握国家权力的阶级实现国家权力的政权体制,是形成和表现国家意志的方式,或者说是表现国家权力的政治体制。国体决定政体,政体体现国体。依照我国宪法。人民行使国家权力的机关是全国人民代表大会和地方各级人民代表大会。国家机构实行民主集中制原则,通过民主选举组成全国人民代表大会和地方各级人民代表大会,并以人民代表大会为基础,建立全部国家机构,对人民负责,受人民监督,以实现人民当家做主的制度。国家行政机关、监察机关、审判机关、检察机关由人民代表大会产生,对它负责,受它监督,这与一些国家实行的立法机关、行政机关和司法机关平起平坐、三权分立有本质区别。

（2）基本政治制度

①中国共产党领导的多党合作和政治协商制度。共产党领导、多党派合作,共产党执政、多党派参政是中国共产党领导的政党制度的基本特色,也是我国政治制度的一大优势。中国人民政治协商会议是中国共产党领导的多党合作和政治协商的重要机构,是我国政治生活中发扬社会主义民主的重要形式。

②民族区域自治制度。民族区域自治制度体现了国家的集中统一和民族区域自治的正确结合,体现了全国各民族人民的共同利益和少数民族特殊利益的正确结合。它可以保证少数民族当家做主,更好地管理本民族的内部事务;它可以促进少数民族地区尽快地发展,促进全国各民族的共同繁荣昌盛;它可以促进民族团结,保证国家的统一,有利于加强边疆建设和巩固国防。

③基层群众自治制度。基层群众自治制度是城乡基层群众在党的领导下,依法直接行使民主权利,管理基层公共事务和公益事业,实行自我管理、自我服务、自我教育、自我监督的一项基本政治制度。基层群众自治是基层民主的主要实现形式,是人民当家做主最有效、最广泛的途径。

④基本经济制度。基本经济制度是指一国通过宪法和法律调整以生产资料所有制为

核心的各种基本经济关系的规则、原则和政策的总和。我国宪法规定:"中华人民共和国的社会主义经济制度的基础是生产资料的社会主义公有制,即全民所有制和劳动群众集体所有制。社会主义公有制消灭人剥削人的制度,实行各尽所能、按劳分配的原则。"同时还规定:"国家在社会主义初级阶段,坚持公有制为主体、多种所有制经济共同发展的基本经济制度,坚持按劳分配为主体、多种分配方式并存的分配制度。"

社会主义公有制是我国经济制度的基础。全民所有制和劳动群众集体所有制是我国社会主义公有制的两种基本形式。全民所有制经济即国有经济,是国民经济中的主导力量,控制着国家的经济命脉,决定着国民经济的社会主义性质。我国宪法规定,国家保障国有经济的巩固和发展。国家保护城乡集体经济组织的合法的权利和利益,鼓励、指导和帮助集体经济的发展。

(二)我国的实体法律部门

1. 宪法相关法

宪法相关法是与宪法相配套、直接保障宪法实施和国家政权运作等方面的法律规范,主要包括国家机构的产生、组织、职权和基本工作原则方面的法律,民族区域自治制度、特别行政区制度、基层群众自治制度方面的法律,维护国家主权、领土完整、国家安全、国家标志象征方面的法律,保障公民基本政治权利方面的法律。

2. 民法商法

民法是调整平等主体的自然人、法人和非法人组织之间的人身关系和财产关系的法律规范,遵循民事主体地位平等、自愿、公平、诚信、公序良俗、有利于节约资源和保护生态环境等基本原则。商法是调整平等主体之间商事关系的法律规范,是与民法并列并互为补充的部门法。商法遵循民法的基本原则,同时秉承保障商事交易自由、等价有偿、便捷安全等原则。

3. 行政法

行政法是关于行政权的授予、行政权的行使以及对行政权监督的法律规范,调整的是行政机关与行政管理相对人之间因行政管理活动发生的关系,遵循职权法定、程序法定、公正公开、有效监督等原则,既保障行政机关依法行使职权,又注重保障公民、法人和其他组织的权利。

4. 经济法

经济法是国家从社会整体利益出发,对经济活动实行干预、管理或者调控的法律规范。与民法商法调整平等主体之间的民事商事关系不同,经济法是国家对市场经济进行适度干预和宏观调控的法律手段和制度框架,旨在防止市场经济的自发性和盲目性所导致的弊端。

5. 社会法

社会法是调整劳动关系、社会保障、社会福利和特殊群体权益保障等方面的法律规范,遵循公平和谐与国家适度干预原则,通过国家和社会积极履行责任,对劳动者、失业者、丧失劳动能力的人以及其他需要扶助的特殊人群的权益提供必要的保障,维护社会公平正义。

6. 刑法

刑法是规定犯罪与刑罚的法律规范。它通过规范国家刑罚权,惩罚犯罪,保护人民,维护社会秩序和公共安全,保障国家安全。

我国刑法规定了罪刑法定、法律面前人人平等、罪刑相适应等基本原则。罪刑法定原则是指法律明文规定为犯罪行为的，依照法律定罪处刑，法律没有明文规定为犯罪行为的，不得定罪处刑；法律面前人人平等原则是指对任何人犯罪，在适用法律上一律平等，不允许任何人有超越法律的特权；罪刑相适应原则是指刑罚的轻重，应当与犯罪分子所犯罪行和承担的刑事责任相适应。

（三）我国的程序法律部门

我国的程序法律部门包括诉讼法与非诉讼程序法。诉讼与非诉讼程序法是规范解决社会纠纷的诉讼活动与非诉讼活动的法律规范。诉讼法律制度是规范国家司法活动解决社会纠纷的法律规范，非诉讼程序法律制度是规范仲裁机构或者人民调解组织解决社会纠纷的法律规范。

（一）诉讼法

我国制定了刑事诉讼法，规定一切公民在适用法律上一律平等，尊重和保障人权，人民法院、人民检察院依法独立公正行使审判权、检察权，人民法院、人民检察院、公安机关分工负责、互相配合、互相制约，保证犯罪嫌疑人、被告人获得辩护，未经人民法院依法判决，对任何人不得确定有罪等刑事诉讼的基本原则和制度，并规定了管辖、回避、辩护、证据、强制措施、侦查、起诉、审判、执行等制度和程序，有效保证了刑法的正确实施，保护了公民的人身权利、财产权利、民主权利和其他权利，保障了社会主义建设事业的顺利进行。

我国制定了民事诉讼法，确立了当事人有平等的诉讼权利、根据自愿和合法的原则进行调解、公开审判、两审终审等民事诉讼的基本原则和制度，明确了诉讼当事人的诉讼权利和诉讼义务，规范了证据制度，规定了第一审普通程序、第二审程序、简易程序、特别程序、审判监督程序等民事审判程序，还对执行程序、强制执行措施作了明确规定。

我国制定了行政诉讼法，明确规定公民、法人和其他组织认为自己的合法权益被行政机关及其工作人员侵犯时，有权依法向人民法院提起行政诉讼，人民法院依法对行政案件独立行使审判权，保障公民的合法权益，促进了行政机关依法行使行政职权。

（二）非诉讼程序法

我国制定了仲裁法，规范了国内仲裁与涉外仲裁机构的设立，明确规定仲裁委员会独立于行政机关，从机构设置上保证了仲裁委员会的独立性，明确将自愿、仲裁独立、一裁终局等原则作为仲裁的基本原则，系统规定了仲裁程序。

三、建设中国特色社会主义法治体系

（一）建设中国特色社会主义法治体系的重大意义

1. 中国特色社会主义的本质要求和重要保障。
2. 推进国家治理体系和治理能力现代化的重要举措。
3. 全面依法治国的总抓手。

（二）建设中国特色社会主义法治体系的主要内容

1. 完备的法律规范体系

完备的法律规范体系，是中国特色社会主义法治体系的前提，是法治国家、法治政府、法治社会的制度基础。完备的法律规范体系,是以宪法为核心,由部门齐全、结构严谨、内部协调、体例科学、调整有效的法律及其配套法规所构成的法律规范系统。完善法律规范体系的基本要求包括:坚持立法先行,发挥立法在改革开放和经济社会发展中的引领和推动作用,加快完善法律、行政法规、地方性法规体系,为全面依法治国提供基本遵循;科学立法、民主立法、依法立法,坚持上下有序、内外协调、科学规范、运行有效的原则,立改废释并举,实现从粗放立法向精细立法转变,提高立法质量和效率;实现立法和改革决策相衔接,做到重大改革于法有据、立法主动适应改革和经济社会发展需要。

2.高效的法治实施体系

建设高效的法治实施体系,是建设中国特色社会主义法治体系的重点。高效的法治实施体系,是指执法、司法、守法等各个环节有效衔接、协调高效运转、持续共同发力,实现效果最大化的法治实施系统。

3.严密的法治监督体系

严密的法治监督体系严密的法治监督体系,是指以规范和约束公权力为重点建立的有效的法治化权力监督网络。它以有权必有责、用权受监督、违法必追究,坚决纠正有法不依、执法不严、违法不究行为等为主要任务,是宪法法律有效实施的重要保障,是加强对权力运行制约和监督的迫切要求。

4.有力的法治保障体系

有力的法治保障体系,是全面依法治国的要依托。有力的法治保障体系,是指在法律制定、实施和监督过程中形成的结构完整、机制健全、资源充分、富有成效的保障系统,包括政治和组织保障、人才和物质条件保障、法治意识和法治精神保障等。

5.完善的党内法规体系

建设完善的党内法规体系,是中国特色社会主义法治体系的本质要求和重要内容。完善的党内法规体系,是指科学、程序严密、配套完备、运行有效的党内制度及其运行、保障体系。

(三)全面依法治国的基本格局

"科学立法、严格执法、公正司法、全民守法"十六字方针,展现了全面依法治国的基本格局。推进全面依法治国,必须从立法、执法、司法、守法四个方面统筹推进。

四、坚持走中国特色社会主义法治道路

(一)坚持中国共产党的领导

坚持党的领导,是社会主义法治的根本要求,是全面依法治国的题中应有之义。

坚持党的领导,不是一句空的口号,必须具体体现在党领导立法、保证执法、支持司法、带头守法上。

(二)坚持人民主体地位

在社会主义法治国家,人民是依法治国的主体和力量源泉,坚持人民主体地位是依法治国的基本原则。必须把人民当家做主贯彻到依法治国的全过程之中,保证人民的广泛参与。人民代表大会制度是保证人民当家做主的根本政治制度,保证了人民依法民主选举、民主协调、民主决策、民主管理、民主监督,维护国家法制统一、尊严权威。

坚持人民主体地位,必须坚持法治建设为了人民、依靠人民、造福人民、保护人民,以保障人民根本权益为出发点和落脚点,保证人民依法享有广泛的权利和自由、承担应尽的义务,维护社会公平正义,促进共同富裕,为保证人民当家做主提供坚实的法治基础。

（三）坚持法律面前人人平等

平等是社会主义法律的基本属性，是社会主义法治的基本要求。坚持法律面前人人平等，对于坚持走社会主义法治道路具有十分重要的意义。第一，它可以充分显示中国特色社会主义制度的优越性，使人民在依法治国中的主体地位得到尊重和保障，从而有利于增强人民群众的主人翁意识和责任感。第二，它鲜明地反对法外特权、法外开恩，对掌握公权力的人形成制约，从而有利于预防特权思想和各种潜规则的侵蚀。第三，它鲜明地反对法律适用上的各种歧视，有利于贯彻执行"以事实为依据、以法律为准绳"的司法原则。第四，它要求人人都严格依法办事，既充分享有法律规定的各项权利，又切实履行法律规定的各项义务，有利于维护法律权威、健全社会主义法治，确保实现全面依法治国的总目标。

坚持法律面前人人平等，要求公民不分民族、种族、性别、职业、家庭出身、宗教信仰、教育程度、财产状况、居住期限等，都应当平等享受公民权利、平等履行公民义务。

坚持法律面前人人平等，要坚决反对特权思想和特权现象。

（四）坚持依法治国和以德治国相结合

法治和德治，是治国理政不可或缺的两种方式。

1. 正确认识法治和德治的地位。

2. 正确认识法治和德治的作用。

3. 正确认识法治和德治的实现途径。

4. 推动法治和德治的相互促进。

一是强化道德对法治的支撑作用。二是把道德要求贯彻到法治建设中。三是运用法治手段解决道德领域突出问题。

（五）坚持从中国实际出发

建设法治中国，必须从我国实际出发，同完善和发展中国特色社会主义制度、推进国家治理体系和治理能力现代化相适应，既不能罔顾国情、超越阶段，也不能因循守旧、墨守成规。坚持从实际出发，就是要突出法治道路的中国特色、实践特色、时代特色。

坚持走中国特色社会主义法治道路，必须学习借鉴世界上优秀的法治文明成果。

五、培养法治思维

（一）法治思维及其内涵

1. 法治思维的含义与特征

法治思维是指以法治价值和法治精神为导向，运用法律原则、法律规则、法律方法思考和处理问题的思维模式。法治思维包含以下几层含义：第一，法治思维以法治价值和法治精神为指导，蕴含着公正、平等、民主、人权等法治理念，是一种正当性思维；第二，法治思维以法律原则和法律规则为依据来指导人们的社会行为，是一种规范性思维；第三，法治思维以法律手段与法律方法为依托分析问题、处理问题、解决纠纷，是一种可靠的逻辑思维；第四，法治思维是一种符合规律、尊重事实的科学思维。

法治思维与人治思维的区别集中体现在四个方面：一是在依据上，法治思维认为国家的法律是治国理政的基本依据，处理法律问题要以事实为根据、以法律为准绳；而人治思维的本质是主张人高于法或权大于法，它片面强调依赖个人的魅力、德行和才智来治国平天下。二是在方式上，法治思维以一般性、普遍性的平等对待方式调节社会关系，解决矛盾纠纷，坚持法律面前人人平等原则，具有稳定性和一贯性；而人治思维漠视规则的普遍适用性，按照个人意志和感情进行治理，治人者以言代法、言出法随、朝令夕改，具有极大的任意性和非理性。三是在价值上，法治思维强调集中社会大众的意志来进行决策和判断，是一种"多数人之治"的思维，避免陷入无政府主义或以民主之名搞乱社会；而人治思维是个人说了算的专断思维。四是在标准上，法治思维与人治思维的分水岭不在于有没有法律或者法律的多寡与好坏，而在于最高的权威究竟是法律还是个人。法治思维以法律为最高权威，强调"必须使民主制度化、法律化，使这种制度和法律不因领导人的改变而改变，不因领导人的看法和注意力的改变而改变"；人治思维则奉个人的意志为最高权威，当法律的权威与个人的权威发生矛盾时，强调服从个人而非服从法律的权威。

2. 法治思维的基本内容

（1）法律至上。法律至上是指在国家或社会的所有规范中，法律是地位最高、效力最广、强制力最大的规范。

（2）权力制约。权力制约是指国家机关的权力必须受到法律的规制和约束。

（3）公平正义。公平正义是指社会的政治利益、经济利益和其他利益在全体社会成员之间合理、公平分配和占有。一般来讲，公平正义主要包括权利公平、机会公平、规则公平和救济公平。权利公平包括三重含义：一是权利主体平等，国家对每个权利主体"不偏袒"、"非歧视"；二是享有的权利特别是基本权利平等；三是权利保护和权利救济平等。机会公平是指生活在同一社会中的成员拥有相同的发展机会和发展前景，反对任何形式的歧视。机会公平包括国家和社会要积极为社会成员的发展创造条件，并努力创造平等的起点；社会成员的发展进步权要受到同等尊重，不断拓展社会成员的发展领域；不仅要关注当代人的平等机会，还要考虑后代人的机会平等。规则公平是指对所有人适用同一的规则和标准，不得因人而异。包括法律规则面前人人平等、法律内容面前人人平等和法律保护面前人人平等，任何人不得享有法律之外的特权，任何人也不会被法律排除在保护之外。救济公平是指为权利受到侵害或处于弱势地位的公民提供平等有效的救济。救济公平包括司法救济公平，即司法要公正对待每一个当事人，致力于实现司法公正；行政救济公平，即政府对需要救济的社会成员提供的救济服务要一律平等，不得区别对待；社会救济公平，即社会对需要救济的社会成员提供的社会救济服务要一律平等，不得厚此薄彼。

（4）权利保障。权利保障主要是指对公民权利的法律保障，具体包括公民权利的宪法保障、立法保障、行政保护和司法保障。宪法保障是权利保障的前提和基础。立法保障是权利保障的重要条件，行政保护是权利保障的关键环节。司法保障是公民权利保障的最后防线，既是解决个人之间权利纠纷的有效渠道，也是纠正和遏制行政机关侵犯公民权利的有力机制。

（5）正当程序。程序的正当，表现在程序的合法性、中立性、参与性、公开性、时限性等方面。

（二）尊重和维护法律权威

1. 法律权威的含义

法律权威是指法律在社会生活中的作用力、影响力和公信力，是法律应有的尊严和生命。法律是否具有权威，取决于四个基本要素：一是法律在国家和社会治理体系中的地位和作用,只有法律占主导地位和起决定作用,法律才具有权威;二是法律本身的科学程度,只有法律反映客观规律和人类理性,法律才具有权威;三是法律在实践中的实施程度,只有法律在实践中得到严格实施和遵循,法律才具有权威;图是法律被社会成员尊崇或信仰的程度,只有法律反映人民共同意愿且为人民真诚信仰,法律才具有权威。

2.尊重和维护法律权威的重要意义

(1)社会主义法治观念的核心要求和建设社会主义法治国家的前提条件。

(2)对于推进国家治理体系和治理能力现代化、实现国家的长治久安极为重要。

(3)实现人民意志、维护人民利益、保障人民权利的基本途径。

(4)维护个人合法权益的根本保障。

3.尊重和维护法律权威的基本要求

(1)信仰法律。

(2)遵守法律。

(3)服从法律。

(4)维护法律。

(三)怎样培养法律思维

1.学习法律知识。

2.掌握法律方法。

法律方法主要包括两个方面:一是正确理解法律的方法,包括理解法律条文的含义、内容和精神等。二是正确运用法律的方法。

3.参与法律实践。

现在,人们参与法律实践的方式和途径越来越多。一是参与立法讨论。二是依法行使监督权。三是旁听司法审判。四是参与模拟法庭、法律诊所、法律辩论等校园法治文化活动,增长法律知识,锻炼法治思维。

4.养成守法习惯。

5.守住法律底线。

六、依法行使权利与履行义务

(一)法律权利与法律义务

1.法律权利的含义与特征

法律权利是指反映一定的社会物质生活条件所制约的行为自由,是法律所允许的权利人为了满足自己的利益而采取的、由其他人的法律义务所保证的法律手段。

法律权利是各种权利中十分重要的权利,具有以下四个方面的特征:一是法律权利的内容、种类和实现程度受社会物质生活条件的制约。二是法律权利的内容、分配和实现方式因社会制度和国家法律的不同而存在差异。三是法律权利不仅由法律规定或认可,而且受法律维护或保障,具有不可侵犯性。四是法律权利必须依法行使,不能不择手段地行使法律权利。

2.法律义务的含义与特征

(1)法律义务的含义:法律义务是指反映一定的社会物质生活条件所制约的社会责任,是保障法律所规定的义务人应该按照权利人要求从事一定行为或不行为以满足权利人利益的法律手段。

（2）法律义务的履行表现为两种形式：一种是作为，是指义务人实施积极的行为，如，子女通过经常看望和提供财物等行为履行赡养父母的义务等；另一种是不作为，是指义务人不得实施某种行为，如，未经许可不得公开他人的隐私等。

（3）法律义务的特点：第一，法律义务是历史的。第二，法律义务源于现实需要。第三，法律义务必须依法设定。第四，法律义务可能发生变化。

3. 法律权利与法律义务的关系

首先，法律权利和法律义务是相互依存的关系，法律权利的实现必须以相应法律义务的履行为条件。其次，法律权利与法律义务是目的与手段的关系。离开了法律权利，法律义务就失去了履行的价值和动力；离开了法律义务，法律权利也形同虚设。最后，有些法律权利和法律义务具有复合性的关系，即一个行为可以同时是权利行为和义务行为。

法律权利与法律义务平等，是现代法治的基本原则，是社会公平正义的重要方面。首先，法律权利与法律义务平等表现为法律面前人人平等被确立为基本原则。其次，在法律权利和法律义务的具体设定上要平等。再次，权利与义务的实现要体现平等。

在法律权利与法律义务相一致的情况下，一个人无论是行使权利还是履行义务，实际上都是对自己有利的。比如，公民应征入伍，既履行保卫祖国义务，表现为一种付出，也维护国家安全，保护了自己的安全利益。

（二）依法行使法律权利

1. 我国宪法法律规定的基本权利

（1）政治权利，是公民参与国家政治活动的权利和自由的统称。它的行使主要表现为公民参与国家、社会组织与管理的活动。

政治权利主要包括：一是选举权利，即选举权与被选举权，是指人们参加创设或组织国家权力机关、代表机关所必需的选举权和被选举权。二是表达权，即公民依法享有的表达自己对国家公共生活的看法、观点、意见的权利。表达权利对于一个国家的政治、经济、文化、科技、道德的发展具有基础性作用。三是民主管理权，即公民根据宪法法律规定，管理国家事务、经济和文化事业以及社会事务的权利。四是监督权，即公民依据宪法法律规定监督国家机关及其工作人员活动的权利。

（2）人身权利，是指公民的人身不受非法侵犯的权利，是公民参加国家政治、经济与社会生活的基础，是公民权利的重要内容。人身权利主要包括：一是生命健康权，即维持生命存在的权利。生命权是人最基本、最原始的权利，具有神圣性与不可转让性，不可非法剥夺，享有生命权是人享有其他各项权利的前提是人身自由权，即公民的人身自由不受非法搜查、拘禁、逮捕等行为侵犯的权利。人身自由是人们一切行动和生活的前提条件，包括人的身体不受拘束、人的行动自由、人身自由不受非法限制和剥夺等。三是人格尊严权，即与人身有密切联系的名誉、姓名、肖像等不容侵犯的权利。四是住宅安全权也称住宅不受侵犯权，即公民居住、生活、休息的场所不受非法侵入或搜查的权利。五是通信自由权，是指公民通过书信、电报、传真、电话及其他通信手段，根据自己的意愿进行通信，不受他人干涉的自由。

（3）财产权利，是指公民、法人或其他组织通过劳动或其他合法方式取得财产和占有、使用、收益、处分财产的权利。财产权主要包括：一是私有财产权。我国宪法规定，公民的合法的私有财产不受侵犯。公民一切具有财产价值的权利,不管是生活资料还是生产资料,不管是物权、债权还是知识产权,都应当受到保护。二是继承权,是指继承人依法取得被继承人遗产的资格。

（4）社会经济权利,是指公民要求国家根据社会经济的发展状况,积极采取措施干预社会经济生活,加强社会建设,提供社会服务,以促进公民的自由和幸福,保障公民过上健康而有尊严的生活的权利。主要包括:一是劳动权,是指一切有劳动能力的公民有获得劳动的机会和适当的劳动条件和报酬的权利。二是休息权,是指劳动者在付出一定的劳动以后所享有的休息和休养的权利,是劳动权存在和发展的基础。三是社会保障权,是指公民享有国家提供维持有尊严的生活的权利,四是物质帮助权,是指公民在法定条件下获得国家物质帮助的权利。

（5）宗教信仰及文化权利,是指公民依法享有的与宗教信仰活动和文化生活相关联的自由和权利的总称,主要包括宗教信仰自由、文化教育权等。宗教信仰自由是指公民依据内心的信念,自愿地信仰宗教的自由,具体内容包括信仰宗教的自由、从事宗教活动的自由、举行或参加宗教仪式的自由等。

2. 行使法律权利的界限

（1）权利行使的目的。公民在行使法律权利时,不仅要在形式上符合相关法律的规定,也要符合立法意图和精神,不得违反宪法法律确定的基本原则,保障权利行使的正当性。

（2）权利行使的限度。任何权利的行使都不是绝对的,都有其相应的限度,必须依照法律规定的限度来行使权利。

（3）权利行使的方式。权利行使的方式分为口头方式、书面方式和行为方式,有时口头方式和书面方式可以兼用。

（4）权利行使的程序。由于一个人行使权利的过程可能就是另一个人履行义务的过程,所以程序正当原则同样适用于权利行使过程。

（三）依法履行法律义务

义务法定,一方面是说义务的设定必须有法律依据,另一方面是说法定的义务应当履行,否则会承担不利的法律后果。

1. 公民应履行的基本法律义务

（1）维护国家统一和民族团结。

维护国家统一是整个社会共同体存在和发展的基础,也是以宪法为核心的整个法律制度存在的基础。同时,国家统一也是公民实现法律权利与自由的前提。

（2）遵守宪法和法律

我国宪法规定了公民遵守宪法和法律的义务,还规定了若干具体义务,包括:一是保守国家秘密。国家秘密是指涉及国家的安全与利益,尚未公开或不准公开的政治、经济、军事、公安、司法等秘密事项以及应当保密的文件、资料等。二是爱护公共财产。公共财产是指全民所有财产和劳动群众集体所有财产。三是遵守劳动纪律。四是遵守公共秩序。公共秩序包括社会秩序、生产秩序、教学科研秩序等。

（3）维护祖国安全、荣誉和利益

祖国安全是指国家的领土完整和主权不受侵犯,国家政权不受威胁。祖国安全是国家政权稳定和公民依法行使权利与自由的根本保障。维护祖国荣誉是指国家的声誉和尊严不受损害,对有辱祖国荣誉、损害祖国利益的行为给予法律制裁。

祖国利益通常分为对外和对内两个方面。对外主要是指民族的政治、经济、文化等方面的权利和利益;对内主要是指公共利益。

(4)依法服兵役。我国实行义务兵与志愿兵相结合、民兵与预备役相结合的兵役制度。我国公民都有义务依法服兵役。我国兵役法规定,每年 12 月 31 日以前年满 18 周岁的男性公民,应当被征集服现役。我国兵役法对服兵役的主体作了限制性规定:依法被剥夺政治权利的人没有服兵役的资格;应征公民被羁押,正在受侦查、起诉、审判的,或者被判处徒刑、拘役、管制正在服刑的,不征集;应征公民是维持家庭生活的唯一劳动力或者正在全日制学校就学的学生的,可以缓征;有服兵役义务的公民拒绝、逃避兵役登记的,应征公民拒绝、逃避征集的,预备役人员拒绝、逃避军事训练和执行军事勤务,经责令限期改正后仍逾期不改的,基层人民政府应当强制其履行服兵役的义务。

(5)依法纳税。在现代社会中,税收是国家财政收入的主要来源,纳税是公民应该履行的一项基本义务。根据我国个人所得税法的规定,在中国境内有住所,或者无住所而在境内居住满一年的个人,从中国境内和境外取得的所得,依法缴纳个人所得税。

2.违反法定义务应当承担的法律责任

公民未能依法履行义务,根据情节轻重,应当承担相应的法律责任。具体的法律责任主要包括民事责任、行政责任和刑事责任。民事责任是指由于违反民事法律规定、违约或者由于民法规定所应承担的一种法律责任。民事责任主要是财产责任,也可以是以人身、行为、人格等为责任承担内容的非财产责任;民事责任主要是一方当事人对另一方的责任;民事责任主要是补偿性的。在法律允许的条件下,民事责任可由当事人协商解决。行政责任是指因违反行政法或因行政法规定而应承担的责任。

对行政违法者的制裁包括行政处罚和行政处分。行政处罚是由国家行政机关对违反行政法律规定的行政相对人所实施的法律制裁;而行政处分是指国家行政机关对违反法律规定的行政人员所实施的法律制裁。

刑事责任是指行为人因其犯罪行为所必须承担的由国家司法机关代表国家依法所确定的否定性法律后果。即行为人实施刑事法律禁止的行为所必须承担的法律后果,负刑事责任意味着应受刑罚处罚。根据我国刑法的规定,刑事处罚包括主刑和附加刑两部分。主刑包括管制、拘役、有期徒刑、无期徒刑和死刑;附加刑包括罚金、剥夺政治权利和没收财产。

【学习延伸】

【案例一】我国宪法修改的重点内容及其重大历史意义

(宪法学习宣传报告摘编)

十三届全国人民代表大会第一次会议高票通过了宪法修正案,完成了宪法修改的重大历史任务,实现了我国宪法的又一次与时俱进。修改后的宪法,更好地体现了全党和全体人民的意志,更好地展示了中国特色社会主义制度的优势,更好地适应了推进国家治理体系和治理能力现代化的要求,为动员和组织全国各族人民夺取新时代中国特色社会主义伟大胜利提供有力宪法保障。

宪法是国家的根本法，是治国安邦的总章程，是党和人民意志的集中体现。毛泽东同志曾经指出，"一个团体要有一个章程，一个国家也要有一个章程，宪法就是一个总章程，是根本大法。用宪法这样一个根本大法的形式，把人民民主和社会主义原则固定下来，使全国人民有一条清楚的轨道，使全国人民感到有一条清楚的明确的和正确的道路可走，就可以提高全国人民的积极性"。习近平总书记强调，"宪法是国家的根本法，坚持依法治国首先要坚持依宪治国，坚持依法执政首先要坚持依宪执政。我们必须坚持把依法治国作为党领导人民治理国家的基本方略、把法治作为治国理政的基本方式，不断把法治中国建设推向前进"。

治国无其法则乱，守法而不变则衰。宪法作为治国安邦的总章程，必须随着时代的发展而发展。我国现行宪法自1982年通过后，这次宪法修改之前，根据我国改革开放和社会主义现代化建设的实践和发展，于1988年、1993年、1999年、2004年先后4次对个别条款和部分内容作了必要的、也是十分重要的修改，共通过31条修正案。本次宪法修改距上一次宪法修改已经14年。在这14年中，中国特色社会主义事业有了长足发展，特别是党的十八大以来，以习近平同志为核心的党中央团结带领全国各族人民，统筹推进"五位一体"总体布局、协调推进"四个全面"战略布局，推进党的建设新的伟大工程，形成一系列治国理政新理念新思想新战略，推动党和国家事业取得历史性成就、发生历史性变革，中国特色社会主义进入新时代。党的十九大在新的历史起点上对新时代坚持和发展中国特色社会主义做出重大战略部署，提出了一系列重大政治论断，确立了习近平新时代中国特色社会主义思想在全党的指导地位，确定了新的奋斗目标。在新的历史条件下，面对新的历史任务，对宪法进行必要的修改，对党和国家事业发展具有重大指导和引领意义。

宪法修正案共21条，包括12个方面：（1）确立科学发展观、习近平新时代中国特色社会主义思想在国家政治和社会生活中的指导地位。（2）调整充实中国特色社会主义事业总体布局和第二个百年奋斗目标的内容。（3）完善依法治国和宪法实施举措。（4）充实完善我国革命和建设发展历程的内容。（5）充实完善爱国统一战线和民族关系的内容。（6）充实和平外交政策方面的内容。（7）充实坚持和加强中国共产党全面领导的内容。（8）增加倡导社会主义核心价值观的内容。（9）修改国家主席任职方面的有关规定。（10）增加设区的市制定地方性法规的规定。（11）增加有关监察委员会的各项规定。（12）修改全国人大专门委员会的有关规定。

宪法修正案是一个整体，它全面体现了自上一次修宪以来党和人民在中国特色社会主义建设和改革实践中取得的重大理论创新、实践创新、制度创新的成果，体现了我们党依宪执政、依宪治国的理念，其核心要义和精神实质主要体现在以下方面。

一、确立习近平新时代中国特色社会主义思想在国家政治和社会生活中的指导地位。习近平新时代中国特色社会主义思想是马克思主义中国化最新成果，是党和人民实践经验和集体智慧的结晶，是中国特色社会主义理论体系的重要组成部分，是全党全国人民为实现中华民族伟大复兴而奋斗的行动指南，是党的十八大以来党和国家事业取得历史性成就、发生历史性变革的根本理论指引。把习近平新时代中国特色社会主义思想载入宪法，使其同马克思列宁主义、毛泽东思想、邓小平理论、"三个代表"重要思想、科学发展观一起，确立其在国家政治和社会生活中的指导地位，反映了全国各族人民的共同意愿，体现了党的主张和人民意志的统一，明确了全党全国人民为实现中华民族伟大复兴而奋斗的共同思想基础。

二、调整充实中国特色社会主义事业总体布局和第二个百年奋斗目标的内容，确保宪法确立的国家根本任务、发展道路、奋斗目标得到全面贯彻。推动物质文明、政治文明、精神文明、社会文明、生态文明协调发展,体现了党和国家对社会主义建设规律认识的深化和发展,是对中国特色社会主义事业总体布局的丰富和完善。把我国建设成为富强民主文明和谐美丽的社会主义现代化强国,实现中华民族伟大复兴,是党的十九大确立的奋斗目标。把这个宏伟目标载入宪法序言,有利于引领全党全国人民把握规律、科学布局,在新时代不断开创党和国家事业发展新局面,齐心协力为实现中华民族伟大复兴的中国梦而不懈奋斗。

三、完善依法治国和宪法实施举措。将宪法序言"健全社会主义法制"修改为"健全社会主义法治",在宪法层面体现了依法治国理念的新内涵。法治以民主为前提,以严格依法办事为核心,以确保权力正当运行为重点,重在确保社会形成由规则治理的管理方式、活动方式和法治秩序。在第二十七条增加规定:"国家工作人员就职时应当依照法律规定公开进行宪法宣誓"。党的十八届四中全会决定提出建立宪法宣誓制度,十二届全国人大常委会2015年7月通过关于实行宪法宣誓制度的决定,以立法方式确立了我国宪法宣誓制度。宪法宣誓制度实行以来,各地区、各部门、各方面认真贯彻落实法律规定,依法开展宪法宣誓活动已经成为尊重宪法、尊重人民主体地位的重要实践。宪法修正案还将宪法第七十条关于专门委员会的规定中的"法律委员会"修改为"宪法和法律委员会",推动宪法实施和监督工作进入新阶段。

四、增加中国共产党领导是中国特色社会主义最本质的特征的规定。我国宪法序言已确定了中国共产党的领导地位,以历史叙事证明中国共产党的领导是历史的选择、人民的选择。现在把党的领导写进总纲规定国家根本制度的条款,把党的领导和社会主义制度内在统一起来,把党的执政规律和中国特色社会主义建设规律内在统一起来。中国共产党领导是中国特色社会主义最本质的特征。我们说的依法治国,就是广大人民群众在党的领导下,依照宪法和法律的规定,通过各种途径和形式管理国家事务,管理经济和文化事业,管理社会事务,保证国家各项工作都依法进行,逐步实现社会主义民主的制度化、法律化,使这种制度不因领导人的改变而改变,不因领导人看法和注意力的改变而改变。我们讲依宪治国、依宪执政,不是要否定和放弃党的领导,而是强调党领导人民制定宪法和法律,党自身必须在宪法和法律范围内活动。我国宪法以根本法的形式反映了党带领人民进行革命、建设、改革取得的成果,反映了在历史和人民选择中形成的党的领导地位。

五、修改第七十九条关于国家主席任职期限方面的规定。这是在全面总结党和国家长期历史经验的基础上,从全局和战略高度完善党和国家领导体制的重大举措,体现了中国特色社会主义政治优势和制度优势。党章对党的中央委员会总书记、党的中央军事委员会主席,宪法对中华人民共和国中央军事委员会主席,都没有做出"连续任职不得超过两届"的规定。在修改宪法征求意见的过程中,各地各方面普遍认为,宪法对国家主席的相关规定也采取上述做法,是非常必要的、重要的。这样修改,有利于维护以习近平同志为核心的党中央权威和集中统一领导,有利于加强和完善国家领导体制,有利于保证党和国家长治久安。

六、增加有关监察委员会的各项规定。本次宪法修改21条修正案,有11条和国家监察体制改革相关。深化国家监察体制改革是一项事关全局的重大政治体制、监督体制改革,是强化党和国家自我监督的重大决策部署。宪法修正案在宪法第三章国家机构第六节后增加一节,专门就监察委员会做出规定,以宪法的形式明确国家监察委员会和地方各级监察委员会的性质、地位、名称、人员组成、任期任届、监督方式、领导体制、工作机制等等,为监察委员会行使职权提供了宪法依据。这些规定,体现了中国特色社会主义政治发展道路和法治发展道路的一致性,为监察委员会履职尽责提供了依据和遵循,是国家治理体系的重大完善,也是国家治理能力现代化的重大进步。

回顾我国宪法发展的历程，有一条清晰的脉络，就是我国宪法作为治国安邦的总章程，在保持根本性、权威性、稳定性的同时，根据建设、改革和发展的需要，不断适应新形势、吸纳新经验、确认新成果、做出新规范，从而保持旺盛的生命力和凝聚力。这次宪法修改在中国特色社会主义进入新时代的历史背景下，站在健全完善党和国家领导制度、推进国家治理体系和治理能力现代化的高度，完善了党和国家的领导体制，完善了人民代表大会制度，完善了统一战线制度，建立健全了国家监察制度等等，重大历史意义非同寻常。首先，它为在国家政治和社会生活中贯彻习近平新时代中国特色社会主义思想提供了宪法保障。改革开放以来我们党治国理政的一条成功经验就是通过修改宪法把党的指导思想确立为国家的指导思想，实现党的主张、人民意志、依法治国的高度统一，这对于党和国家事业发展至关重要。习近平新时代中国特色社会主义思想已经成为全党全国各族人民团结奋斗的共同思想基础。其次，为全面贯彻实施宪法确立的国家根本任务、发展道路、奋斗目标提供了宪法保障。我国宪法以国家根本法的形式，确立了中国特色社会主义道路、中国特色社会主义理论体系、中国特色社会主义制度的发展成果，反映了我国各族人民的共同意志和根本利益，成为历史新时期党和国家的中心工作、基本原则、重大方针、重要政策在国家法制上的最高体现。第三，为确保党的长期执政和国家长治久安提供了宪法保障。中国共产党是执政党，是国家的最高政治领导力量。中国共产党领导是中国特色社会主义最本质的特征，是中国特色社会主义制度的最大优势。把党的领导载入宪法，从社会主义制度的本质属性角度对坚持和加强党的全面领导进行规定，有利于在全体人民中强化党的领导意识，有效把党的领导落实到国家工作全过程和各方面，确保党和国家事业始终沿着正确方向前进。第四，为进一步全面推进依法治国提供了宪法保障。宪法是党领导人民制定的，是党的主张和人民意志的高度统一，是坚持党的领导、人民当家做主、依法治国有机统一的根本依据。以宪法为准绳，才能建设完备的法律规范体系、高效的法治实施体系、严密的法治监督体系和有力的法治保障体系，不断深化依法治国实践。第五，为支持和健全人民当家做主提供了宪法保障。宪法修改完善国家立法体制，进一步健全了人民当家做主的制度体系，强化了人民主体地位，促进了社会主义民主制度化法律化，推动了人民代表大会制度的完善。

——资料来源：我国宪法修改的重点内容及其重大历史意义（宪法学习宣传报告摘编）[OL] 中国青年网：http://c.360webcache.com/

课堂讨论：

1. 简述新中国成立前后我国宪法的发展过程。

2. 简述我国宪法的地位。

案例解析：

1. 答案要点：

（1）《共同纲领》，由中国人民政治协商会议第一届全体会议于 1949 年 9 月为新中国的建立而制定颁布的。它规定了新中国的国体、政体和公民的基本权利与义务等国家基本制度与重大问题及在政治、经济、文化、教育、民族和外交等方面的基本政策，起到了临时宪法的作用。

（2）1954 年宪法，由第一届全国人大第一次会议通过。规定了我国的国家性质、基本经济制度和政治制度、过渡到社会主义的方法和步骤，及公民在法律上一律平等和公民享有的基本权利和自由。这是我国第一部社会主义类型的宪法。

（3）1975年宪法，由第四届全国人大第一次会议通过。因特定的历史原因，它从总体上强调阶级斗争为纲，因而不可避免地存在严重的缺点和错误。

（4）1978年宪法，由第五届全国人大第一次会议通过。在一定程度上纠正了1975年宪法的极左倾向，但由于当时许多是非问题在理论上和政治上还未能分清，因此尽管经过两次修改。1978年宪法从总体上仍不能适应国家生活和社会生活的需要。

（5）1982年宪法，由第五届全国人大第五次会议通过，是我国现行宪法。规定了公民的基本权利义务、国家机构、国旗国徽、首都等，其体现的基本精神有：集中力量进行社会主义现代化建设；发展社会主义民主，健全社会主义法制；维护国家统一和民族团结；坚持改革开放，进行经济体制和政治体制改革。

1988年、1993年、1999年，2004年、2018年全国人大四次以宪法修正案的方式对1982年宪法进行了修改和补充。

2. 答案要点：

（1）我国宪法是国家的根本法，是治国安邦的总章程，是党和人民意志的集中体现。

（2）我国宪法是国家各项制度和法律法规的总依据。

（3）我国宪法规定了国家的根本制度。

【案例二】国务院：对长春长生案涉事企业和人员处以巨额罚款

国务院总理李克强7月30日主持召开国务院常务会议，听取吉林长春长生公司违法违规生产狂犬病疫苗案件调查进展汇报，要求坚决严查重处并建立保障用药安全长效机制。

要求对疫苗案继续开展五项工作

会议听取了国务院调查组的汇报。现已基本查明，长春长生公司在生产人用冻干狂犬病疫苗过程中，存在严重违反国家药品标准和药品生产质量管理规范、擅自变更生产工艺、编造生产和检验记录、销毁证据等违法行为，性质极其恶劣，涉嫌犯罪。公安机关已拘留并提请批准逮捕相关责任人。

下一步，国务院调查组要继续深入开展工作：

一要根据案件调查结果，依法从重对涉案企业和责任人、参与者做出严厉处罚，处以巨额罚款，并由司法机关进一步追究刑事责任，让严重违法犯罪者获刑入狱，把他们依法逐出市场，终身不得从事药品生产经营活动。

二要指导各地全部回收销毁未使用的涉案疫苗。已出口的要监督企业召回，并及时向世界卫生组织和有关国家通报。对涉案企业生产的其他疫苗严格查验，发现问题立即处置。加快完成已开展的全国全部46家疫苗生产企业全链条监督检查，及时向社会公布结果。

三要深入开展监管责任调查，决不能手软。对玩忽职守、失职渎职的坚决一查到底，对贪赃枉法、搞利益输送的要重拳打击，对负有领导责任的也要依法依规严厉追责。

四要全面查清涉案疫苗接种情况，依据相关领域专家做出的风险评估结果，科学拟定应对预案。相关部门要立足事实做出解释，及时回应社会关切。

五要有针对性地抓紧研究提出进一步完善疫苗研发、生产、流通、使用全流程监管体制的方案，构建确保群众用药安全的长效机制。

——资料来源：国务院：对长春长生案涉事企业和人员处以巨额罚款 [OL] 今日头条，https://www.toutiao.com/

课堂讨论：

1. 简述公民违反法定义务应当承担的法律责任。

2. 简述建设中国特色社会主义发展体系的重大意义。

案例解析：

1. 公民未能依法履行义务，根据情节轻重，应当承担相应的法律责任。具体的法律责任主要包括民事责任、行政责任和刑事责任。

民事责任是指由于违反民事法律规定、违约或者由于民法规定所应承担的一种法律责任。民事责任主要是财产责任，也可以是以人身、行为、人格等为责任承担内容的非财产责任；民事责任主要是一方当事人对另一方的责任；民事责任主要是补偿性的。在法律允许的条件下，民事责任可由当事人协商解决。行政责任是指因违反行政法或因行政法规定而应承担的责任。

对行政违法者的制裁包括行政处罚和行政处分。行政处罚是由国家行政机关对违反行政法律规定的行政相对人所实施的法律制裁；而行政处分是指国家行政机关对违反法律规定的行政人员所实施的法律制裁。

刑事责任是指行为人因其犯罪行为所必须承担的由国家司法机关代表国家依法所确定的否定性法律后果。即行为人实施刑事法律禁止的行为所必须承担的法律后果，负刑事责任意味着应受刑罚处罚。根据我国刑法的规定，刑事处罚包括主刑和附加刑两部分。主刑包括管制、拘役、有期徒刑、无期徒刑和死刑；附加刑包括罚金、剥夺政治权利和没收财产。

2. （1）中国特色社会主义的本质要求和重要保障。

（2）推进国家治理体系和治理能力现代化的重要举措。

（3）全面依法治国的总抓手。

【案例三】 习近平：加快建设社会主义法治国家

坚定不移走中国特色社会主义法治道路

全面推进依法治国，必须走对路。如果路走错了，南辕北辙了，那再提什么要求和举措也都没有意义了。全会决定有一条贯穿全篇的红线，这就是坚持和拓展中国特色社会主义法治道路。中国特色社会主义法治道路是一个管总的东西。具体讲我国法治建设的成就，大大小小可以列举出十几条、几十条，但归结起来就是开辟了中国特色社会主义法治道路这一条。

这次全会部署全面推进依法治国，是我们党在治国理政上的自我完善、自我提高，不是在别人压力下做的。在坚持和拓展中国特色社会主义法治道路这个根本问题上，我们要树立自信、保持定力。走中国特色社会主义法治道路是一个重大课题，有许多东西需要深入探索，但基本的东西必须长期坚持。

第一，必须坚持中国共产党的领导。党的领导是中国特色社会主义最本质的特征，是社会主义法治最根本的保证。坚持中国特色社会主义法治道路，最根本的是坚持中国共产党的领导。依法治国是我们党提出来的，把依法治国上升为党领导人民治理国家的基本方略也是我们党提出来的，而且党一直带领人民在实践中推进依法治国。全面推进依法治国，要有利于加强和改善党的领导，有利于巩固党的执政地位、完成党的执政使命，绝不是要削弱党的领导。

第二，必须坚持人民主体地位。我国社会主义制度保证了人民当家做主的主体地位，也保证了人民在全面推进依法治国中的主体地位。这是我们的制度优势,也是中国特色社会主义法治区别于资本主义法治的根本所在。

第三,必须坚持法律面前人人平等。平等是社会主义法律的基本属性,是社会主义法治的基本要求。坚持法律面前人人平等,必须体现在立法、执法、司法、守法各个方面。任何组织和个人都必须尊重宪法法律权威,都必须在宪法法律范围内活动,都必须依照宪法法律行使权力或权利、履行职责或义务,都不得有超越宪法法律的特权。任何人违反宪法法律都要受到追究,绝不允许任何人以任何借口任何形式以言代法、以权压法、徇私枉法。

第四,必须坚持依法治国和以德治国相结合。法律是成文的道德,道德是内心的法律,法律和道德都具有规范社会行为、维护社会秩序的作用。治理国家、治理社会必须一手抓法治、一手抓德治,既重视发挥法律的规范作用,又重视发挥道德的教化作用,实现法律和道德相辅相成、法治和德治相得益彰。

第五,必须坚持从中国实际出发。走什么样的法治道路、建设什么样的法治体系,是由一个国家的基本国情决定的。"为国也,观俗立法则治,察国事本则宜。不观时俗,不察国本,则其法立而民乱,事剧而功寡。"全面推进依法治国,必须从我国实际出发,同推进国家治理体系和治理能力现代化相适应,既不能罔顾国情、超越阶段,也不能因循守旧、墨守成规。

扎扎实实把全会提出的各项任务落到实处

这次全会对全面推进依法治国做出了全面部署,提出的重大举措有180多项,涵盖了依法治国各个方面。全党要以只争朝夕的精神和善作善成的作风,扎扎实实把全会提出的各项任务落到实处。

第一,紧紧围绕全面推进依法治国总目标,加快建设中国特色社会主义法治体系。全面推进依法治国总目标是建设中国特色社会主义法治体系,建设社会主义法治国家。这是贯穿决定全篇的一条主线,既明确了全面推进依法治国的性质和方向,又突出了全面推进依法治国的工作重点和总抓手,对全面推进依法治国具有纲举目张的意义。

第二,准确把握全面推进依法治国工作布局,坚持依法治国、依法执政、依法行政共同推进,坚持法治国家、法治政府、法治社会一体建设。全面推进依法治国是一项庞大的系统工程,必须统筹兼顾、把握重点、整体谋划,在共同推进上着力,在一体建设上用劲。

第三,准确把握全面推进依法治国重点任务,着力推进科学立法、严格执法、公正司法、全民守法。全面推进依法治国,必须从目前法治工作基本格局出发,突出重点任务,扎实有序推进。

第四,着力加强法治工作队伍建设。全面推进依法治国,建设一支德才兼备的高素质法治队伍至关重要。我国专门的法治队伍主要包括在人大和政府从事立法工作的人员,在行政机关从事执法工作的人员,在司法机关从事司法工作的人员。全面推进依法治国,首先要把这几支队伍建设好。

第五,坚定不移推进法治领域改革,坚决破除束缚全面推进依法治国的体制机制障碍。解决法治领域的突出问题,根本途径在于改革。如果完全停留在旧的体制机制框架内,用老办法应对新情况新问题,或者用零敲碎打的方式来修修补补,是解决不了大问题的。在决定起草时我就说过,如果做了一个不痛不痒的决定,那还不如不做。全会决定必须直面问题、聚焦问题,针对法治领域广大干部群众反映强烈的问题,回应社会各方面关切。

同志们,全面推进依法治国是一个系统工程,是国家治理领域一场广泛而深刻的革命,必须加强党对法治工作的组织领导。各级党委要健全党领导依法治国的制度和工作机制,履行对本地区本部门法治工作的领导责任,找准工作着力点,抓紧制定贯彻落实全会精神的具体意见和实施方案。要把全面推进依法治国的工作重点放在基层,发挥基层党组织在全面推进依法治国中的战斗堡垒作用,加强基层法治机构和法治队伍建设,教育引导基层广大党员、干部增强法治观念、提高依法办事能力,努力把全会提出的各项工作和举措落实到基层。

　　——资料来源:习近平:加快建设社会主义法治国家 [OL].中国共产党新闻网
http://theory.people.com.cn/ 有删减

课堂讨论:

简述全面依法治国的基本格局。

案例解析:

答案要点:

"科学立法、严格执法、公正司法、全民守法"十六字方针,展现了全面依法治国的基本格局。推进全面依法治国,必须从立法、执法、司法、守法四个方面统筹推进。

【案例四】让遵法学法守法用法成为共同追求

　　人民权益要靠法律保障,法律权威要靠人民维护。在全面依法治国的今天,法律已经融入人们的日常生活,成为不可分割的部分。建设社会主义法治国家,不仅需要党和政府的努力,需要执法部门的努力,也需要全社会的共同推进。习近平总书记强调,要坚持在法治轨道上统筹社会力量、平衡社会利益、调节社会关系、规范社会行为、化解社会矛盾,以良法促发展、保善治,让人民群众在每一个司法案件中感受到公平正义,使尊法学法守法用法成为广大人民群众共同追求,确保社会在深刻变革中既生机勃勃又井然有序。我们一定要牢记总书记的嘱托,自觉提高法治素养,积极投身全面依法治国实践,努力成为社会主义法治的忠实崇尚者、自觉遵守者、坚定捍卫者。

　　深刻认识尊法的重要性

　　法律要发挥作用,首先全社会要信仰法律。尊法学法守法用法,四个方面互相联系、相辅相成,其中尊法是核心、是根本。"尊法"与"遵法"虽然只有一字之差,内涵却大不相同。尊法是人们内心对宪法和法律的尊崇和信仰,体现了主动性和自愿性,不仅有遵守法律、恪守法律底线的意蕴,也包含"从心所欲不逾矩"的高尚境界。古今中外许多著名法学家都深刻认识到了尊法的重要性。伯尔曼说:"法律必须被信仰,否则它将形同虚设。"卢梭曾言:"一切法律中最重要的法律,既不是刻在大理石上,也不是刻在铜表上,而是铭刻在公民的内心里。"我们每一个人都应该深刻认识尊法的重要性,只有内心尊崇法治,树立宪法法律至上理念,才能自觉学法、守法、用法。

　　营造全社会学法的浓厚氛围

　　在法治社会,每一个人的生活都离不开法律规范,都需要树立法治观念。但也要看到,一个人的法治观念和规则意识不会自然形成,需要长期培养。学法懂法是守法用法的前提。一个人只有长期坚持学法,才能知法理、明法度、懂规矩,才能明白什么事能做,什么事不能做。现实生活中出现的一些违法乱纪现象,不少就是由于不学法从而不知法、不懂法造成的。因此,我们每一个人都要增强学法的自觉,努力知晓和掌握更多的法律知识。与此同时,相关部门也要做好普法工作,加强法治宣传教育,引导全社会树立法治意识,使人们发自内心信仰和崇敬宪法法律。不仅要以通俗的语言向公众解读法律内涵,也要借助重大、热点案件宣传法律知识和法治观念。通过热点案件上好"法治公开课",努力让人民群众在每一个司法案件中学到法律知识,感受公平正义,进而凝聚共识,合力推进法治建设。

推进全民守法用法

尊法学法的最终目的是守法用法。木受绳则直,人守法则正。一个合格的好公民必须懂得守法。也许有人觉得,家庭是私人领域,可以不受法律约束,但是首部《反家庭暴力法》严肃宣告:家庭不是法外之地,家暴就是违法行为。也许有人认为,编造谣言在网上传播没啥大不了,而《刑法修正案(九)》明确规定,在微信、微博等社交平台传播虚假险情、疫情、灾情、警情,要承担刑事责任。网络也不是法外之地。事实证明,谁不遵守法律,谁就会付出相应的代价。只有每一个人都自觉守法,整个社会才会井然有序、和谐稳定。我们在自觉守法的同时还要积极用法,养成遇事找法、解决问题靠法的良好习惯,努力形成人人守法、事事依法,守法光荣、违法可耻的社会氛围,只有这样,才能真正让法治精神深入人心,让尊法学法守法用法成为全社会的共同追求。

发挥领导干部的带头作用

领导干部是党和国家事业的中坚力量,其信念、决心、行动,是价值风向标,更是关键推动力。全面依法治国是一场深刻的革命,作为"关键少数",领导干部是否做到了尊法学法守法用法,对整个社会法治素养能否得到有效提高具有重要影响。因此,领导干部从踏入干部队伍的第一天起,就要把法治素养的第一粒扣子扣好,牢固树立法律面前人人平等的理念,做到"法无授权不可为",尊法为先,以上率下,让尊法学法守法用法成为一种习惯、成为行动自觉。领导干部要做尊法的模范,带头尊崇法治、敬畏法律;做学法的模范,带头了解法律、掌握法律;做守法的模范,带头遵纪守法、捍卫法治;做用法的模范,带头厉行法治、依法办事。

——资料来源:让遵法学法守法用法成为共同追求 [OL]. 河北新闻网, http://hbrb.hebnews.cn/

课堂讨论:

尊法学法守法用法,必须养成良好的法治思维和行为方式,什么是法治思维,其特征有哪些?

案例解析:

答案要点:

法治思维是指以法治价值和法治精神为导向,运用法律原则、法律规则、法律方法思考和处理问题的思维模式。法治思维包含以下几层含义:第一,法治思维以法治价值和法治精神为指导,蕴含着公正、平等、民主、人权等法治理念,是一种正当性思维;第二,法治思维以法律原则和法律规则为依据来指导人们的社会行为,是一种规范性思维;第三,法治思维以法律手段与法律方法为依托分析问题、处理问题、解决纠纷,是一种可靠的逻辑思维;第四,法治思维是一种符合规律、尊重事实的科学思维。

【案例五】建设新时代中国特色社会主义法治体系

党的十八届四中全会通过的《关于全面推进依法治国若干重大问题的决定》提出,全面推进依法治国要形成五个体系。党的十九大总结了过去五年的工作和历史性变革,提出习近平新时代中国特色社会主义思想,明确新时代中国共产党的历史使命。进入了新时代,中国特色社会主义法治体系的五大子体系将承担新的任务。

一是完备的法律规范体系。在具体表述上，党的十八届四中全会提出要推进科学立法、民主立法。在此基础上，十九大报告又新增了依法立法这一新的要求。特别要注意的是。前不久，2017 年 11 月 20 日召开的十九届中央全面深化改革领导小组第一次全体会议强调，要根据立法法的有关规定，紧紧围绕提高立法质量这个关键，更好发挥立法在表达、平衡、调整社会利益方面的重要作用，努力使每一项立法都符合宪法精神，反映人民意志得到人民拥护。依法立法是立法必须坚持的基本原则之一。首先要依宪立法；其次要贯彻党的方针政策，使党的主张和人民意志通过法定程序统一起来；最后要规范立法，促进立法内在协调。

二是高效的法治实施体系。包括加强宪法实施，推进合宪性审查工作，维护宪法权威，推进依法行政，严格规范公正文明执法，加大普法力度，建设社会主义法治文化，树立宪法法律至上、法律面前人人平等的法律理念。关于这个问题，前几年提的社会主义法治理念的五句话，已经发展为"宪法法律至上和法律面前人人平等"两句话。而尤其要注意，深化司法体制改革，是建设高效的法治实施体系的核心和重要依托。党的十八大以来，司法体制改革一直就是法治中国建设的重点，甚至被认为是依法治国的突破点。司法改革一直是国家最高层面关注的改革重点。据统计，党的十八届三中全会至十九大之间，习近平总书记先后主持召开了 38 次中央全面深化改革领导小组会议，其中 28 次涉及司法体制改革议题，至少审议通过了 50 个司法体制改革文件。11 月 20 日，习近平总书记又主持召开了十九届中央全面深化改革领导小组第一次全体会议。可以说，司法体制改革已全面展开，各方面都取得了巨大成就，但司法制度本身乃是一个整体，司法体制改革最终的效果要取决于各项改革之间的"综合配套"。基于此，十九大报告特别强调深化司法体制"综合配套改革"。

三是严密的法治监督体系。法治监督体系的重心是加强对公权力的监督。行政权力具有管理事务领域宽、自由裁量权大等特点，法治监督的重点之一就是规范和约束行政权力。党的十八届四中全会《决定》对于行政权力监督列举了监督种类，即"加强党内监督、人大监督、民主监督、行政监督、司法监督、审计监督、社会监督、舆论监督制度建设，努力形成科学有效的权力运行制约和监督体系，增强监督合力和实效"。十九大报告进一步明确了监督的实质内涵，提出了有效的权力监督网络，即"强化自上而下的组织监督，改进自下而上的民主监督，发挥同级相互监督作用，加强对党员领导干部的日常管理监督。深化政治巡视，坚持发现问题、形成震慑不动摇，建立巡视巡察上下联动的监督网。"这样，进一步疏通了监督的制度渠道，强化了监督的实效。为了确保国家监察全覆盖落到实处，十九大报告要求深化监察体制改革，成立监察委员会，制定国家监察法，实现对所有行使公权力的公职人员监察全覆盖。"国家监察委员会就是中国特色的国家反腐败机构，国家监察法就是反腐败国家立法。"

四是有力的法治保障体系。十九大报告特别强调："党政军民学，东西南北中，党是领导一切的。""党是最高政治领导力量。"党的领导是中国特色社会主义最本质的特征，是社会主义法治最根本的保证。尤其是，党的十九大提出成立中央全面依法治国领导小组，以此来加强党对法治建设的统一领导。这是十九大报告的一大亮点，也是党中央深化依法治国实践最根本的举措。中央全面依法治国领导小组是对未来全面依法治国最大的组织保障。新时代在法治建设的各个方面、各个环节，都要以中央全面依法治国领导小组的顶层设计为依据。

五是完善的党内法规制度体系。十八届四中全会将"形成完善的党内法规体系"确定为全面推进依法治国总目标的重要内容，强调"党内法规既是管党治党的重要依据，也是建设社会主义法治国家的有力保障"。党的十九大报告指出："增强依法执政本领，加快形成覆盖党的领导和党的建设各方面的党内法规制度体系,加强和改善对国家政权机关的领导。"十九大修订了《中国共产党章程》;加上十八大以来对一系列党内重要法规诸如《关于新形势下党内政治生活的若干准则》《中国共产党党内监督条例》《中国共产党问责条例》《中国共产党廉洁自律准则》《中国共产党纪律处分条例》等的制定完善,使党的政治建设、思想建设、组织建设、作风建设、纪律建设和反腐败斗争在制度层面得以进一步落实。依规治党、用法治的思维推进全面从严治党所取得的伟大成就,让我们进一步坚信:"办好中国的事情,关键在党,关键在党要管党、从严治党。"新时代要求从党内法规的制定、备案、解释、执行等方面,进一步加强党内法规制度建设;要求从理论和实践层面理顺党内法规和国家法律的关系;同时,对党内法规在从严治党、管党方面的效用进行评估,为修改完善党内法规提供依据。

——资料来源:《学习时报》2017 年 12 月 22 日

课堂讨论:

建设中国特色社会主义法治体系的主要内容有哪些?

案例解析:

答案要点:

建设中国特色社会主义法治体系,就是在中国共产党领导下,坚持中国特色社会主义制度,贯彻中国特色社会主义法治理论,形成完备的法律规范体系、高效的法治实施体系、有力的法律保障体系,形成完善的党内法规体系。

【经典语录】

1. 我们讲依宪治国、依宪执政,不是要否定和放弃党的领导,而是强调党领导人民制定宪法和法律,党领导人民执行宪法和法律,党自身必须在宪法和法律范围内活动。

——习近平《习近平关于全面依法治国论述摘编》

2. 必须使民主制度化、法律化,使这种制度和法律不因领导人的改变而改变,不因领导人的看法和注意力的改变而改变。

——邓小平《邓小平文选》

3. 权利决不能超出社会的经济结构以及由经济结构制约的社会的文化发展。

——马克思《马克思恩格斯选集》

4. 我们有充分信心继续坚定不移推动两岸关系和平发展,有充分信心克服各种困难开辟两岸关系新前景,有充分信心同台湾同胞携手迎接中华民族伟大复兴。

——2013 年 2 月 25 日习近平会见连战时讲话

5. 如果我们党有一百个至二百个系统地而不是零碎地、实际地而不是空洞地学会了马克思列宁主义的同志就会大大地提高我们党的战斗力量。

——毛泽东《中国共产党在民族战争中的地位》

6. 革命不是请客吃饭,不是做文章,不是绘画绣花,不能那样雅致,那样从容不迫,文质彬彬,那样温良恭让。革命是暴动,是一个阶级推翻一个阶级的暴烈的行动。

——毛泽东《湖南农民运动的考察报告》

7. 少数党员、干部存在违纪乱纪、贪污腐败、作风散漫等问题,非下大力气抓好不可。

——习近平《关于改进领导作风的六项规定》

8.如果缺乏对不正当市场行为进行惩防的法治体系,守信者利益得不到保护,违法行为得不到惩治,市场经济就不能建立起来。从这意义上说,市场经济就是法治经济。

——习近平《之江新语》

9.改革开放胆子要大一些,敢于试验,不能像小脚女人一样。看准了的,就大胆地试,大胆地闯。

——邓小平 1992 年南方谈话

10.我们有坚定的意志、充分的信心、足够的能力挫败任何形式的"台独"分裂图谋。

——习近平十九大报告

【推荐阅读】

1.《中华人民共和国宪法》,人民出版社,2018 年出版。

《中华人民共和国宪法修正案》已由中华人民共和国第十三届全国人民代表大会第一次会议于 2018 年 3 月 11 日通过。把党的十九大确定的重大理论观点和重大方针政策载入国家根本法,把党和人民在实践中取得的重大理论创新、实践创新、制度创新成果上升为宪法规定。这是保证党和国家长治久安的顶层设计和制度安排,体现了党和国家事业发展的新成就、新经验、新要求,必将为新时代坚持和发展中国特色社会主义提供有力宪法保障。

宪法修改,是党和国家政治生活中的一件大事,是以习近平同志为核心的党中央从新时代坚持和发展中国特色社会主义全局和战略高度做出的重大决策,是推进全面依法治国、推进国家治理体系和治理能力现代化的重大举措。

2. 习近平:《加快建设社会主义法治国家》,《求是》2015 年第 1 期。

《加快建设社会主义法治国家》文章选自习近平 2014 年 10 月 23 日在党的十八届四中全会第二次全体会议上重要讲话的第二部分和第三部分。

文章的第一部分,深刻阐明党的十八届四中全会决定有一条贯穿全篇的红线,这就是坚持和拓展中国特色社会主义法治道路。第二部分,向全党提出扎扎实实把全会提出的各项任务落到实处的总要求,并从五个方面做出工作部署。第一,紧紧围绕全面推进依法治国总目标,加快建设中国特色社会主义法治体系。第二,准确把握全面推进依法治国工作布局,坚持依法治国、依法执政、依法行政共同推进,坚持法治国家、法治政府、法治社会一体建设。第三,准确把握全面推进依法治国重点任务,着力推进科学立法、严格执法、公正司法、全民守法。第四,着力加强法治工作队伍建设。第五,坚定不移推进法治领域改革,坚决破除束缚全面推进依法治国的体制机制障碍。文章最后指出,全面推进依法治国是一个系统工程,是国家治理领域一场广泛而深刻的革命,必须加强党对法治工作的组织领导。各级党委要健全党领导依法治国的制度和工作机制,履行对本地区本部门法治工作的领导责任,找准工作着力点,抓紧制定贯彻落实全会精神的具体意见和实施方案。要把全面推进依法治国的工作重点放在基层,努力把全会提出的各项工作和举措落实到基层。

3. 习近平:《更加注重发挥宪法重要作用　把实施宪法提高到新的水平》,《人民日报》2018 年 2 月 26 日

中共中央政治局于 2018 年 2 月 24 日下午就我国宪法和推进全面依法治国举行第四次集体学习。中共中央总书记习近平在主持学习时强调,决胜全面建成小康社会、开启全

面建设社会主义现代化国家新征程、实现中华民族伟大复兴的中国梦,推进国家治理体系和治理能力现代化、提高党长期执政能力,必须更加注重发挥宪法的重要作用。要坚持党的领导、人民当家做主、依法治国有机统一,加强宪法实施和监督,把国家各项事业和各项工作全面纳入依法治国、依宪治国的轨道,把实施宪法提高到新的水平。

4. 中共中央文献研究室:《习近平关于全面依法治国论述摘编》,中央文献出版社,2015 年出版

党的十八大以来,中共中央总书记、国家主席、中央军委主席习近平围绕全面依法治国发表了一系列重要论述,对贯彻落实党的十八大和十八届三中、四中全会精神具有重要指导意义。《习近平关于全面依法治国论述摘编》共分 8 个专题,收入 193 段论述,摘自习近平同志 2012 年 12 月 4 日至 2015 年 2 月 2 日期间的讲话、报告、批示、指示等 30 多篇重要文献。其中部分论述是第一次公开发表。

【影视欣赏】

1. 电影:《永不妥协》,2000 年 3 月上映

电影描述了一个没有法律背景的单身母亲,历尽艰辛,以永不妥协的勇气和毅力打赢了美国有史以来最大的一宗民事赔偿案。

埃琳·布罗克维奇是倒霉鬼中的典型。她结过两次婚,但每次婚姻都没有给她带来幸福,反而令她成了一个拖着三个孩子的单身母亲。倒霉的她在遭到一场交通事故后,连志在必得的赔偿官司到最后都输掉了。

为她辩护的律师埃德半是同情埃琳半是因为帮她打输了官司心感内疚,收留了埃琳在他的律师楼里打杂。埃琳的生活算是有了一点保障。在调查一单污水申诉案时,埃琳偶然发现了污水中含剧毒物质,而供水公司确对此敷衍了事。弱女子埃琳决定用她柔弱的肩膀担负起为受污染的数百名居民讨回公道的重担!

2. 电影:《全民目击》电广传媒影业(北京)有限公司、新力量影视传媒(天津)有限公司、银润传媒,2013 年上映

《全民目击》讲述了一个女儿犯罪,富豪父亲百般设计,把罪名揽到自己的头上,以此来教育自己的宝贝女儿的故事。

在真相面前,一个女儿犯罪的父亲该怎么去承担应尽的责任和义务,是爱包容一切,还是教育天下为所欲为的背景子女?杀人的女儿是要为自己的鲁莽行为承担法律责任,还是指望自己的有钱父亲无条件拯救自己?一个拿人钱财替人消灾的律师,在真相面前继续装聋作哑还是勇敢的去澄清事实的真相?一个检察官是被他人左右视线,还是锱铢必究让犯罪伏法?影片通过貌似很简单的刑事案件让牵涉其中的人都纷纷的进行反思和自我救赎,在真相面前,人的理性该何去何从。

3. 电影:《东京审判》,上海电影集团公司、北京鲜明映画文化传媒有限公司, 2006 年 9 月上映

影片讲述了 1946 年远东国际军事法庭在东京审判日本战犯,以梅汝璈为首的中国法官在大国利益主导的势力挤压下,奋力突围,终于将以东条英机为首的七个战犯送上绞刑架。

4. 电影:《失控的陪审团》,东宝东和,2003 年上映

因为一场官司,有人开始窥探你的一切,并且了如指掌你不是当事人,你仅仅是个陪审员……在新奥尔良的一起办公室枪杀案之后,受害者妻子将枪械制造商告上了法院,控告

他们生产武器导致众多暴力事件的发生,要求法院裁定出售武器是一种违法行为。 案件如期开庭审理,此时,一个神秘人物、本案陪审团成员尼克·伊斯特开始暗箱操作,他试图在这起枪械制造案中影响其他的陪审团成员,使他们用"正确的方法"投票。与此同时,伊斯特的女友玛丽,也想诱骗本案的两位律师,并且花费几百万美元贿赂陪审团,要求他们使法院撤消对被告枪械制造商的审问。于是,伊斯特和玛丽里应外合,巧妙的操纵了这件枪械贩卖案,由12人组成的陪审团处于一片混乱中,完全失去了控制……

【学习链接】

1. 新华网:http://www.ah.xinhuanet.com/

2. 中国日报中文网:http://cn.chinadaily.com.cn/

3. 中共党史网:http://www.zgdsw.com/

4. 湖北教育新闻网:http://news.e21.cn/

5. 中国共产党新闻网:http://cpc.people.com.cn/

【实践拓展】

【实践一】大学生暑期法治实践活动

【实践目的】

通过此次活动,引导和激励广大大学生增强建设社会主义法治国家,构建和谐社会的责任感和使命感,提高青年学生的法律意识、奉献精神和实践能力,积极参与推进法治社会建设。

【实践要求】

1. 活动前,学生熟悉《宪法》《义务教育法》《劳动法》等与大学生学习生活紧密相关的的法律法规。

2. 在观摩过程中遵守纪律,认真学习。

【实践方案】

1. 时间:课外时间

2. 地点:法治教育基地

3. 活动方式:在教师带领下,观摩司法执法活动。

4. 流程:

(1)学生认真学习《宪法》《义务教育法》《劳动法》等与大学生学习生活紧密相关的的法律法规。

(2)在教师带领下参观法治教育基地、观摩司法执法活动,接受法治教育。

(3)参观结束后,通过设立法律咨询台、发放宣传资料、悬挂宣传横幅等形式开展宪法法律宣传实践活动,向社会大众开展各类法治宣传、法律咨询、法律讲座、法治文艺演出和法律服务活动。

【实践二】青少年法制教育主题班会

【实践目的】

通过此次活动,加强法制教育宣传,增强学生的自我保护意识,让学生养成学法、懂法、依法办事的好习惯。

【实践要求】

1. 活动前,学生熟悉《中华人民共和国未成年人保护法》《预防未成年人犯罪法》等法律法规。

2. 观看完微电影后,教师对法制事例进行分析,同学积极发言畅谈自己的观后感。

【实践方案】

1. 时间:课堂时间

2. 地点:多媒体教室

3. 活动方式:教师引导,学生参与。

4. 流程:

(1)播放预防青少年犯罪警示题材的微电影,通过观看微视频、宣传片的方式,让同学们直观了解校园欺凌的形式以及实施校园欺凌触犯法律的后果。

(2)教师对法制事例进行分析,引导学生反思自己的行为,深刻地认识到法制安全的重要性,并向学生传授在日常生活中应该从哪些方面预防校园欺凌。

(3)学生积极发言畅谈自己的观后感。

(4)活动中,教师还向同学们讲解了暑期安全教育知识,叮嘱学生禁止下河、下水库洗澡,乘坐摩托车戴好安全帽,主动督促骑行人员戴好安全帽。

(5)教师总结,号召全体学生尊法学法守法用法。

【习题】

1. 对于法的概念与特征,下列选项中表述正确的是(   )。

A. 统治阶级的意志就是法律

B. 法是由国家强制力保证实施的

C. 国家制定是法律产生的唯一方式

D. 被统治阶级的意志在法里不可能得到体现

2. 我国宪法规定"中华人民共和国是工人阶级领导的、以工农联盟为基础的人民民主专政的社会主义国家。"这一规定确定了我国的(   )。

A. 国体　　　　　B. 政体　　　　　C. 政党制度　　　　　D. 社会制度

3. (   )是指以法治价值和法治精神为导向,运用法律原则、法律规则、法律方法思考和处理问题的思维模式。

A. 法治观念　　　　B. 法治理念　　　　C. 法治文化　　　　D. 法治思维

4. 全面推进依法治国的总目标是建设中国特色社会主义法治体系,建设社会主义法治国家。社会主义法治体系由多个体系构成。其中,作为全面推进依法治国的前提条件的是(   )。

A. 完备的法律规范体系　　　　　　B. 高效的法律实施体系

C. 严密的法治监督体系　　　　　　D. 完善的党内法规体系

5. 我国的政体是(   )。

A. 人民民主专政制度　　　　　　B. 人民代表大会制度

C. 民主集中制　　　　　　　　　D. 政治协商制度

6.在我国社会主义法律体系中,居于核心地位、具有最高法律效力的是（　　　）。

A.民法　　　　　　B.宪法　　　　　　C.行政法　　　　　　D.刑法

7.我国宪法规定,既是公民权利又是公民义务的是（　　　）。

A.休息权　　　　　B.劳动权　　　　　C.财产权　　　　　　D.选举权

8.我国的社会主义经济制度的基础是（　　　）。

A.社会主义公有制　　　　　　　　B.全民所有制

C.非公有制经济　　　　　　　　　D.私营经济

9.我国宪法规定,在法律规定范围内的个体经济、私营经济等非公有制经济,是社会主义市场经济的（　　　）。

A.主体　　　　　B.必要部分　　　　　C.附属部分　　　　D.重要组成部分

10.（　　　）是基础民主的主要实现形式,是人民当家做主最有效、最广泛的途径。

A.人民代表大会　　　　　　　　　B.政治协商制度

C.基层群众自治　　　　　　　　　D.中国共产党的领导

（二）多项选择题

1.法律的历史发展经历了（　　　）。

A.奴隶制法律　　　　　　　　　　B.封建制法律

C.资本主义法律　　　　　　　　　D.社会主义法律

E.共产主义法律

2.法律的运行是一个从创制、实施到实现的过程。这个过程主要包括（　　　）等环节。

A.法律制定　　　　　　　　　　　B.法律执行

C.法律适用　　　　　　　　　　　D.法律讨论

E.法律遵守

3.我国宪法的基本原则有（　　　）。

A.党的领导原则　　　　　　　　　B.人民主权原则

C.尊重和保障人权原则　　　　　　D.社会主义法制原则

E.民主集中制原则

4.全面依法治国的基本格局是（　　　）。

A.公开公正　　　　　　　　　　　B.科学立法

C.严格执法　　　　　　　　　　　D.公正司法

E.全民守法

5.（　　　）是治国理政不可或缺的两种方式。

A.选举　　　　　　　　　　　　　B.法律执行

C.法治　　　　　　　　　　　　　D.共产党的领导

E.法律遵守

6.法治思维的内涵丰富,外延宽广,主要表现为（　　　）两个方面。

A.价值取向　　　　　　　　　　　B.公平正义

C.规则意识　　　　　　　　　　　D.权力制约

E.法律遵守

7.公平正义是指社会的政治利益、经济利益和其他利益在全体社会成员之间合理、公平分配和占用。一般来讲,公平正义主要包括（   ）。

A.权力公平   B.规则公平

C.机会公平   D.救济公平

E.选举公平

8.尊重和维护法律权威的基本要求是（   ）。

A.信仰法律   B.尊重法律

C.遵守法律   D.服从法律

E.维护法律

9.下列选项中,属于政治权利的是（   ）。

A.财产权   B.选举权

C.表达权   D.民主管理权

E.人身权

10.下列选项中,属于人身权利的是（   ）。

A.生命健康权   B.选举权

C.人身自由权   D.人格尊严权

E.通信自由权

（三）辨析题

1.对国家和社会而言,依法治国是基本方略,所以只要坚持依法治国,就能实现国家的长治久安。

2.党的领导是中国特色社会主义最本质的特征,是社会主义法治最根本的保障。

（四）简答题

1.简述社会主义法律的基本特征。

2.简述我国宪法确立的制度。

3.简述建设中国特色社会主义法制体系的主要内容。

4.怎样坚持依法治国和以德治国相结合？

5.简述法制思维的基本内容。

6.尊重和维护法律权威的重要意义是什么？

7.怎样培养法律思维？

（五）论述题

1.论述法律权利与法律义务的关系。

2.论述公民应履行的基本法律义务。

【参考答案】

（一）单项选择题

1.B   2.A   3.D   4.A   5.B   6.B   7.B   8.A   9.D   10.C

（二）多项选择题

1.ABCD   2.ABCE   3.ABCDE   4.BCDE   5.CD   6.AC

7.ABCD　　8.ACDE　　9.BCD　　　10.ACDE

（三）辨析题

1.观点错误。对国家和社会治理而言,法治和德治都非常重要且不可或缺。忽视其中任何一个,都将难以实现国家的长治久安。只有让法治和德治共同发挥作用,才能使法律与道德相辅相成。法治是治国理政的基本方式,依法治国是基本方略,法治具有根本性、决定性和统一性,它强调对任何人都一律平等,任何人都必须遵守法律。德治是治国理政的重要方式,以德治国就是通过在全社会培育、弘扬社会主义核心价值观和社会主义道德,对不同人群提出有针对性的道德要求。

2.观点正确。走中国特色社会主义法治道路,必须坚持中国共产党的领导,坚持依法治国和以德治国相结合。社会主义法治必须坚持党的领导,党的领导必须依靠社会主义法治。法是党的主张和人民意愿的统一体现,党和法、党的领导和依法治国是统一的。坚持党的领导,是社会主义法治的根本要求,只有在党的领导下依法治国。厉行法治,人民当家做主才能充分实现,国家和社会生活法治化才能有序推进。

（四）简答题

1.答案要点:

（1）我国社会主义法律体现了党的主张和人民意志的统一。

（2）我国社会主义法律具有科学性和先进性。

（3）我国社会主义法律是中国特色社会主义建设的重要保障。

2.答案要点:

（1）国体和根本政治制度。

（2）基本政治制度。

（3）基本经济制度。

3.答案要点:

（1）完备的法律规范体系。

（2）高效的法治实施体系。

（3）严密的法治监督体系。

（4）有力的法治保障体系。

（5）完善的党内法规体系。

4.答案要点:

（1）正确认识法治和德治的地位。

（2）正确认识法治和德治的作用。

（3）正确认识法治和德治的实现途径。

（4）推动法治和德治的相互促进。

5.答案要点:

（1）法律至上。

（2）权力制约。

（3）公平正义。

6.答案要点:

（1）社会主义法治观念的核心要求和建设社会主义法治国家的前提条件。

（2）对于推进国家治理体系和治理能力现代化、实现国家的长治久安极为重要。

（3）实现人民意志、维护人民利益、保障人民权利的基本途径。

（4）维护个人合法权益的根本保障。

7. 答案要点：

（1）学习法律知识。

（2）掌握法律方法。

（3）参与法律实践。

（4）养成守法习惯。

（5）守住法律底线。

（五）论述题

1. 答：首先，法律权利和法律义务是相互依存的关系，法律权利的实现必须以相应法律义务的履行为条件。其次，法律权利与法律义务是目的与手段的关系。离开了法律权利，法律义务就失去了履行的价值和动力；离开了法律义务，法律权利也形同虚设。最后，有些法律权利和法律义务具有复合性的关系，即一个行为可以同时是权利行为和义务行为。

2. 答：我国宪法规定了公民的基本义务，具体包括：

（1）维护祖国统一和全国各民族团结的义务。

（2）遵守宪法和法律，保守国家秘密、爱护公共财产、遵守劳动纪律、遵守公共秩序、尊重社会公德的义务。

（3）维护祖国安全、荣誉和利益的义务。

（4）公民有保卫祖国、抵抗侵略，依法服兵役和参加民兵组织的义务。

（5）依法纳税的义务。

除以上基本义务外，公民还有劳动的义务和受教育的义务；夫妻双方有实行计划生育的义务；父母有抚养教育未成年子女的义务；成年子女有赡养扶助父母的义务等。